Jack London

White Fang & Other Stories

With ESSAYS IN CRITICISM

Annotated with Critical Introduction
by
Min, Kyung-taek

Shinasa

Jack London, Australia, 1908.
The Huntington Library, Art Collections, and Botanical Gardens.

(https://www.huntington.org/verso/2018/08/deep-dive-jack-london's-life)
(Posted on September 19, 2016 by Linda Chiavaroli)

CONTENTS

Other Stories

ESSAYS IN CRITICISM

CRITICAL INTRODUCTION

1. *WHITE FANG*

미국 초기 자연주의문학을 대표하는 소설가인 잭 런던(Jack London, 1876-1916)은 그의 대표작인 『야생의 부름』(*The Call of the Wild*, 1903)에서 주인공으로 '벅'(Buck)이라고 불리는 개를 등장시켜 문명에서 자연으로 돌아가는 과정을 그리고 있다. 그리고 『야생의 부름』의 자매작으로 알려져 있는 『흰 어금니』(*White Fang*, 1906)에서는 늑대와 개의 잡종인 '화이트 팽'을 등장시켜 반대로 자연에서 문명으로 돌아오는 역순환의 과정을 그리고 있다. 이렇게 런던의 작품에는 자연과 문명의 개념이 중요한 이데올로기로 작용하면서 서로 충돌하는 양상으로 나타나며 이러한 패턴이 그의 자연주의 사상의 근간을 이루고 있다.

런던이 자연주의 사상을 갖게 된 배경은 당시 산업화로 인한 배금주의와 빈부의 격차에서 비롯되는 첨예한 사회적 갈등과 그의 가난한 자전적인 삶으로부터 많은 영향을 받은 것으로 추정된다. 그는 아버지의 얼굴도 모르는 사생아로 태어나 어린 시절부터 가난하고 불우한 환경 속에서 먹고 살기 위해서 투쟁적인 삶의 현장에 내몰리어 샌프란시스코의 바다와 부두에서 그리고 골드러시가 일어났던 영하 50도 이하의 캐나다 북쪽 클론다이크(Klondike)의 오지에서 자신이 직접 경험한 사실들을 주로 작품의 소재로 다루고 있다. 런던은 적응하기 어려운 열악한 자연환경 속에서 살아가는 동물들이나 극한적인 삶의 조건에 맞서고 있는 인간들의 적자생존의 치열한 과정을 보여줌으로써 자신의 사회적 자연주의 사상을 많은 작품 속에서 잘 구현시키고 있다.

런던은 다윈(Charles Darwin)의 생물학적 진화론과 허버트 스펜서

(Herbert Spencer)에 의해 표명되는 사회진화론(Social Darwinism)에 영향을 받아 동물과 생물의 자연세계에서 적용되는 약육강식, 자연도태, 적자생존 등과 같은 생물학적 자연주의 사상이 우리 사회에도 그대로 적용된다고 믿었다. 디키(Dickey)는 런던의 작품에서 배경으로 흔히 등장하는 캐나다의 유콘(Yukon)강 유역의 자연환경은 하나의 법처럼 '자연도태설'과 '적자생존론' 등이 끊임없이 재현되는 일종의 형이상학적으로 상징화된 공간이라고 말한다(Dickey 10). 이처럼 런던은 인간도 정글의 법칙이 적용되는 야생의 자연처럼 생존경쟁이 치열한 냉혹한 사회 환경 속에서 살아가고 있다는 것을 자연주의 사상을 통하여 보여주고 있다.

런던은 특히 자연과 문명 사이에서 개체간의 갈등과 적응의 문제를 다루면서 자연세계와 인간세계의 환경을 대조시켜서 자신의 자연주의 사상을 명증하려고 노력한다. 그는 약육강식의 적자생존만이 지배하는 냉혹한 야생의 자연세계에서 적응하기 위해서는 원초적인 강한 힘과 생명력이 필요하지만 인간 사회의 빈부와 계급 간의 격차에서 비롯되는 갈등과 대립이 첨예한 문명세계의 복잡한 삶에서는 자본에서 비롯되는 부와 권력 같은 힘의 소유가 중요하다는 것을 강조한다.

그러나 런던의 자연주의 사상에는 인간사회의 구조적인 갈등에서 비롯되는 인간운명에 대한 비극적인 인식과 함께 한편으로는 『야생의 부름』에서 벅과 쏜턴(Thornton)의 관계와 『흰 어금니』에서는 화이트 팽과 위든 스콧(Weedon Scott)과의 관계에서 나타나듯이 폭력과 억압보다는 진정한 사랑이 더 큰 힘을 발휘한다는 것이 강조되고 있다. 이러한 런던의 시각은 인간과 동물 등 모든 개체가 평등하게 조화로운 관계를 유지할 수 있는 환경의 중요성을 강조하는 심층생태학적인 시각이라고 볼 수 있다.

런던은 『흰 어금니』에서 특히 환경이 개체에 미치는 중요성을 더욱 강조한다. 즉 주인공 화이트 팽이 야생에서 태어나 문명으로 이동하는 과정에서 겪는 억압적이고 반 생태적인 환경은 화이트 팽의 성격 형성에 많은 영향을 끼친다. 화이트 팽의 주변 자연환경은 생명체들이 살아가기 어려운 열악한 생존의 조건을 보여주고 있으며 특히 모든 움직임을 거부하는 고요하고 적막한 눈 덮인 영하 50도 이하의 북극의 강추위로 상징화된다. 즉 인간의 생물학적인 한계를 초월하는 혹한의 황량한 북쪽의 자연환경은 맥클린토크(McClintock)가 말한 것처럼 허버트 스펜서의 실증적인 논리로는 도저히 이해할 수 없는 상징적 또는 시적으로만 재현 가능한 '불가지물'이라고 볼 수 있다(McClintock 83).

런던은 작품의 처음 도입부인 제1부 1장에서 작품의 공간적인 배경인 섬뜩한 침묵이 지배하고 심장이 얼어붙는 것 같은 북쪽의 자연환경을 "그 땅 자체는 생명도 움직임도 하나 없이 황량했고, 너무 쓸쓸하고 추워서 그 땅의 영혼은 심지어 슬픔마저 넘어선 것 같았다"[1]라고 묘사함으로써 작품 전체의 분위기를 비유와 상징으로 암시하고 있다. 런던의 자연은 낭만주의 문학작품에서 주로 강조되는 생태적 또는 치유적인 특성을 지닌 친 생명력의 자연이 아니라 반 생태적인 냉혹하고 음울한 자연으로 상징화된다. 즉 런던은 자연의 긍정적이고 낙관적인 속성보다는 자연의 차갑고 어두운 측면을 부각시킴으로써 19세기 말에서 20세기 초까지 유행했던 인간의 운명과 삶에 대해 비관주의적인 자연주의 사상을 잘 드러내고 있다.

---

1) Andrew Sinclair, ed, *The Call of the Wild, White Fang, and Other Stories,* By Jack London, Introd. James Dickey (New York: Penguin, 1993), p. 169. 앞으로 본문 인용은 이 책을 사용하며 인용 말미에 페이지 수만 명기하도록 함.

따라서 런던의 자연은 치열한 생존경쟁과 정글의 법칙만이 지배하는 곳이며 친절, 사랑, 동정, 도덕과 같은 따뜻한 휴머니즘의 가치가 부재한 암울한 공간으로 묘사된다. 이러한 얼어붙은 북극의 적막한 동토의 땅에서 썰매 개들과 썰매 몰이꾼인 인간들이 힘겹게 이동을 하고 있고 굶주린 늑대들이 이들의 생명을 호시탐탐 노리며 쫓고 있다.[2)] 즉 이 동토의 땅은 "신이 버린 땅 끝"(174)으로 단정될 정도로 신의 존재와 구원의 희망이 보이지 않는 절망의 공간이다. 이 극한의 한지에서 먹이가 부족해서 항상 굶주려 있는 늑대들이 노리는 것은 개 또는 사람의 고기이며 이 늑대들은 "육지의 상어"(188)라고 불릴 정도로 잔인한 포식자들이다.

야생에서 굶주림은 곧 죽음을 의미하므로 늑대들은 먹이를 찾기 위해 다른 동물들과 충돌하고 생존하기 위해 치열한 경쟁을 계속적으로 벌인다. 화이트 팽의 아비 늑대인 애꾸눈(One Eye) 늑대는 새끼들의 먹이를 확보하기 위해 호저(Porcupine), 뇌조(Ptarmigan), 스라소니(lynx) 등과 싸움을 벌여 승리하기도 하지만 결국 암컷 스라소니와의 싸움에서 패배하여 죽임을 당한다. 런던은 야생의 자연에서 동정이나 사랑 그리고 도덕 같은 것은 존재하지 않으며 오로지 양육강식의 법칙만 존재할 뿐이라는 것을 강조한다. 런던은 육식동물인 늑대

2) 런던은 많은 작품에서 늑대를 자주 등장시키고 있으며 자신의 두 번째 아내인 차미언(Charmian London)과 함께 세우려다 화재로 소실된 농장의 대저택 이름도 '울프 하우스'(Wolf House)라고 명명하였다. 업턴(Upton)은 런던의 자연은 두 얼굴을 가지고 있는데 그 두 가지 측면은 늑대의 이미지로 상징화된다고 말한다. 그는 늑대가 가지고 있는 두 가지 속성 중에 하나는 외로운 남성적인 특성으로 니체(Nietzsche)의 초인과 같은 것이며, 다른 하나는 사교적이고 동료와 교감하려는 속성으로 교육과 문명의 지적인 산물이며 이것은 우정을 추구하고 정의를 사랑하고 무리를 이루려는 습성인데 이 두 가지 측면은 늑대의 상징에서 하나로 결합된다고 주장한다(Upton 193).

가 야생에서 생존하기 위해서는 가장 필요한 것이 고기이기 때문에 "생명의 목표는 고기이다. 생명 자체는 고기였다. 생명은 생명을 먹고 산다. 먹는 자와 먹히는 자만 존재한다. 그 법은 먹느냐 아니면 먹히느냐이다"(243)라고 정글의 법칙을 강조한다.

런던은 적자생존의 냉혹한 야생의 자연에서는 본능적인 강한 생명력과 환경에 대한 적응력이 중요하다는 것을 보여준다. 그는 비록 야생의 자연 속에도 인간세계처럼 모성애의 희생적인 가치가 존재한다는 것을 보여주지만 개체의 의지보다는 본능적인 측면을 더 강조하고 있다. 런던은 때때로 봄의 계절에 약동하는 활력이 넘치는 생명체의 모습도 드러내지만 그의 자연에 대한 대체적인 시각은 반 생태적인 냉혹한 자연의 질서를 더 부각시키고 있다. 크로우(Crow)는 자전적인 삶에서 런던은 항상 캘리포니아의 시골을 정서적으로 만족할 만한 방식으로 자신의 고향 즉 거주지로 만들기 위한 방법을 찾고자 노력하였으며 그러한 추구는 자본주의에 대한 비판, 생태학자로서의 선구자적 성취, 사회주의자 선전가로서 경력, 또는 모범적인 농장주의 형태로 나타난다고 말한다. 또한 런던은 진보와 발전에 대한 미국적인 개념에 대해 그리고 자연 경관을 파괴하고 침탈하는 행위에 대해 명석한 비판의식처럼 고상하고 선견지명 같은 견해를 가지고 있었다고 강조한다(Crow 46, 53).

작품의 주인공인 화이트 팽은 어미 늑대가 없는 사이에 호기심으로 인하여 굴 밖에 나와 배회하다가 인디언의 덫에 걸려 붙잡힘으로써 결국 어미 늑대의 보호 아래 편한 삶을 보냈던 야생의 자연 속에서 인간 사회로 들어가는 큰 전환점을 맞이한다. 이것은 엄청난 새로운 환경의 변화이며 지금까지 야생의 자연에서는 인간을 본적이 없었던 화이트 팽에게 인간들은 본능적으로 알 수 없는 두려움의 대상으로 인식되는데 이는 융의 심리학에 따르면 집단적 무의식의 유전이며 종족의 원형이라고 볼 수 있다. 즉 동물과 인간과의 생물학적인 종의 개체로서의 생존적인 지배와 피지배의 갈등관계가 형성되고 늑대는 문명의 대표적인 상징인 불을 만들 수 있는 "두 발의 동물"(247)인 인간에게 막연한 본능적인 두려움을 느낀다.

화이트 팽에게 인간사회의 질서는 자연의 야생과는 완전히 다른 새로운 환경이기 때문에 그는 적응하는데 많은 어려움을 겪는다. 화이트 팽의 어미인 '암컷 늑대'(She-Wolf)는 1년 전에 숲으로 도망간 '그레이 비버'(Gray Beaver)의 형의 소유인 키체(Kiche)라는 이름의 개로 밝혀짐으로써 화이트 팽과 그 어미는 인디언 '그레이 비버'의 소유물로 전락한다. 화이트 팽은 인간세계의 낯선 환경에 적응하면서 그의 소유주인 사람들은 지금까지 그가 경험하지 못했던 힘을 소유한 불 제작자들이며 "그들은 신이었다"(257)고 생각한다. 화이트 팽은 점차로 인간에 의해 길들여지고 문명의 세계에 적응해 가는 과정에서 인간의 부당한 소유와 폭력적인 억압에 의해 많은 고통을 겪는다. 어미인 키체는 다른 인디언에게 팔려가고 화이트 팽은 그의 주인인 그레이 비버의 강한 폭력에 대항하지 못하고 복종하며 길들여진다. 여기서 런던은 인간중심의 문명이 자연계의 개체에게 행하는 억압과 악을 화이트 팽과 그레이 비버 사이의 관계를 통하여 우회적으로 비판한다. 메츠거(Metzger)가 말하듯이 런던의 작품에는 야생에서의 폭력은 생존을 위해 어떤 환경과 상황에서 어쩔 수 없이 수반되는 행위이지만 인간이 키체나 화이트 팽을 야생에서 분리시키거나 길들이는 과정은 그들에게서 자유에 대한 자연적인 권리를 빼앗는 부당한 폭력이라고 볼 수 있다(Metzger 7).

화자는 의인화된 화이트 팽의 심리상태를 묘사하면서 폭력은 "인간 동물의 정의”(265)라고 표현함으로써 반 생태적인 인간사회의 폭력성을 자연계의 냉혹한 질서보다 더 비판적인 시각으로 그리고 있다. 비록 화이트 팽은 인간사회에서 많은 어려움을 경험하지만 야생적인 탁월한 본능과 신체조건으로 인하여 점차로 인간세계의 적대적인 환경 속에서도 적응력을 키워간다. 화이트 팽은 인간세계에서 여러 주인을 만나는데 그 주인들은 화이트 팽의 성격형성에 많은 영향을 미친다. 그의 첫 번째 주인인 그레이 비버는 잔인한 신으로 그를 보호해 주었지만 화이트 팽은 그에게는 애정이 없었다고 생각한다. 화자는 화이트 팽에게 인간과의 소유와 결속이 강해질수록 본능적인 야성은 점차로 사라진다고 설명한다. 화자는 화이트 팽은 그레이 비버에게서 진정으로 사랑을 받은 적도 없으며 단지 의무감으로 그에게 봉사했으며 그들은 계약관계에 불과하다고 강조한다.

외면적으로 볼 때 하이트 팽에게서 야성은 점차로 사라진 것처럼 보이지만 본능 속에 내재되어 중요한 순간에 표출된다. 그는 세 살 무렵 기근의 시기에 숲으로 도망가서 늑대새끼를 잡아먹기도 하고 자신을 괴롭혔던 인디언 개인 ‘립 립’(Lip-lip)을 공격하여 죽이기도 한다. 런던은 특히 화이트 팽이 인간사회에서 적응하며 성장하는 과정에서 환경이 그의 성격형성에 크게 작용하고 있다는 것을 보여준다. 화자는 인간세계에서 화이트 팽에게 크게 영향을 주는 적대적인 환경과 주인 그레이 비버가 진정으로 따뜻한 사랑을 보여주지 못했기 때문에 화이트 팽의 성격이 침울하고 사나운 존재로 바뀌었다고 환경의 중요성을 강조한다.

화이트 팽은 인디언 주인인 그레이 비버보다 더 우월한 신으로 보이는 백인들을 교역소에서 처음 만나게 되는데 그중에서 화이트 팽을 비버로부터 거의 강탈하다시피 사서 투견으로 만들어 돈벌이에만 이용하려는 '뷰티 스미스'(Beauty Smith)와의 운명적인 만남이 이루어진다. 뷰티 스미스는 악인의 전형적인 인간으로 『야생의 부름』에서 등장하여 벅을 처음부터 폭력으로 학대하고 굴복시키는 이름 없이 '빨간 스웨터를 입은 인간'(the man in the red sweater)으로 묘사되는 사람과 비슷하다. 화이트 팽은 뷰티 스미스에게 팔려가면서 인간사회에서 최악의 억압적인 환경에 처하게 된다. 화이트 팽은 생사를 넘나드는 위험한 투견의 삶으로 내몰리면서 그의 환경은 적대적으로 더욱 악화되고, 결국 화이트 팽의 악의 본성이 최대로 발현되어짐으로써 그는 점점 악마로 변해 간다. 즉 런던은 화이트 팽을 통하여 성격형성의 과정에서 환경이 얼마나 중요한지를 보여주고 있으며, 그러한 사실은 인간에게도 똑같이 적용된다는 것을 강조하고 있다.

화자는 지금까지 경험하지 못했던 악의 화신인 뷰티 스미스는 화이트 팽에게는 "미친 신"(320)이었다고 묘사한다. 뷰티 스미스는 화이트 팽이 웃음을 싫어한다는 것을 알고 교묘하게 경멸과 조롱의 비웃음으로 화이트 팽을 자극하고 고통을 줌으로써 화이트 팽은 분노로 인하여 뷰티 스미스보다 더 미쳐버린다. 그는 모든 생명체의 적으로 변모하며 그를 감금한 우리의 모든 나무들을 증오하고 특히 뷰티 스미스를 가장 증오하게 된다. 뷰티 스미스는 단지 돈을 벌기 위해서 화이트 팽의 본능에 잠재된 야생 늑대의 포악성을 발동시키려고 화이트 팽을 일부러 더 폭력적으로 학대한다. 화이트 팽은 투견으로 새로운 적대적인 환경에서 적응해야하기 때문에 잔인한 늑대의 동물적인 본능에 의존할 수밖에 없고 자연스럽게 악의 화신으로 변모해 간다. 화이트 팽은 투견으로 그 지역에서 유명해지고 적이 없을 만큼 승승장구 하지만 외부에서 들어온 체로키(Cherokee)라는 전문 투견으로 유명한 불독을 만나 최초로 죽음의 고비를 맞이한다. 그러나 따뜻한 마음씨를 지닌 사랑의 구원자인 위든 스콧이라는 새로운 주인을 만남으로써 구조된다.

뷰티 스미스의 폭력과 학대에 길들여져서 인간에게 증오심만 남아 있었던 화이트 팽은 처음 경험하는 스콧의 친절함에 적응하지 못한다. 그러나 그는 처음에는 모든 인간들에게처럼 반항과 적대감을 보이지만 점차 경계심이 누그러지면서 스콧의 친절함과 동정의 손길을 받아들인다. 스콧에 의해 화이트 팽은 폭력적인 벌과 매가 아닌 따뜻한 말과 사랑으로 다루어짐으로써 그에게 오랫동안 지속된 증오와 미움의 시대는 끝나고 사랑의 시간이 도래한다. 화자는 화이트 팽이 예전의 폭력적인 잔인한 주인들과는 다른 사랑을 베푸는 스콧을 만남으로써 "과거의 생활, 미움에 지배되었던 오랜 생활이 끝나가고 있었다. [...] 그런 잠재된 힘 가운데 하나가 사랑이었다. 그것은 좋아함의 자리를 대신 차지했다"(348-49)라고 묘사하면서 새로운 환경의 변화를 강조한다.

일반적으로 런던은 자연주의 사상을 신봉하고 인간 삶의 어려운 조건이 드러나는 냉혹한 환경을 보여주지만 역설적으로 항상 따뜻한 관계와 조화로운 삶을 염원하고 있다는 것을 알 수 있다. 따라서 캐수토가 말했듯이 런던은 "비관주의자이면서 동시에 인도주의자" (Cassuto 9)라고 볼 수 있다. 결국 런던은 겉으로는 비정한 자연주의 사상의 염세주의적인 시각을 소유하고 있지만, 내면적으로는 비인간적인 삶의 어려운 조건에서도 폭력과 증오보다는 따뜻한 사랑을 바탕으로 개체가 존중받고 조화와 균형을 이룬 이상적인 세계를 희구한 작가임을 알 수 있다.

화자는 사랑은 하루아침에 이루어지는 것은 아니라고 말하며 좋아함의 단계가 사랑으로 점차 진화된다고 말한다. 화이트 팽이 북쪽과는 다른 새로운 환경의 인간문명으로 이동하는 과정은 자기의 목숨을 구해준 위든 스콧이 자신의 고향인 따뜻한 남쪽 캘리포니아로 귀환할 때 스콧을 따라가면서 완결된다. 화이트 팽이 처음 경험하는 따뜻한 남쪽의 땅인 캘리포니아의 '산타클라라 밸리'(Santa Clara Valley)에서의 삶은 추운 북쪽 땅에서의 단순한 삶보다도 훨씬 더 복잡하다. 화자는 화이트 팽이 인간의 문명 속에서 환경에 적응하며 살아가기 위해서 가장 필요한 것은 본능적인 충동을 억제할 수 있는 "통제력과 절제"(381)이며 이를 통한 균형적인 삶이 중요하다고 말한다.

균형은 한 개체의 삶에도 중요하지만 자연과 문명의 전체적인 구조에서도 필요한 것이다. 처음에 런던은 자연주의사상에 경도되어 자연을 진화론적인 시각으로 이해하고 인간이 자연을 지배하는 우월한 존재이며 자연은 착취와 개발의 대상이라고 간주했다. 그러나 런던은 점차적으로 자연과 인간의 관계에서 균형이 필요함을 인지하면서 태도의 변화가 일어난다. 리준(Lijun)은 런던이 처음에는 자연을 인간중심의 시각으로 그리고 있는데 점차적으로 자연의 본래적인 가치를 인정하고 인간은 자연의 일부이며 자연은 모든 창조물의 원천이라고 생각한다. 즉 런던의 작품에서 자연과 인간의 관계는 서로 적대적으로 보이지만 런던은 점차 생태중심적인 시각으로 바뀐다고 말한다(Lijun 1137). 화이트 팽은 남쪽에서의 따뜻한 자연환경과 사랑이 넘치는 스콧판사의 집에서 편안한 삶을 살게 된다. 그의 남쪽 그리고 스콧판사의 저택에서의 삶의 환경은 북쪽에서의 삶의 환경과 대조되며 화이트 팽의 성격에도 중요한 영향을 끼치게 된다. 화이트 팽은 인간에 대한 증오와 미움의 감정을 버리고 인간사회에 잘 적응하여 "축복받은 늑대"(399)라는 별명을 얻게 되고 집안에서 생활하는 하우스 개로서 "문명에 길들여지고 적응하면서"(382) 살아간다.

런던은 환경에 적응을 잘 하는 개체만이 살아남을 수 있다는 찰스 다윈의 적자생존 또는 자연도태 이론을 화이트 팽의 삶을 통하여 보여주고 있다. 즉 런던은 환경에 대한 적응의 문제는 자연이나 문명 속에서 동물이든 인간이든 똑같이 적용을 받는다는 것을 화이트 팽과 아이러니하게도 화이트 팽에게 물려서 죽임을 당하는 '짐 홀'(Jim Hall)의 삶을 마지막에 비교하여 보여준다. 짐 홀은 『야생의 부름』에서 등장하는 북부의 추위 속에서 썰매를 한 번도 몰아보지 못한 무지한 무경험의 미성숙한 젊은이로 쏜턴의 충고를 무시하다가 비극적인 최후를 맞이하는 20세 정도의 청년인 '핼'(Hal)과 발음도 비슷할 정도로 많은 유사점을 공유하고 있다. 이러한 유사점은 비유와 상징을 통하여 작가 런던 자신이 의도적으로 강조하기 위해 설정한 문학적인 장치라고 볼 수 있다.

화자는 작품 마지막 부분에서 화이트 팽이 북쪽의 삶에서 더욱 필요했던 야생의 본능을 버리고 인간의 세계에서는 인간문명의 법칙에 맞게 잘 적응하여 하우스 개로서 편안하게 살아가는 모습을 보여준다. 이와는 대조적으로 죄가 없는데 누명을 쓰고 사회에서 격리되어 교도소에 갇혀서 쓸쓸이 살아가는 짐 홀의 삶이 비교되고 있다. 짐 홀은 인간사회의 구조적인 폐단으로 인하여 도태당한 패배자로 인간사회의 환경에 잘 적응하지 못한 피해자로 상징화된다. 짐 홀은 재판의 과정에서 스콧 판사가 조작된 증거를 오인하여 50년 징역형으로 잘못 판결함으로써 억울하게 옥살이를 하던 중에 교도소 관리를 죽이고 탈옥하여 복수하기 위해 스콧판사를 찾아온다. 즉 짐 홀은 사회의 추방자로서 "인간 짐승"(392)으로 불리며 정글 같은 인간사회의 환경에서 적응하지 못한 실패자로 묘사된다.

결국 런던은 인간사회에서 환경과 적응의 문제를 보여주고 있으며 인간사회에도 자연의 야생처럼 구조적인 측면에서 개개인의 인권이 부당하게 위협받을 수 있는 위험성이 내포되어 있다는 것을 암시적으로 시사하고 있다. 즉 인간사회 역시 북쪽의 열악한 자연환경처럼 반생태적이며 냉혹한 환경이라는 것을 보여준다. 그러나 일반적으로 런던의 자연주의는 냉혹한 자연의 세계나 인간세계의 부조리함을 보여주지만, 다른 한편으로 항상 따뜻한 사랑을 통한 개체 간의 관계의 회복을 역설적으로 희망하는 생태적인 비전을 보여준다. 이런 측면에서 런던은 인간문명의 위기에 대해 생태학적인 시각으로 해법을 제시했다고 볼 수 있다. 밴더(Bender)는 런던이 "다윈은 모든 생명체가 그물망처럼 복잡한 관계로 묶여져 있다는 것을 일깨워준 최고의 생태학자"(Bender 131)라는 것을 우리에게 인식시켜주었으며 우리는 삶에 대한 새로운 적응의 방식을 찾아야한다고 말한다.

런던은 짐 홀의 비극적인 삶을 통하여 인간사회에서의 환경과 적응의 문제를 다시 부각시키고 있다. 즉 짐 홀은 인간사회에서 인간다운 처우를 받지 못했기 때문에 반항심을 갖게 되고 인간사회의 질서에 적응하지 못하고 도전하다가 패배자로 도태된 것이다. 그러나 화자는 만약 짐 홀이 인간적인 올바른 처우를 받았다면 반항의 짐승 같은 인간이 아닌 다른 유형의 인간이 되었을 것이라고 암시하면서 인간에게도 환경의 중요하다는 것을 암시한다. 결국 디키의 말대로 런던의 자연주의 사상은 멜빌(Herman Melville)처럼 가면을 쓴 자연을 파괴하려는 것이 아니라 동물적 생존의 본능과 자신을 재생산하려는 생물학적 종의 욕구 사이에서 도덕적인 가치가 중요하다는 것을 강조한다고 볼 수 있다(Dickey 11). 따라서 런던은 동물을 주인공으로 등장시킨 우화적인 소설을 통하여 인간사회에서 환경의 중요성을 비유와 풍자적인 기법으로 역설하고 있는 것이다.

런던은 『흰 어금니』에서 늑대와 개의 잡종인 화이트 팽을 주인공으로 등장시켜서 자연과 문명의 두 영역에서 환경이 똑같이 중요하다는 것을 보여준다. 런던은 『야생의 부름』에서 주인공 벅이 편안한 삶의 따뜻한 문명의 세계에서 강추위가 지배하는 열악한 삶의 조건을 상징하는 북쪽 땅으로 이동하면서 겪는 다양한 고통의 경험을 통하여 환경의 중요성을 강조한다. 마찬가지로 『흰 어금니』에서는 주인공 화이트 팽이 야생의 자연에서 문명으로 돌아가는 역순환의 과정에서 겪는 다양한 시련을 통하여 환경의 중요성을 드러낸다. 야생의 자연이나 문명의 인간세계에서 동물과 인간은 똑같이 환경에 지배를 받는다. 즉 자연의 야생과 문명세계에서 만약 화이트 팽이 약육강식의 폭력적인 억압의 환경이 아닌 개체가 각자 존중받는 친생태적인 환경에 노출되었다면 악의 화신이 아닌 다른 성격의 존재가 되었을 것이라고 주장하는 것이다.

런던은 비관론적인 자연주의 사상이 노정된 다른 소설들에서도 환경의 중요성을 강조하면서도 항상 도덕, 양심, 사랑과 같은 인간의 따뜻한 휴머니즘이 인간의 성격과 운명에 중요하다는 것을 역설적으로 강조한다. 특히 런던은 당시 미국사회가 남북전쟁 이후 급속도로 산업화와 물질주의로 경도되어 도금시대로 변화해 가는 모습에서 인본주의적인 가치가 사라져가고 개개인의 권리가 왜곡되어 가는 것을 우려하고 비판한 것이다. 즉 런던은 비록 인간사회도 약육강식이나 적자생존 같은 진화론이 지배하는 정글과 같다는 것을 보여주기는 하지만 궁극적으로 모든 개개인이 하나의 인격체로 존중받는 친 생태적인 환경의 인간사회를 희망하고 있는 것이다.

참고문헌

민경택. 「잭 런던의 『야성의 부름』에 나타난 문명과 자연」. 『인문학연구』 통권 101. 충남대학교 인문과학연구소. (2015): 243-62.

______. 「『흰 어금니』에 나타난 자연과 문명 그리고 생태학적 비전」. 『인문학연구』 통권 117. 충남대학교 인문과학연구소. (2019): 351-72.

______. 『19세기 미국소설 다시 읽기』. 대전: 충남대학교출판문화원, 2019.

Bender, Bert. "Darwin and Ecology in Novels by Jack London and Barbara Kingsolver." *Studies in American Naturalism* 6.2 (2011): 107-33.

Benoit, Raymond. "Notes: Jack London's '*The Call of the Wild*'." *American Quarterly* 20.2 (1968): 246-48.

Cassuto, Leonard and Jeanne Campbell Reesman, eds. Introduction. *Rereading Jack London.* With an Afterword by Earle Labor. Stanford: Stanford UP, 1996. 1-9.

Crow, Charles L. "Ishi and Jack London's Primitives." *Rereading Jack London.* Ed. Leonard Cassuto and Jeanne Campbell Reesman. With an Afterword by Earle Labor. Stanford: Stanford UP, 1996. 46-54.

Dickey, James. Introduction. *The Call of the Wild, White Fang, and Other Stories*. By Jack London. Ed. Andrew Sinclair. New York: Penguin Books, 1993. 7-18.

Gurian, Jay. "The Romantic Necessity in Literary Naturalism: Jack London." *The Call of the Wild: A Casebook with Text, Background Sources, Reviews, Critical Essays, and Bibliography.* Compiled with an Introduction. Earl J. Wilcox. Chicago: Nelson-Hall, 1980. 174-77.

Labor, Earle and Robert C. Leitz, Ⅲ. Introduction. *The Call of the Wild, White Fang, and Other Stories*. By Jack London. Ed. Earle Labor and Robert C. Leitz, Oxford: Oxford UP, 1998. ix-xxii.

Labor, Earle. "Jack London's Mondo Cane: *The Call of the Wild and White Fang*." *The Call of the Wild: A Casebook with Text, Background Sources, Reviews, Critical Essays, and Bibliography*. Compiled with an Introduction. Earl J. Wilcox. Chicago: Nelson-Hall, 1980. 202-16.

Lijun, Wang. "An Exploration of Jack London's Ecological Thought in *Burning Daylight*." *Proceedings of M&D Forum, S.* (2011): 1137-41. Web. 〈http://www.seidatacollection.comsearch/index.〉

McClintock, James I. *Jack London's Strong Truths: A Study of His Short Stories*. Michigan: Michigan State UP, 1997.

Metzger, Sabin. "The Use of Naturalist Techniques in Frank Norris' *Mcteague* and Jack London's Novels." Universitat Mannheim Anglistisches Seminar PS Novels of 1890s. Heidelberg: HWS, 2013.

Sinclair, Andrew, ed. *The Call of the Wild, White Fang, and Other Stories*. By Jack London. Introd. James Dickey. New York: Penguin, 1993.

Spinner, Jonathan H. "A Syllabus for the 20th Century: Jack London's '*The Call of the Wild*.'" *The Call of the Wild: A Casebook with Text, Background Sources, Reviews, Critical Essays, and Bibliography*. Compiled with an Introduction. Earl J. Wilcox. Chicago: Nelson-Hall, 1980. 234-42.

Upton, Ann. "The Wolf in London's Mirror." *The Call of the Wild: A Casebook with Text, Background Sources, Reviews, Critical Essays, and Bibliography*. Compiled with an Introduction. Earl J. Wilcox. Chicago: Nelson-Hall, 1980. 193-201.

Wilcox, Earl J. "Jack London's Naturalism: The Example of *The Call of the Wild*." *The Call of the Wild: A Casebook with*

Text, Background Sources, Reviews, Critical Essays, and Bibliography. Compiled with an Introduction. Earl J. Wilcox. Chicago: Nelson-Hall, 1980. 178-92.

(※ 본 글은 저자가 2019년 12월에 충남대학교 인문과학연구소가 발행한 『인문학연구』 통권 117호에 게재한 「『흰 어금니』에 나타난 자연과 문명 그리고 생태학적 비전」의 논문을 원용한 것임)

2. JACK LONDON의 연보

연도	나이	사건	역사적 사건 및 배경
1876.1.12	출생	San Francisco에서 정식혼인 관계가 아니었던 떠돌이 민속 점성술가로 알려진 아버지 윌리엄 체이니(William H. Chaney)와 운하 건설 기술자의 딸인 중류층 출신의 어머니 플로라 웰먼(Flora Wellman)의 사이에서 태어남	1. Émile Zola의 *L'Assommoir*(『목로주점』) 연재시작 2. Mark Twain의 *The Adventures of Tom Sawyer* 출간 3. 남부의 재건시대 4. 최초의 실용전화 개통 5. Sioux족 원주민 인디언과 전쟁(1876-1877) 6. Sherwood Anderson과 Susan Glaspell 출생
1876.9.7	8개월	플로라는 1876년 9월에 남북전쟁의 상이군인이며 두 딸을 가진 홀아비인 존 런던(John London)과 정식결혼하면서 그녀의 아이를 데려옴으로써 그는 'John Griffith Chaney'에서 새로운 이름인 'Jack London'으로 불리게 됨	
1881	5	1. Alameda에 있는 초등학교에 다님 2. 존은 채소 재배 농원에서 근무 3. 플로라는 유치원에서 음악을 가르침	1. 미국 대통령 James Garfield가 암살됨 2, Henry James의 *The Portrait of a Lady* 출간
1885	9	1. 존은 Livermore Valley에서 농장구입 2. 런던은 초등학교에 다니면서 많은 책을 읽게 되며 특히 워싱턴 어빙(Washington Irving)과 위더(Ouida)의 삭품에 심취	1. 프랑스에서 제작된 The Statue of Liberty 뉴욕에 운송 건립 2. George Washington 대통령 기념관 건립
1886	10	1. 존은 가족들을 데리고 오클랜드(Oakland)로 이사 2. 어린 런던은 나중에 계관시인이 된 아이나 쿨버쓰(Ina Coolbrith)의 안내로 오클랜드 공공 도서관에서 더 많은 책을 읽을 수 있는 기회를 얻게 되고 이것이 런던이 작가로 성장할 수 있는 밑거름이 됨	1. Robert Louis Stevenson의 *Strange Case of Dr. Jekyll and Mr. Hyde* 출간 2. Karl Benz 최초로 삼륜자동차 특허 등록 3. Coca Cola 최초 판매 시작 4. 영국의 Burma 합병
1887 ~ 1890	11 ~ 14	서부 오클랜드(West Oakland)에 있는 '콜 중등학교'(Cole Grammar School)에 다니면서 신문배달과 통조림 공장에서 일을 하면서 생계에 도움을 주지만 과도한 노동에 혹사당함	1. Sir Arthur Conan Doyle의 *Sherlock Holmes* 출간 2. Edison의 전등 발명 3. 프랑스의 Vietnam과 Cambodia 식민지화

1891	15	1. 콜 중등학교를 졸업하고 공장의 단조로운 일과 저임금에 환멸을 느껴 유모인 프렌티스(Virginia Prentiss)로부터 돈을 빌려 범선을 구입해서 굴 해적질을 시작 2. 유명한 선원이 되어 '굴 해적의 왕자'(Prince of the Oyster Pirates)로 알려지지만 해적생활에도 염증을 느낌	1. 영국이 East & Central Africa 소유권 주장 2. 영국에서 11세 이하 노동 금지법 3. 프랑스 화가 Paul Gauguin이 타히티에서 활동 4. 러시아에서 흉년 기근 5. 시베리아 횡단철도 건설 시작
1892	16	굴 해적질을 감시하는 '어업순찰대'(Fish Patrol)의 감시원이 되지만 그만두고 갱단에 가입하여 'Sailor Kid'로 불리며 부랑아 생활을 하게 됨	1. 프랑스가 Benin과 West Africa 점유 2. 미국정부가 이민자 허용
1893	17	1. 7개월 동안 일본해와 베링해의 연안에서 이루어진 물개사냥 항해에 선원으로 참여 2. 어머니의 권유로 에세이 콘테스트에 참가하여 이때의 경험을 "Story of a Typhoon Off the Coast of Japan"이라는 글로 발표하여 수상함으로써 25달러를 받게 되고 이것은 런던이 작가로서의 기질을 서서히 발휘할 수 있는 계기가 됨	1. 미국이 하와이 왕국의 여왕을 폐위하고 합병 2. 프랑스 Laos 합병 3. 프랑스의 Ivory Coast 식민지화 4. 뉴질랜드 세계 최초로 여성투표권 허용 5. Stephen Crane의 *Maggie: A Girl of the Streets* 출간
1894	18	1. 광산에서 석탄을 채굴하는 광부로서 힘든 노동을 하면서 체력이 고갈되는 것을 느끼고 파업에 참여 2. 제이콥 콕시(Jacob Coxey)가 이끄는 실업자 시위대의 수도인 워싱턴(Washington, DC) 행진에 가담한 후에 시카고에서 열린 '세계 콜롬비아 박람회'(World's Columbian Exposition)를 관람하고 이모인 메리 에버하드 (Mary Everhard)와 함께 미시간의 세 인트 조지프(St. Joseph)에서 보내면서 이모로부터 노동자에 관한 글쓰기를 권유받음	1. Mark Twain의 *Pudd'nhead Wilson*과 *Tom Sawyer Abroad* 출간 2. Rudyard Kipling의 *The Jungle Book* 출간 3. 임금삭감으로 Pullman Palace Car Company의 노동자 파업 4. Kate Chopin의 *Bayou Folk* 출간 5. Robert Frost가 첫 시작품 "My Butterfly" 발표

		3. 부랑아 생활을 하면서 뉴욕 주의 버펄로(Buffalo)에서 체포되어 30일 동안 이어리 카운티(Erie County)의 구치소에 갇히기도 함 4. 보스턴(Boston)에서 뜨내기 지식인과 교육자들을 만나면서 다윈(Darwin)과 니체(Nietzsche) 그리고 마르크스(Marx) 등의 사상을 접하게 됨 5. 캘리포니아의 사회주의자로 또한 철학자이며 천재적인 거리의 웅변가였던 프랭크 해밀턴(Frank Strawn Hamilton)을 만나면서 사회주의 사상에 영향을 받음	6. 동학농민운동 발발, 청일 전쟁 점화 7. 갑오개혁(갑오경장, 1894-95): 신분제폐지, 조혼금지, 은본위제 등 근대적 개혁 8. Oscar Wilde의 희곡 *Salome* 출간
1895	19	1. 오클랜드에 돌아와서 고등학교와 대학에 진학하려는 결심 2. 오클랜드 고등학교(Oakland High School)에서 공부하면서 그리고 학교 잡역부로서 아르바이트를 하면서도 틈틈이 학교의 문예 잡지(literary magazine)인 '이지스'(*The Aegis*)에 글을 발표 3. 'Henry Clay Debating Team'에 가입하여 사회주의 사상을 가진 많은 친구들과 교류하고 나중에 첫 번째 아내가 된 베시 매던(Bessie Maddern)을 그곳에서 만남 4. 영국 사회주의자인 Jim Whitaker와 교류하면서 복싱과 펜싱을 배움	1. 쿠바에서 스페인 통치에 대한 혁명 발생 2. H. G. Wells이 *The Time Machine* 출간 3. Stephen Crane의 *The Red Badge of Courage* 출간 4. 을미사변으로 명성황후 시해
1896	20	1. 오클랜드의 사회노동당에 정식으로 가입 2. 고등학교를 중퇴하고 대학예비학원에 들어가 베시와 다른 친구들의 도움으로 독학한 후에 UC 버클리(The University of California, Berkeley)에 합격하여 첫 학기를 마치고 사회주의 에세이와 간단한 여행의 글을 발표	1. 러시아의 유태인 학살과 Dreyfus 사건으로 헝가리에서 유대인 국가 창설을 요구하는 정치적 시온주의 확산 2. 이탈리아로부터 Ethiopia 독립

1897 ~ 1898	21 ~ 22	1. 존이 자신의 친부가 아니라는 것을 알게 되고 체이니(William Chaney)에게 친부관계를 확인하려고 하지만 그로부터 부자관계를 인정하지 않는 편지를 받고 큰 충격에 빠짐 2. 이러한 충격의 여파와 학생과 교수에게서 정치의 진지함을 느낄 수 없는 대학의 분위기에 절망하고 또한 경제적인 궁핍에 압박을 느껴서 대학을 중퇴 3. 세탁소에서 힘들게 일을 하면서 독서와 창작할 수 있는 시간을 갖지 못함 4. 이복누이의 매형인 제임스 셰퍼드(James Shepard)와 함께 알래스카 골드러시(Alaska Gold Rush)에 참여하지만 매형은 중도에 포기하고 돌아감 5. 7월에 계부인 존 런던(John London)이 사망 6. 런던은 클론다이크(Klondike)의 오두막에서 겨울을 보내면서 추의와 사투를 벌이며 1년 정도 버티지만 금을 발견하지 못하고 괴혈병에 걸려 금 대신 글쓰기에 대한 많은 소재거리를 가지고 1898년 7월에 집으로 돌아옴 7. 가족들은 어머니의 연금으로 근근이 생활하지만 런던은 새로운 일자리를 찾는 데는 실패	1. Apache 인디언의 저항 2. Bram Stoker의 *Dracula* 출간 3. Ronald Ross 박사 말라리아 원인 모기 규명 4. 미국이 스페인과의 전쟁으로 Philippines, Guam, Puerto Rico 차지 5. 쿠바가 스페인으로부터 독립 6. 영국과 프랑스 이집트 점유 7. Pierre와 Marie Curie 부부가 radium 발견 8. The Klondike -Goldrush 9. Stephen Crane의 *The Open Boat and Other Tales* 출간 10. Henry James의 *The Turn of the Screw* 출간
1899	23	1. 런던은 일을 포기하고 잡지에 글을 발표하기 시작하는데 *Overland Monthly*에 "To the Man on Trail"을 발표하여 5달러를 받음 2. 그는 작가이면서 비평가인 클라우드슬레이 존스(Cloudsley Johns)와 교류하면서 본격적으로 글쓰기를 시작함 3. *Atlantic Monthly*에 "An Odyssey of the North"를 발표하여 40달러를 받음 4. 러시아 유태계 후손이며 지적이고 매력적인 스탠포드 대학생인 Anna Strunsky를 만나 공동저술을 시도함	1. 대한민국 최초의 철도노선 경인선 개통 2. Dreyfus 두 번째 재판이 국제적인 시위 촉발 3. 두 번째 보어전쟁 발발 4. 작곡가 Jean Sibelius가 교향악 "Finlandia" 작곡 5. Kate Chopin의 *The Awakening* 출간 6. Frank Norris의 *Mcteague* 출간

1900	24	첫 단편집 *A Son of the Wolf*를 출판하고 같은 날에 고교 친구인 베시 매던(Bessie Maddern)과 결혼	1. 중국 의화단 사건 2. 파리 세계무역박람회 개최 3. Kodak Brownie Box Camera 출시 4. 심리학자인 Sigmund Freud의 *The Interpretation of Dreams* 출간
1901	25	1. 딸 조운(Joan)이 태어나고 사회당원으로 오클랜드 시장에 출마하지만 낙선 2. 그는 두 번째 단편집인 *The God of his Fathers & Other Stories*를 출판	1. 미국의 사회당 창설 2. 영국여왕 Queen Victoria 사망으로 빅토리아시대 종결 3. 영국이 Ashanti Kingdom in Africa 합병 4. 미국대통령 McKinley가 암살당함 5. Theodore Roosevelt 대통령 취임 6. Russia가 Manchuria 점유 7. Marconirk 최초로 대서양 너머로 Morse 부호 송출
1902	26	1. 단편 모음집인 *Children of the Frost*와 소설 *Cruize of the Dazzler*와 *A Daughter of the Snows*를 발표 2. 딸 Bess (later known as Becky)가 태어남 3. 남아프리카에서 벌어진 보어전쟁(Boer War)을 취재하는 통신원으로 고용되어 런던여행 4. 보어전쟁 보다는 은밀하게 런던의 빈민거리 상황 취재	1. 제2 보어전쟁 종식 2. 쿠바공화국 Mount Pelee 화산 폭발 3. 프랑스 노동조건 개선법 시행 4. 이탈리아 테너 Enrique Caruso가 최초로 레코드 백만 장 판매 기록
1903	27	1. 시카고에 살고 있던 체이니(William Henry Chaney)가 사망 2. 1903년에 런던은 애너 스트런스키(Anna Strunsky)와 공동 집필한 *The Kempton-*	1. Panama 독립 2. 터키의 불가리아인 학살 사건 마케도니아 소요와 종결

		*Wace Letters*를 발표 3. 같은 해 대표작인 *The Call of the Wild*를 출판함으로써 그는 세계적으로 명성을 얻은 작가의 반열에 올라섬 4. *The Call of the Wild*의 저작권을 2000달러에 팜 5. Charmian Kittredge와 사랑에 빠지고 Bess와 별거 6. 런던 하층민 사회에 대한 르뽀 소설 *The People of the Abyss* 출판	3. 네덜란드 정부가 철도와 항만노동자 파업을 군대 투입으로 강제 종결 시도 4. 미국이 이민 입국 제한 5. Wright 형제의 최초 동력 비행기 발명과 시험비행 성공 6. 최초 Ford자동차 모델 판매
1904	28	1. 러일전쟁을 취재하기 위하여 일본에 도착하여 당시 조선과 중국을 방문 2. 왕성한 창작력으로 *Faith of Men & Other Stories*와 *The Sea Wolf* 등을 발표하지만 베시는 런던에게 가족을 방치한 것에 대해 이혼소송을 제기함	1. 조선에서 러일 전쟁 발발(1904-1905) 2. Theodore Roosevelt 대통령 당선 3. 러시아 생리학자 Ivan Pavlov가 개에게 조건반사 실험
1905	29	1. 오클랜드 시장에 다시 출마하지만 낙선하고 같은 해에 *War of the Classes*와 *The Game* 그리고 *Tales of the Fish Patrol* 등을 발표 2. 글렌 엘렌(Glen Ellen)에 있는 129에이커의 거대한 힐 농장(Hill Ranch)을 구입하고 긴 바다여행을 계획 3. 4개월 동안 사회주의 강연여행을 하면서 혁명을 강조하는 에세이를 계속 발표 4. 베시와 마침내 이혼하고 차미언과 시카고에서 결혼하고 자메이카(Jamaica)와 쿠바(Cuba)로 신혼여행을 다녀옴	1. 노르웨이가 스웨덴으로부터 독립 2. 일제의 강압에 의한 을사늑약 체결 3. 러시아에서 혁명시작 진압 4. 아일랜드에서 Sinn Fein Party 창당 5. Albert Einstein의 상대성 이론 주장 6. 표현주의 미술 발달
		1. 바다여행을 위해 대형 요트인 스나크(Snark)호를 건조하기 시작 2. 샌프란시스코의 대지진에 대한 보고서인 "The Story of An Eye-Witness"를 발표하여 대중의 관심을 받음	1. 스페인과 프랑스의 Morocco 통제권 2. 프랑스에서 Dreyfus 최종 무죄판결

1906	30	3. *Moon-Face & other Stories*와 *The Call of the Wild*의 자매작으로 알려진 *White Fang*, 그리고 *Scorn of Women*을 연속적으로 발표	3. San Francisco 지진발생으로 3000여 명 사상 4. 영화 제작사들의 뉴욕 스튜디오 설립 5. 최초 라디오 방송시작
1907	31	1. 차미언과 함께 Snark호를 타고 하와이, 마키저스 제도, 타이티 섬 방문 2. 자신의 모험이야기를 *The Road*의 책으로 발표 3. *Before Adam*과 *Love of Life and Other Stories* 발표	1. 인도 애국자 Gandhi 비폭력 시민운동 전개 2. 미국의 Nicaragua 독립지지 3. 뉴질랜드 영연방에 편입 4. 스페인 화가 Pablo Picasso 입체파 그림 "Les Damoiselles d'Avignon" 제작
1908	32	1. 오클랜드로 잠시 귀향 후 다시 출항하여 피지 제도와 솔로몬 제도를 거쳐 호주에 도착, 여러 질병으로 입원치료 2. 사회주의 미래소설인 *The Iron Heel*을 발표	1. 이탈리아 Messina 지진, 50,000-150,000명 사망 2. 런던 제4회 올림픽게임 개최
1909	33	1. 에콰도르(Ecuador)와 파나마(Panama) 등을 거쳐 오클랜드로 귀향, 차미언 입원치료 2. 자전적 소설 *Martin Eden*을 발표	1. NAACP(전미유색인지위향상협회) 설립 2. 인류 최초 북극점 도달: Robert E. Peary와 Matthew A. Henson
1910	34	1. 현대적인 농업의 모델로 농장 확장 2. 알래스카의 주제로 회귀, *Lost Face*와 *Burning Daylight* 발표	1. 1901-1910동안 880만명 미국이민 유입 2. Boy Scouts of America 창설 3. 일제의 강요에 의한 한일합병조약(경술국치) 체결
1911	35	1. *When God Laughs, Adventure, The Cruise of the Snark* 등을 발표 2. *South Seal Tales* 발표	1. Marie Curie 노벨화학상 수상 2. Puccini의 "Madame Butterfly" 오페라 초연

1912	36	1. *The House of Pride, A Son of the Sun, Smoke Bellow* 등을 발표 2. 뉴욕에서 Dirigo호를 타고 Cape Horn까지 다녀옴	Titanic호 침몰(1,500여 명 사망)
1913	37	1. 표면적으로는 세계에서 가장 성공한 돈 잘 버는 작가로 알려졌지만 사적인 삶에서는 딸들과의 단절과 전처 베시와의 갈등 심화 2. 농장 경영의 실패와 사회주의 사상을 실현하기 위한 야심작인 울프 하우스(Wolf House)의 화재로 인한 소실 때문에 우울한 시기 3. 알코올 중독자의 자전적인 소설인 *John Barleycorn*을 발표 4. 도시의 척박한 삶에서 자연의 삶으로의 탈출을 묘사한 *The Valley of the Moon*을 발표	1. Ford 자동차 완성차 조립 시설 가동 2. 최초 stainless 강철 발명 3. Stravinsky의 발레 "The Rite of Spring" 초연 4. D. H. Lawrence의 *Sons and Lovers* 출간 5. Willa Cather의 *O Pioneers!* 출간
1914	38	1. 단편모음집 *The Strength of the Strong* 발표 2. *The Mutiny of the Elsinore* 발표 3. 멕시코 혁명 취재차 멕시코 방문	1. 1차 세계대전 발발 2. Panama 운하 개통
1915	39	1. 류머티즘 고통과 하와이에서 5개월 체류 2. 미국 내 감옥소에서 벌어지는 가혹한 형벌에 대한 고발적인 환상소설인 *The Star Rover*를 발표 3. 과학소설 *The Scarlet Plague* 발표	1. 1차대전에 독일군 최초로 독가스 사용 2. 미국에서 여성 참정권 운동 3. 미국 최초 장거리 전화 개통 4. 독일군에 의해 영국의 정기선 Lusitania와 군함 Formidable호 격침 5. 덴마크 여성 참정권 인정
1916.11.22	40	류머티즘과 신장병으로 그가 가장 소중하게 생각했던 자신의 농장인 소노마 카운티(Sonoma-County)의 글렌 엘렌에 있는 '아름다운 농장'(Beauty-Ranch)에서 사망	1. 1916.2.28 Henry James 영국에서 사망 2. 영국과 프랑스 연합군이 독일군과 Somme전투, 100만 명 이상의 사상자 발생

WHITE FANG

&

Other Stories

PART ONE: THE WILD

CHAPTER I
THE TRAIL OF THE MEAT

Dark spruce[1] forest frowned on either side the frozen waterway. The trees had been stripped by a recent wind of their white covering of frost, and they seemed to lean towards each other, black and ominous,[2] in the fading light. A vast silence reigned over the land. The land itself was a desolation,[3] lifeless, without movement, so lone and cold that the spirit of it was not even that of sadness. There was a hint in it of laughter, but of a laughter more terrible than any sadness — a laughter that was mirthless as the smile of the Sphinx, a laughter cold as the frost and partaking of the grimness of infallibility.[4] It was the masterful and incommunicable wisdom of eternity laughing at the futility[5] of life and the effort of life. It was the Wild, the savage, frozen-hearted Northland Wild.

But there was life, abroad in the land and defiant.[6] Down the

---

* 원문출처: The Project Gutenberg eBook. (This eBook is for the use of anyone anywhere at no cost and with almost no restrictions whatsoever. You may copy it, give it away or re-use it under the terms of the Project Gutenberg License included with this eBook or online at www.gutenberg.net.) Release Date: March 16, 2005 [eBook #910][Last updated: March 2, 2011]

1) spruce: 가문비나무

2) ominous: 불길한, 험악한

3) desolation: 황폐, 쓸쓸함, 외로움

4) infallibility: 오류 없음, 무과실

5) futility: 무익, 헛됨, 시시한 것, 공연한 행위

6) But there was life, abroad in the land and defiant.: 그러나 그땅 도처에 도전적인 생명이 있었다.

frozen waterway toiled a string of wolfish dogs. Their bristly[7] fur was rimed with frost. Their breath froze in the air as it left their mouths, spouting forth in spumes[8] of vapour that settled upon the hair of their bodies and formed into crystals of frost. Leather harness was on the dogs, and leather traces attached them to a sled which dragged along behind. The sled was without runners.[9] It was made of stout birch-bark, and its full surface rested on the snow. The front end of the sled was turned up, like a scroll, in order to force down and under the bore of soft snow that surged like a wave before it. On the sled, securely lashed, was a long and narrow oblong box.[10] There were other things on the sled — blankets, an axe, and a coffee-pot and frying-pan; but prominent, occupying most of the space, was the long and narrow oblong box.

In advance of the dogs, on wide snowshoes, toiled a man. At the rear of the sled toiled a second man. On the sled, in the box, lay a third man whose toil was over, — a man whom the Wild had conquered and beaten down until he would never move nor struggle again. It is not the way of the Wild to like movement.[11] Life is an offence to it, for life is movement; and the Wild aims always to destroy movement. It freezes the water to prevent it running to the sea; it drives the sap out of the trees till they are frozen to their mighty hearts; and most ferociously and terribly of all does the Wild harry and crush into submission man — man who is the most restless of life, ever in revolt

7) bristly: 뻣뻣한 털의, 털이 곤두선

8) spume: 거품(foam)

9) runner: (여기서는 썰매나 스케이트 등의) 날, (또는) 날의 활주부분

10) oblong box: 직사각형의 상자, Henry와 Bill이 운반하고 있는 Lord Albert의 시신이 담긴 관을 의미함

11) It is not the way of the Wild to like movement.: 야생의 방식은 움직임을 좋아하지 않는다

against the dictum that all movement must in the end come to the cessation of movement.

But at front and rear, unawed and indomitable,[12] toiled the two men who were not yet dead. Their bodies were covered with fur and soft-tanned leather. Eyelashes and cheeks and lips were so coated with the crystals from their frozen breath that their faces were not discernible. This gave them the seeming of ghostly masques, undertaker[13]s in a spectral[14] world at the funeral of some ghost. But under it all they were men, penetrating the land of desolation and mockery and silence, puny adventurers bent on colossal[15] adventure, pitting themselves against the might of a world as remote and alien and pulseless as the abysses of space.

They travelled on without speech, saving their breath for the work of their bodies. On every side was the silence, pressing upon them with a tangible presence. It affected their minds as the many atmospheres of deep water affect the body of the diver. It crushed them with the weight of unending vastness and unalterable decree. It crushed them into the remotest recesses of their own minds, pressing out of them, like juices from the grape, all the false ardours and exaltations and undue self-values of the human soul, until they perceived themselves finite and small, specks and motes, moving with weak cunning and little wisdom amidst the play and inter-play of the great blind elements and forces.

An hour went by, and a second hour. The pale light of the short sunless day was beginning to fade, when a faint far cry

12) unawed and indomitable: 두려워하지 않고 굴하지(굽히지) 않는

13) undertaker: 장의사, 인수자

14) spectral: 유령의, 괴기한

15) colossal: 거대한, 엄청난

arose on the still air. It soared upward with a swift rush, till it reached its topmost note, where it persisted, palpitant[16] and tense, and then slowly died away. It might have been a lost soul wailing, had it not been invested with a certain sad fierceness and hungry eagerness. The front man turned his head until his eyes met the eyes of the man behind. And then, across the narrow oblong box, each nodded to the other.

A second cry arose, piercing the silence with needle-like shrillness. Both men located the sound. It was to the rear, somewhere in the snow expanse they had just traversed. A third and answering cry arose, also to the rear and to the left of the second cry.

"They're after us, Bill,"[17] said the man at the front.

His voice sounded hoarse and unreal, and he had spoken with apparent effort.

"Meat is scarce,"[18] answered his comrade. "I ain't seen a rabbit sign for days."

Thereafter they spoke no more, though their ears were keen for the hunting-cries that continued to rise behind them.

At the fall of darkness they swung the dogs into a cluster of spruce trees on the edge of the waterway and made a camp. The coffin, at the side of the fire, served for seat and table. The wolf-dogs, clustered on the far side of the fire, snarled and bicker[19]ed among themselves, but evinced no inclination to stray off into the darkness.

"Seems to me, Henry, they're stayin' remarkable close to camp," Bill commented.

---

16) palpitant: 가슴이 두근거리는, 심장이 뛰는

17) "They're after us, Bill,": "빌, 그들이 우리를 쫓고 있어"

18) "Meat is scarce,": "고기가 부족해"

19) bicker: 다투다, 언쟁하다

Henry, squatting over the fire and settling the pot of coffee with a piece of ice, nodded. Nor did he speak till he had taken his seat on the coffin and begun to eat.

"They know where their hides is safe," he said. "They'd sooner eat grub than be grub. They're pretty wise, them dogs."

Bill shook his head. "Oh, I don't know."

His comrade looked at him curiously. "First time I ever heard you say anything about their not bein' wise."

"Henry," said the other, munching with deliberation the beans he was eating,[20] "did you happen to notice the way them dogs kicked up when I was a-feedin' 'em?"

"They did cut up more'n usual," Henry acknowledged.

"How many dogs 've we got, Henry?"

"Six."

"Well, Henry … " Bill stopped for a moment, in order that his words might gain greater significance. "As I was sayin', Henry, we've got six dogs. I took six fish out of the bag. I gave one fish to each dog, an', Henry, I was one fish short."

"You counted wrong."

"We've got six dogs," the other reiterated dispassionately.[21] "I took out six fish. One Ear didn't get no fish. I came back to the bag afterward an' got 'm his fish."

"We've only got six dogs," Henry said.

"Henry," Bill went on. "I won't say they was all dogs, but there was seven of 'm that got fish."

Henry stopped eating to glance across the fire and count the dogs.

"There's only six now," he said.

---

20) munching with deliberation the beans he was eating: 그는 먹고 있는 콩을 신중히 우적우적 씹으면서

21) reiterated dispassionately: 무감각하게 반복했다

"I saw the other one run off across the snow," Bill announced with cool positiveness. "I saw seven."

Henry looked at him commiseratingly,[22)] and said, "I'll be almighty glad when this trip's over."

"What d'ye mean by that?" Bill demanded.

"I mean that this load of ourn is gettin' on your nerves, an' that you're beginnin' to see things."

"I thought of that," Bill answered gravely. "An' so, when I saw it run off across the snow, I looked in the snow an' saw its tracks. Then I counted the dogs an' there was still six of 'em. The tracks is there in the snow now. D'ye want to look at 'em? I' ll show 'em to you."

Henry did not reply, but munched on in silence, until, the meal finished, he topped it with a final cup of coffee. He wiped his mouth with the back of his hand and said:

"Then you're thinkin' as it was—"

A long wailing cry, fiercely sad, from somewhere in the darkness, had interrupted him. He stopped to listen to it, then he finished his sentence with a wave of his hand toward the sound of the cry, "—one of them?"

Bill nodded. "I'd a blame sight sooner think that than anything else. You noticed yourself the row the dogs made."

Cry after cry, and answering cries, were turning the silence into a bedlam.[23)] From every side the cries arose, and the dogs betrayed their fear by huddling[24)] together and so close to the fire that their hair was scorched by the heat. Bill threw on more wood, before lighting his pipe.

"I'm thinking you're down in the mouth some," Henry said.

---

22) commiseratingly: 동정적으로

23) turn the silence into a bedlam: 그 침묵을 대소동(대소란)으로 바꾸어 버리다

24) by huddling: 우글우글 모이다, 떼로 모이다

"Henry ..." He sucked meditatively at his pipe for some time before he went on. "Henry, I was a-thinkin' what a blame sight luckier he is than you an' me'll ever be."

He indicated the third person by a downward thrust of the thumb to the box on which they sat.

"You an' me, Henry, when we die, we'll be lucky if we get enough stones over our carcases[25] to keep the dogs off of us."

"But we ain't got people an' money an' all the rest, like him," Henry rejoined. "Long-distance funerals is somethin' you an' me can't exactly afford."

"What gets me, Henry, is what a chap like this,[26] that's a lord or something in his own country, and that's never had to bother about grub nor blankets;[27] why he comes a-buttin' round the Godforsaken ends of the earth — that's what I can't exactly see."

"He might have lived to a ripe old age if he'd stayed at home," Henry agreed.

Bill opened his mouth to speak, but changed his mind. Instead, he pointed towards the wall of darkness that pressed about them from every side. There was no suggestion of form in the utter blackness; only could be seen a pair of eyes gleaming like live coals. Henry indicated with his head a second pair, and a third. A circle of the gleaming eyes had drawn about their camp. Now and again a pair of eyes moved, or disappeared to appear again a moment later.

The unrest of the dogs had been increasing, and they stampeded, in a surge of sudden fear, to the near side of the fire,

---

25) carcases: carcass, 시체

26) What gets me, Henry, is what a chap like this: 헨리, 이 사람은 어떤 친구인지 정말 이해할 수 없어

27) that's never had to bother about grub nor blankets: 그것은 음식과 담요(의식주)에 걱정할 필요가 전혀 없다는 거지

cringing and crawling[28)] about the legs of the men. In the scramble one of the dogs had been overturned on the edge of the fire, and it had yelped with pain and fright as the smell of its singed[29)] coat possessed the air. The commotion caused the circle of eyes to shift restlessly for a moment and even to withdraw a bit, but it settled down again as the dogs became quiet.

"Henry, it's a blame misfortune to be out of ammunition."

Bill had finished his pipe and was helping his companion to spread the bed of fur and blanket upon the spruce boughs which he had laid over the snow before supper. Henry grunted, and began unlacing his moccasins.

"How many cartridges did you say you had left?" he asked.

"Three," came the answer. "An' I wisht 'twas three hundred. Then I'd show 'em what for, damn 'em!"

He shook his fist angrily at the gleaming eyes, and began securely to prop his moccasins before the fire.

"An' I wisht this cold snap'd break," he went on. "It's ben fifty below for two weeks now. An' I wisht I'd never started on this trip, Henry. I don't like the looks of it. I don't feel right, somehow. An' while I'm wishin', I wisht the trip was over an' done with, an' you an' me a-sittin' by the fire in Fort McGurry[30)] just about now an' playing cribbage[31)] — that's what I wisht."

Henry grunted and crawled into bed. As he dozed off he was aroused by his comrade's voice.

"Say, Henry, that other one that come in an' got a fish — why

---

28) cringing and crawling: 움츠리고 기면서

29) singed: 눌어버린, 불에 그슬린

30) Fort McGurry: 맥거리 교역소, Henry와 Bill이 가려는 남쪽의 목적지, 그들은 Lord Albert의 시신을 그곳까지 운반해서 합당한 장례식이 치러지도록 하려고 함

31) cribbage: 2-4명이 하는 카드놀이의 일종

didn't the dogs pitch into[32] it? That's what's botherin' me."

"You're botherin' too much, Bill," came the sleepy response. "You was never like this before. You jes' shut up now, an' go to sleep, an' you'll be all hunkydory[33] in the mornin'. Your stomach's sour, that's what's botherin' you."

The men slept, breathing heavily, side by side, under the one covering. The fire died down, and the gleaming eyes drew closer the circle they had flung about the camp. The dogs clustered together in fear, now and again snarling menacingly as a pair of eyes drew close. Once their uproar became so loud that Bill woke up. He got out of bed carefully, so as not to disturb the sleep of his comrade, and threw more wood on the fire. As it began to flame up, the circle of eyes drew farther back. He glanced casually at the huddling dogs. He rubbed his eyes and looked at them more sharply. Then he crawled back into the blankets.

"Henry," he said. "Oh, Henry."

Henry groaned as he passed from sleep to waking, and demanded, "What's wrong now?"

"Nothin'," came the answer; "only there's seven of 'em again. I just counted."

Henry acknowledged receipt of the information with a grunt that slid into a snore as he drifted back into sleep.

In the morning it was Henry who awoke first and routed[34] his companion out of bed. Daylight was yet three hours away, though it was already six o'clock; and in the darkness Henry went about preparing breakfast, while Bill rolled the blankets and made the sled ready for lashing.

---

32) pitch into: 허겁지겁 먹다

33) hunkydory: hunky-dory, 더할 나위 없는, 훌륭한

34) rout: 두들겨 깨우다

"Say, Henry," he asked suddenly, "how many dogs did you say we had?"

"Six."

"Wrong," Bill proclaimed triumphantly.

"Seven again?" Henry queried.

"No, five; one's gone."

"The hell!" Henry cried in wrath, leaving the cooking to come and count the dogs.

"You're right, Bill," he concluded. "Fatty's gone."

"An' he went like greased lightnin' once he got started. Couldn't 've seen 'm for smoke."

"No chance at all," Henry concluded. "They jes' swallowed 'm alive. I bet he was yelpin' as he went down their throats, damn 'em!"

"He always was a fool dog," said Bill.

"But no fool dog ought to be fool enough to go off an' commit suicide that way." He looked over the remainder of the team with a speculative eye that summed up instantly the salient[35)] traits of each animal. "I bet none of the others would do it."

"Couldn't drive 'em away from the fire with a club," Bill agreed. "I always did think there was somethin' wrong with Fatty anyway."

And this was the epitaph[36)] of a dead dog on the Northland trail — less scant than the epitaph of many another dog, of many a man.

---

35) salient: 원기 왕성한, 두드러진, 현저한

36) epitaph: 묘비명, 비문

CHAPTER II
THE SHE-WOLF

Breakfast eaten and the slim camp-outfit lashed to the sled, the men turned their backs on the cheery fire and launched out into the darkness. At once began to rise the cries that were fiercely sad — cries that called through the darkness and cold to one another and answered back. Conversation ceased. Daylight came at nine o'clock. At midday the sky to the south warmed to rose-colour, and marked where the bulge[1] of the earth intervened between the meridian[2] sun and the northern world. But the rose-colour swiftly faded. The grey light of day that remained lasted until three o'clock, when it, too, faded, and the pall[3] of the Arctic night descended upon the lone and silent land.

As darkness came on, the hunting-cries to right and left and rear drew closer — so close that more than once they sent surges of fear through the toiling dogs, throwing them into short-lived panics.

At the conclusion of one such panic, when he and Henry had got the dogs back in the traces, Bill said:

"I wisht they'd strike game[4] somewheres, an' go away an' leave us alone."

"They do get on the nerves horrible," Henry sympathized.

They spoke no more until camp was made.

Henry was bending over and adding ice to the babbling pot of

---

1) bulge: 돌출, 볼록함

2) meridian: 자오선, 정오의

3) pall: 장막

4) game: 사냥감

beans when he was startled by the sound of a blow, an exclamation from Bill, and a sharp snarling cry of pain from among the dogs. He straightened up in time to see a dim form disappearing across the snow into the shelter of the dark. Then he saw Bill, standing amid the dogs, half triumphant, half crestfallen,[5] in one hand a stout club, in the other the tail and part of the body of a sun-cured salmon.[6]

"It got half of it," he announced; "but I got a whack at[7] it jes' the same. D'ye hear it squeal?"[8]

"What'd it look like?" Henry asked.

"Couldn't see. But it had four legs an' a mouth an' hair an' looked like any dog."

"Must be a tame wolf, I reckon."[9]

"It's damned tame, whatever it is, comin' in here at feedin' time an' gettin' its whack[10] of fish."

That night, when supper was finished and they sat on the oblong box and pulled at their pipes, the circle of gleaming eyes drew in even closer than before.

"I wisht they'd spring up a bunch of moose or something, an' go away an' leave us alone," Bill said.

Henry grunted with an intonation that was not all sympathy,

---

5) crestfallen: 의기소침한, 풀이 죽은

6) sun-cured salmon: 햇볕에 말린 연어

7) got a whack at: 세게 후려쳤다

8) squeal: 비명을 지르다, 낑낑 울다

9) "Must be a tame wolf, I reckon.": "틀림없이 길들여진 늑대라고 생각해" (※ 썰매개의 먹이인 생선을 몰래 훔쳐 먹는 그 '암컷 늑대'(She-Wolf)를 일컫는 말이며 이 늑대는 행동으로 보아 길들여진 것으로 생각된다는 말. 이 늑대가 '흰 어금니'(White Fang)로 불리는 이 작품의 주인공인 늑대와 개의 잡종인 'White Fang'의 어미이며 오래 전에 인디언 마을에서 숲으로 도망간 키체(Kiche)라는 이름의 인디언 개로 밝혀짐.)

10) whack: 구타, 강타, 분배된 몫, 할당 (속어)

and for a quarter of an hour they sat on in silence, Henry staring at the fire, and Bill at the circle of eyes that burned in the darkness just beyond the firelight.

"I wisht we was pullin' into McGurry right now,"[11] he began again.

"Shut up your wishin' and your croakin'",[12] Henry burst out angrily. "Your stomach's sour.[13] That's what's ailin' you. Swallow a spoonful of sody,[14] an' you'll sweeten up wonderful an' be more pleasant company."

In the morning Henry was aroused by fervid blasphemy[15] that proceeded from the mouth of Bill. Henry propped himself up on an elbow and looked to see his comrade standing among the dogs beside the replenished fire,[16] his arms raised in objurgation,[17] his face distorted with passion.

"Hello!" Henry called. "What's up now?"

"Frog's gone,"[18] came the answer.

"No."

"I tell you yes."

Henry leaped out of the blankets and to the dogs. He counted them with care, and then joined his partner in cursing the power of the Wild that had robbed them of another dog.

"Frog was the strongest dog of the bunch," Bill pronounced finally.

---

11) "I wisht we was pullin' into McGurry right now,": 내가 지금 바로 맥거리에 도착한다면 좋을 텐데

12) croakin: croaking, 침울한 소리, 쉰 목소리, 투덜거림

13) stomach's sour: 위산, 속 쓰림

14) sody: soda

15) fervid blasphemy: 심한 욕설(속어)

16) replenished fire: 다시 살린 불(모닥불)

17) objurgation: 비난, 꾸짖음

18) "Frog's gone,": Frog(개의 이름)가 사라졌어

"An' he was no fool dog neither," Henry added.

And so was recorded the second epitaph in two days.

A gloomy breakfast was eaten, and the four remaining dogs were harnessed to the sled. The day was a repetition of the days that had gone before. The men toiled without speech across the face of the frozen world. The silence was unbroken save[19] by the cries of their pursuers, that, unseen, hung upon their rear. With the coming of night in the mid-afternoon, the cries sounded closer as the pursuers drew in according to their custom; and the dogs grew excited and frightened, and were guilty of panics that tangled the traces and further depressed the two men.

"There, that'll fix you fool critters",[20] Bill said with satisfaction that night, standing erect at completion of his task.

Henry left the cooking to come and see. Not only had his partner tied the dogs up, but he had tied them, after the Indian fashion, with sticks. About the neck of each dog he had fastened a leather thong. To this, and so close to the neck that the dog could not get his teeth to it, he had tied a stout stick four or five feet in length. The other end of the stick, in turn, was made fast to a stake in the ground by means of a leather thong. The dog was unable to gnaw[21] through the leather at his own end of the stick. The stick prevented him from getting at the leather that fastened the other end.

Henry nodded his head approvingly.

"It's the only contraption[22] that'll ever hold One Ear," he said. "He can gnaw through leather as clean as a knife an' jes' about

19) save: ~을 제외하고

20) "There, that'll fix you fool critters,": 자, 그렇게 해놓으면 너희 멍청이들은 꼼짝 못할 거야.

21) gnaw: 물어서 끊다

22) contraption: 새로운 고안

half as quick. They all'll be here in the mornin' hunkydory."[23]

"You jes' bet they will," Bill affirmed. "If one of em' turns up missin', I'll go without my coffee."

"They jes' know we ain't loaded to kill",[24] Henry remarked at bed-time, indicating the gleaming circle that hemmed[25] them in. "If we could put a couple of shots into 'em, they'd be more respectful. They come closer every night. Get the firelight out of your eyes an' look hard — there! Did you see that one?"

For some time the two men amused themselves with watching the movement of vague forms on the edge of the firelight. By looking closely and steadily at where a pair of eyes burned in the darkness, the form of the animal would slowly take shape. They could even see these forms move at times.

A sound among the dogs attracted the men's attention. One Ear was uttering quick, eager whines, lunging at the length of his stick toward the darkness, and desisting now and again in order to make frantic[26] attacks on the stick with his teeth.

"Look at that, Bill," Henry whispered.

Full into the firelight, with a stealthy, sidelong movement, glided a doglike animal. It moved with commingled mistrust and daring, cautiously observing the men, its attention fixed on the dogs. One Ear strained the full length of the stick toward the intruder and whined with eagerness.

"That fool One Ear don't seem scairt[27] much," Bill said in a low tone.

"It's a she-wolf," Henry whispered back, "an' that accounts

---

23) hunkydory: hunky-dory, 멋있는, 안심할 수 있는

24) "They jes' know we ain't loaded to kill,": 그들(늑대들)도 우리가 그들을 죽일 수 있는 충분한 탄알이 없다는 것도 알고 있어.

25) hem: 에워싸다

26) frantic: 미친 듯이 날뛰는, 광란의

27) scairt: scared, 무서운, 겁먹은

for Fatty an' Frog. She's the decoy[28)] for the pack. She draws out the dog an' then all the rest pitches in[29)] an' eats 'm up."

The fire crackled. A log fell apart with a loud spluttering[30)] noise. At the sound of it the strange animal leaped back into the darkness.

"Henry, I'm a-thinkin'," Bill announced.

"Thinkin' what?"

"I'm a-thinkin' that was the one I lambasted[31)] with the club."

"Ain't the slightest doubt in the world," was Henry's response.

"An' right here I want to remark," Bill went on, "that that animal's familyarity[32)] with campfires is suspicious an' immoral."

"It knows for certain more'n a self-respectin' wolf ought to know," Henry agreed. "A wolf that knows enough to come in with the dogs at feedin' time has had experiences."

"Ol' Villan had a dog once that run away with the wolves," Bill cogitates[33)] aloud. "I ought to know. I shot it out of the pack in a moose pasture over 'on Little Stick. An' Ol' Villan cried like a baby. Hadn't seen it for three years, he said. Ben with the wolves all that time."

"I reckon you've called the turn,[34)] Bill. That wolf's a dog, an' it's eaten fish many's the time from the hand of man."

"An if I get a chance at it, that wolf that's a dog'll be jes' meat,"[35)] Bill declared. "We can't afford to lose no more ani-

---

28) decoy: 미끼, 후림새

29) pitches in: 협력하다

30) spluttering: 빨리 지껄이다

31) lambast: 후려치다, 크게 꾸짖다

32) familyarity: familiarity, 친밀함

33) cogitate: 숙고하다

34) called the turn: 결과를 미리 말하다

35) that wolf that's a dog'll be jes' meat: 개인 그 늑대는 고기가 될 거다(죽일 거다)

mals."

"But you've only got three cartridges,"[36] Henry objected.

"I'll wait for a dead sure shot," was the reply.

In the morning Henry renewed the fire and cooked breakfast to the accompaniment of his partner's snoring.[37]

"You was sleepin' jes' too comfortable for anything,"[38] Henry told him, as he routed[39] him out for breakfast. "I hadn't the heart to rouse[40] you."

Bill began to eat sleepily. He noticed that his cup was empty and started to reach for the pot. But the pot was beyond arm's length and beside Henry.

"Say, Henry," he chided gently, "ain't you forgot somethin'?"

Henry looked about with great carefulness and shook his head. Bill held up the empty cup.

"You don't get no coffee," Henry announced.

"Ain't run out?" Bill asked anxiously.

"Nope."

"Ain't thinkin' it'll hurt my digestion?"

"Nope."

A flush of angry blood pervaded Bill's face.

"Then it's jes' warm an' anxious I am to be hearin' you explain yourself," he said.

"Spanker's gone," Henry answered.

Without haste, with the air of one resigned to misfortune Bill turned his head, and from where he sat counted the dogs.

---

36) cartridges: 탄약(통)

37) to the accompaniment of his partner's snoring: 동료의 코 고는 소리의 반주에 맞추어

38) too comfortable for anything: 너무 편안하게

39) rout: 패주시키다, 폭로하다, 두들겨 깨우다

40) rouse: 깨우다

"How'd it happen?" he asked apathetically.[41)]

Henry shrugged his shoulders. "Don't know. Unless One Ear gnawed 'm loose. He couldn't a-done it himself, that's sure."

"The darned cuss." Bill spoke gravely and slowly, with no hint of the anger that was raging within. "Jes' because he couldn't chew himself loose, he chews Spanker loose."

"Well, Spanker's troubles is over anyway; I guess he's digested by this time an' cavortin'[42)] over the landscape in the bellies of twenty different wolves," was Henry's epitaph on this, the latest lost dog. "Have some coffee, Bill."

But Bill shook his head.

"Go on," Henry pleaded, elevating the pot.

Bill shoved his cup aside. "I'll be ding-dong-danged if I do.[43)] I said I wouldn't if ary[44)] dog turned up missin', an' I won't."

"It's darn good coffee," Henry said enticingly.

But Bill was stubborn, and he ate a dry breakfast washed down with mumbled curses at One Ear for the trick he had played.

"I'll tie 'em up out of reach of each other to-night," Bill said, as they took the trail.[45)]

They had travelled little more than a hundred yards, when Henry, who was in front, bent down and picked up something with which his snowshoe had collided. It was dark, and he could not see it, but he recognised it by the touch. He flung it back, so that it struck the sled and bounced along until it fetched up[46)] on Bill's snowshoes.

---

41) apathetically: 냉담하게, 무관심하게

42) cavortin: cavort, 뛰어다니다

43) I'll be ding-dong-danged if I do.: 절대 안 마실 거야.

44) ary: any

45) take the trail: 길을 떠나다, 출발하다

46) fetched up: 도달하다, 이르다, 게우다

"Mebbe you'll need that in your business," Henry said.

Bill uttered an exclamation. It was all that was left of Spanker — the stick with which he had been tied.

"They ate 'm hide an' all," Bill announced. "The stick's as clean as a whistle.[47] They've ate the leather offen both ends. They're damn hungry, Henry, an' they'll have you an' me guessin' before this trip's over."

Henry laughed defiantly. "I ain't been trailed this way by wolves before, but I've gone through a whole lot worse an' kept my health. Takes more'n a handful of them pesky critters[48] to do for yours truly, Bill, my son."

"I don't know, I don't know," Bill muttered ominously.[49]

"Well, you'll know all right when we pull into McGurry."

"I ain't feelin' special enthusiastic," Bill persisted.

"You're off colour, that's what's the matter with you," Henry dogmatised.[50] "What you need is quinine,[51] an' I'm goin' to dose you up stiff[52] as soon as we make McGurry."

Bill grunted his disagreement with the diagnosis, and lapsed into silence. The day was like all the days. Light came at nine o' clock. At twelve o'clock the southern horizon was warmed by the unseen sun; and then began the cold grey of afternoon that would merge, three hours later, into night.

It was just after the sun's futile effort to appear, that Bill slipped the rifle from under the sled-lashings and said:

"You keep right on, Henry, I'm goin' to see what I can see."

---

47) as clean as a whistle: 매우 깨끗한

48) pesky critters: 성가신 녀석들

49) ominously: 불길하게

50) dogmatise: dogmatize, 독단적으로 말하다

51) quinine: 키니네, 기나나무의 껍질에서 추출하는 알칼리성의 쓴맛이 있는 알칼로이드, 해열제, 강장제, 말라리아 치료의 특효약

52) dose you up stiff: 너에게 약을 많이 지어줄게

"You'd better stick by the sled," his partner protested. "You've only got three cartridges, an' there's no tellin'[53] what might happen."

"Who's croaking now?" Bill demanded triumphantly.

Henry made no reply, and plodded on alone, though often he cast anxious glances back into the grey solitude where his partner had disappeared. An hour later, taking advantage of the cut-offs[54] around which the sled had to go, Bill arrived.

"They're scattered an' rangin' along wide," he said: "keeping up with us an' lookin' for game at the same time. You see, they're sure of us, only they know they've got to wait to get us. In the meantime they're willin' to pick up anything eatable that comes handy."

"You mean they think they're sure of us," Henry objected pointedly.

But Bill ignored him. "I seen some of them. They're pretty thin. They ain't had a bite in weeks I reckon, outside of Fatty an' Frog an' Spanker; an' there's so many of 'em that that didn't go far. They're remarkable thin. Their ribs is like washboards,[55] an' their stomachs is right up against their backbones. They're pretty desperate, I can tell you. They'll be goin' mad, yet, an' then watch out."

A few minutes later, Henry, who was now travelling behind the sled, emitted a low, warning whistle. Bill turned and looked, then quietly stopped the dogs. To the rear, from around the last bend and plainly into view, on the very trail they had just covered, trotted a furry, slinking[56] form. Its nose was to the

53) there's no tellin': ~은 모른다, ~은 알 수 없다

54) cut-offs: 지름길

55) washboard: 빨래판

56) slinking: 살금살금 걷는

trail, and it trotted with a peculiar, sliding, effortless gait. When they halted, it halted, throwing up its head and regarding them steadily with nostrils that twitched as it caught and studied the scent of them.

"It's the she-wolf," Bill answered.

The dogs had lain down in the snow, and he walked past them to join his partner in the sled. Together they watched the strange animal that had pursued them for days and that had already accomplished the destruction of half their dog-team.

After a searching scrutiny, the animal trotted forward a few steps. This it repeated several times, till it was a short hundred yards away. It paused, head up, close by a clump[57)] of spruce trees, and with sight and scent studied the outfit of the watching men. It looked at them in a strangely wistful[58)] way, after the manner of a dog; but in its wistfulness there was none of the dog affection. It was a wistfulness bred of hunger, as cruel as its own fangs, as merciless as the frost itself.

It was large for a wolf, its gaunt frame advertising the lines of an animal that was among the largest of its kind.

"Stands pretty close to two feet an' a half at the shoulders," Henry commented. "An' I'll bet it ain't far from five feet long."

"Kind of strange colour for a wolf," was Bill's criticism. "I never seen a red wolf before. Looks almost cinnamon[59)] to me."

The animal was certainly not cinnamon-coloured. Its coat was the true wolf-coat. The dominant colour was grey, and yet there was to it a faint reddish hue — a hue that was baffling,[60)] that appeared and disappeared, that was more like an illusion of

57) clump: 수풀
58) wistful: 탐내는 듯한
59) cinnamon: 황갈색, 계피
60) baffling: 당황케 하는

the vision, now grey, distinctly grey, and again giving hints and glints of a vague redness of colour not classifiable in terms of ordinary experience.

"Looks for all the world like a big husky sled-dog," Bill said. "I wouldn't be s'prised to see it wag its tail."

"Hello, you husky!" he called. "Come here, you whatever-your-name-is."

"Ain't a bit scairt of you," Henry laughed.

Bill waved his hand at it threateningly and shouted loudly; but the animal betrayed no fear. The only change in it that they could notice was an accession of alertness. It still regarded them with the merciless wistfulness of hunger. They were meat, and it was hungry; and it would like to go in and eat them if it dared.

"Look here, Henry," Bill said, unconsciously lowering his voice to a whisper because of what he imitated. "We've got three cartridges. But it's a dead shot.[61] Couldn't miss it. It's got away with three of our dogs, an' we oughter put a stop to it.[62] What d'ye say?"

Henry nodded his consent. Bill cautiously slipped the gun from under the sled-lashing. The gun was on the way to his shoulder, but it never got there. For in that instant the she-wolf leaped sidewise from the trail into the clump of spruce trees and disappeared.

The two men looked at each other. Henry whistled long and comprehendingly.

"I might have knowed it," Bill chided himself aloud as he replaced the gun. "Of course a wolf that knows enough to come in with the dogs at feedin' time, 'd know all about shooting-irons. I tell you right now, Henry, that critter's the cause of all

61) dead shot: 명중탄, 사격의 명수

62) we oughter put a stop to it: 우리는 그것을 막아야 돼

our trouble. We'd have six dogs at the present time, 'stead of three, if it wasn't for her.[63] An' I tell you right now, Henry, I'm goin' to get her. She's too smart to be shot in the open. But I'm goin' to lay for[64] her. I'll bushwhack[65] her as sure as my name is Bill."[66]

"You needn't stray off too far in doin' it," his partner admonished. "If that pack ever starts to jump you, them three cartridges'd be wuth no more'n three whoops in hell. Them animals is damn hungry, an' once they start in, they'll sure get you, Bill."

They camped early that night. Three dogs could not drag the sled so fast nor for so long hours as could six, and they were showing unmistakable signs of playing out.[67] And the men went early to bed, Bill first seeing to it that[68] the dogs were tied out of gnawing-reach of one another.

But the wolves were growing bolder, and the men were aroused more than once from their sleep. So near did the wolves approach, that the dogs became frantic with terror, and it was necessary to replenish the fire from time to time in order to keep the adventurous marauders[69] at safer distance.

"I've hearn sailors talk of sharks followin' a ship," Bill remarked, as he crawled back into the blankets after one such replenishing of the fire. "Well, them wolves is land sharks. They know their business better'n we do, an' they ain't a-holdin' our trail this way for their health. They're goin' to get us. They're sure goin' to get us, Henry."

---

63) if it wasn't for her: 그 암컷늑대가 아니었다면

64) lay for: ~을 숨어 기다리다, ~매복하다

65) bushwhack: ~을 매복하고 있다가 덮치다

66) as sure as my name is Bill: Bill의 이름을 걸고 확실히

67) playing out: 지쳐버리다

68) see to it that: 반드시 ~하도록 하다

69) adventurous marauders: 대담한 약탈자들

"They've half got you a'ready, a-talkin' like that," Henry retorted sharply. "A man's half licked when he says he is. An' you're half eaten from the way you're goin' on about it."

"They've got away with better men than you an' me," Bill answered.

"Oh, shet up your croakin'. You make me all-fired tired."[70)]

Henry rolled over angrily on his side, but was surprised that Bill made no similar display of temper. This was not Bill's way, for he was easily angered by sharp words. Henry thought long over it before he went to sleep, and as his eyelids fluttered down and he dozed off, the thought in his mind was: "There's no mistakin' it, Bill's almighty blue.[71)] I'll have to cheer him up to-morrow."

---

70) all-fired tired: 너무 피곤한

71) almighty blue: 너무 우울한

CHAPTER Ⅲ
THE HUNGRY CRY

The day began auspiciously.[1] They had lost no dogs during the night, and they swung out upon the trail and into the silence, the darkness, and the cold with spirits that were fairly light.[2] Bill seemed to have forgotten his forebodings[3] of the previous night, and even waxed facetious[4] with the dogs when, at mid-day, they overturned the sled on a bad piece of trail.

It was an awkward mix-up.[5] The sled was upside down and jammed between a tree-trunk and a huge rock, and they were forced to unharness the dogs in order to straighten out the tangle.[6] The two men were bent over the sled and trying to right[7] it, when Henry observed One Ear sidling away.[8]

"Here, you, One Ear!" he cried, straightening up and turning around on the dog.

But One Ear broke into a run across the snow, his traces trailing behind him. And there, out in the snow of their back track, was the she-wolf waiting for him. As he neared her, he became suddenly cautious. He slowed down to an alert and mincing walk and then stopped. He regarded her carefully and dubiously, yet desirefully. She seemed to smile at him, showing her teeth

---

1) auspiciously: 상서롭게, 운 좋게

2) with spirits that were fairly light: 상당히 밝은 기분으로

3) foreboding: 예감, 육감

4) facetious: 익살맞은, 유쾌한

5) awkward mix-up: 난처한 혼란, 분규

6) tangle: 혼란, 불화, 다툼

7) right: 바로 세우다

8) sidle away: 옆걸음으로 벗어나다

in an ingratiating[9] rather than a menacing way. She moved toward him a few steps, playfully, and then halted. One Ear drew near to her, still alert and cautious, his tail and ears in the air, his head held high.

He tried to sniff noses with her, but she retreated playfully and coyly. Every advance on his part was accompanied by a corresponding retreat on her part. Step by step she was luring him away from the security of his human companionship. Once, as though a warning had in vague ways flitted through his intelligence, he turned his head and looked back at the overturned sled, at his team-mates, and at the two men who were calling to him.

But whatever idea was forming in his mind, was dissipated by the she-wolf, who advanced upon him, sniffed noses with him for a fleeting instant, and then resumed her coy retreat before his renewed advances.

In the meantime, Bill had bethought himself of the rifle. But it was jammed beneath the overturned sled, and by the time Henry had helped him to right the load, One Ear and the she-wolf were too close together and the distance too great to risk a shot.[10]

Too late One Ear learned his mistake. Before they saw the cause, the two men saw him turn and start to run back toward them. Then, approaching at right angles to the trail and cutting off his retreat they saw a dozen wolves, lean and grey, bounding across the snow. On the instant, the she-wolf's coyness and playfulness disappeared. With a snarl she sprang upon One Ear. He thrust her off with his shoulder, and, his retreat cut off and still intent on regaining the sled, he altered his course in an at-

9) ingratiating: 알랑거리는

10) too great to risk a shot: 총을 쏘기에는 너무 위험한

tempt to circle around to it. More wolves were appearing every moment[11] and joining in the chase. The she-wolf was one leap behind One Ear and holding her own.

"Where are you goin'?" Henry suddenly demanded, laying his hand on his partner's arm.

Bill shook it off. "I won't stand it," he said. "They ain't a-goin' to get any more of our dogs if I can help it."

Gun in hand, he plunged into the underbrush[12] that lined the side of the trail. His intention was apparent enough. Taking the sled as the centre of the circle that One Ear was making, Bill planned to tap that circle at a point in advance of the pursuit. With his rifle, in the broad daylight, it might be possible for him to awe the wolves and save the dog.

"Say, Bill!" Henry called after him. "Be careful! Don't take no chances!"

Henry sat down on the sled and watched. There was nothing else for him to do. Bill had already gone from sight, but now and again, appearing and disappearing amongst the underbrush and the scattered clumps of spruce, could be seen One Ear. Henry judged his case to be hopeless. The dog was thoroughly alive to its danger, but it was running on the outer circle while the wolf-pack was running on the inner and shorter circle. It was vain to think of One Ear so outdistancing[13] his pursuers as to be able to cut across[14] their circle in advance of them and to regain the sled.

The different lines were rapidly approaching a point. Somewhere out there in the snow, screened from his sight by trees

11) every moment: 시시각각

12) underbrush: 관목, 덤불

13) outdistancing: 훨씬 앞서다, ~을 능가하다

14) cut across: 가로지르다, 건너다

and thickets,[15] Henry knew that the wolf-pack, One Ear, and Bill were coming together. All too quickly, far more quickly than he had expected, it happened. He heard a shot, then two shots, in rapid succession, and he knew that Bill's ammunition[16] was gone. Then he heard a great outcry of snarls and yelps. He recognised One Ear's yell of pain and terror, and he heard a wolf-cry that bespoke[17] a stricken animal. And that was all. The snarls ceased. The yelping died away. Silence settled down again over the lonely land.

He sat for a long while upon the sled. There was no need for him to go and see what had happened. He knew it as though it had taken place[18] before his eyes. Once, he roused with a start[19] and hastily got the axe out from underneath the lashings. But for some time longer he sat and brooded, the two remaining dogs crouching and trembling at his feet.

At last he arose in a weary manner, as though all the resilience[20] had gone out of his body, and proceeded to fasten the dogs to the sled. He passed a rope over his shoulder, a man-trace,[21] and pulled with the dogs. He did not go far. At the first hint of darkness he hastened to make a camp, and he saw to it that he had a generous supply of firewood.[22] He fed the dogs, cooked and ate his supper, and made his bed close to the fire.

But he was not destined to enjoy that bed. Before his eyes

---

15) thickets: 수풀, 덤불

16) ammunition: 탄약

17) bespoke: ~을 나타내다, ~의 증거가 되다, ~을 예시하다

18) taken place: 일어나다, 발생하다

19) with a start: 깜짝 놀라서

20) resilience: 쾌활함, 활기, 원기

21) a man-trace: 인간 봇줄, trace: (소·말을 수레에 매는) 봇줄(가죽, 사슬)

22) he saw to it that he had a generous supply of firewood: 그는 충분한 양의 장작을 확실하게 확보했다

closed the wolves had drawn too near for safety. It no longer required an effort of the vision to see them. They were all about him and the fire, in a narrow circle, and he could see them plainly in the firelight lying down, sitting up, crawling forward on their bellies, or slinking back and forth. They even slept. Here and there he could see one curled up in the snow like a dog, taking the sleep that was now denied himself.

He kept the fire brightly blazing, for he knew that it alone intervened between the flesh of his body and their hungry fangs. His two dogs stayed close by him, one on either side, leaning against him for protection, crying and whimpering, and at times snarling desperately when a wolf approached a little closer than usual. At such moments, when his dogs snarled, the whole circle would be agitated, the wolves coming to their feet and pressing tentatively[23)] forward, a chorus of snarls and eager yelps rising about him. Then the circle would lie down again, and here and there a wolf would resume its broken nap.

But this circle had a continuous tendency to draw in upon him. Bit by bit, an inch at a time, with here a wolf bellying forward, and there a wolf bellying forward, the circle would narrow until the brutes were almost within springing distance. Then he would seize brands[24)] from the fire and hurl them into the pack. A hasty drawing back always resulted, accompanied by angry yelps and frightened snarls when a well-aimed brand struck and scorched a too daring animal.

Morning found the man haggard and worn, wide-eyed[25)] from want of sleep. He cooked breakfast in the darkness, and at nine o'clock, when, with the coming of daylight, the wolf-pack drew

---

23) tentatively: 시험삼아

24) brands: 불붙은 나무들

25) wide-eyed: 잠을 못 이루고 눈이 말똥말똥한

back, he set about the task he had planned through the long hours of the night. Chopping down young saplings,[26] he made them cross-bars of a scaffold[27] by lashing[28] them high up to the trunks of standing trees. Using the sled-lashing for a heaving rope, and with the aid of the dogs, he hoisted the coffin to the top of the scaffold.

"They got Bill, an' they may get me,[29] but they'll sure never get you, young man," he said, addressing the dead body in its tree-sepulchre.[30]

Then he took the trail, the lightened sled bounding along behind the willing dogs; for they, too, knew that safety lay open[31] in the gaining[32] of Fort McGurry. The wolves were now more open in their pursuit, trotting sedately[33] behind and ranging along on either side, their red tongues lolling out, their lean sides showing the undulating ribs[34] with every movement. They were very lean, mere skin-bags stretched over bony frames, with strings for muscles — so lean that Henry found it in his mind to marvel that they still kept their feet and did not collapse forthright in the snow.

He did not dare travel until dark. At midday, not only did the sun warm the southern horizon, but it even thrust its up-

---

26) sapling: 어린 나무, 묘목

27) scaffold: (건축 등의) 비계, 발판, 뼈대, 처형대

28) lashing: ~을 (끈으로) 묶다, 잡아매다

29) They got Bill, an' they may get me: 그들이 빌을 잡아먹었고 나를 잡아먹을지 몰라

30) tree-sepulchre: 나무무덤 (나무 위에 비계를 만들어 관을 끌어올려 놓고 늑대들이 훼손하지 못하게 함)

31) lay open: 드러나다

32) gaining: gain, 도달하다

33) sedately: 침착하게, 차분하게

34) undulating ribs: 물결치는 듯 하는 갈비뼈

per rim, pale and golden, above the sky-line. He received it as a sign. The days were growing longer. The sun was returning. But scarcely had the cheer of its light departed, than he went into camp. There were still several hours of grey daylight and sombre twilight, and he utilized them in chopping an enormous supply of fire-wood.

With night came horror. Not only were the starving wolves growing bolder, but lack of sleep was telling upon Henry. He dozed despite himself, crouching by the fire, the blankets about his shoulders, the axe between his knees, and on either side[35] a dog pressing close against him. He awoke once and saw in front of him, not a dozen feet away, a big grey wolf, one of the largest of the pack. And even as he looked, the brute deliberately stretched himself after the manner of a lazy dog, yawning full in his face and looking upon him with a possessive eye, as if, in truth, he were merely a delayed meal that was soon to be eaten.

This certitude was shown by the whole pack. Fully a score he could count, staring hungrily at him or calmly sleeping in the snow. They reminded him of children gathered about a spread table and awaiting permission to begin to eat. And he was the food they were to eat! He wondered how and when the meal would begin.

As he piled wood on the fire he discovered an appreciation of his own body which he had never felt before. He watched his moving muscles and was interested in the cunning mechanism of his fingers. By the light of the fire he crooked his fingers slowly and repeatedly now one at a time, now all together, spreading them wide or making quick gripping movements. He studied the nail-formation, and prodded the finger-tips, now sharply, and again softly, gauging the while the nerve-sensations

---

35) on either side: 양편에

produced. It fascinated him, and he grew suddenly fond of this subtle flesh of his that worked so beautifully and smoothly and delicately. Then he would cast a glance of fear at the wolf-circle drawn expectantly about him, and like a blow the realization would strike him that this wonderful body of his, this living flesh, was no more than so much meat, a quest of ravenous animals, to be torn and slashed by their hungry fangs, to be sustenance to them as the moose and the rabbit had often been sustenance to him.

He came out of a doze that was half nightmare, to see the red-hued she-wolf before him. She was not more than half a dozen feet away sitting in the snow and wistfully regarding him. The two dogs were whimpering and snarling at his feet, but she took no notice of them. She was looking at the man, and for some time he returned her look. There was nothing threatening about her. She looked at him merely with a great wistfulness, but he knew it to be the wistfulness of an equally great hunger. He was the food, and the sight of him excited in her the gustatory[36] sensations. Her mouth opened, the saliva[37] drooled[38] forth, and she licked her chops with the pleasure of anticipation.

A spasm of fear went through him. He reached hastily for a brand to throw at her. But even as he reached, and before his fingers had closed on the missile, she sprang back into safety; and he knew that she was used to having things thrown at her. She had snarled as she sprang away, baring her white fangs to their roots, all her wistfulness vanishing, being replaced by a carnivorous malignity[39] that made him shudder. He glanced at

36) gustatory: 맛의, 미각의

37) saliva: 침, 타액

38) drool: 침을 흘리다

39) carnivorous malignity: 육식동물의 악성

the hand that held the brand, noticing the cunning delicacy of the fingers that gripped it, how they adjusted themselves to all the inequalities of the surface, curling over and under and about the rough wood, and one little finger, too close to the burning portion of the brand, sensitively and automatically writhing back from the hurtful heat to a cooler gripping-place; and in the same instant he seemed to see a vision of those same sensitive and delicate fingers being crushed and torn by the white teeth of the she-wolf. Never had he been so fond of this body of his as now when his tenure[40] of it was so precarious.[41]

All night, with burning brands, he fought off the hungry pack. When he dozed despite himself, the whimpering and snarling of the dogs aroused him. Morning came, but for the first time the light of day failed to scatter the wolves. The man waited in vain for them to go. They remained in a circle about him and his fire, displaying an arrogance of possession[42] that shook his courage born of the morning light.

He made one desperate attempt to pull out on the trail.[43] But the moment he left the protection of the fire, the boldest wolf leaped for him, but leaped short. He saved himself by springing back, the jaws snapping together a scant six inches[44] from his thigh. The rest of the pack was now up and surging upon him, and a throwing of firebrands right and left was necessary to drive them back to a respectful distance.[45]

Even in the daylight he did not dare leave the fire to chop fresh wood. Twenty feet away towered a huge dead spruce. He

---

40) tenure: 보유

41) precarious: 불확실한, 믿을 수 없는, 불안정한

42) possession: 점유, 지배

43) to pull out on the trail: 오솔길로 떠나려고

44) a scant six inches: 6인치가 채 안 되는

45) respectful distance: 좀 떨어진 거리

spent half the day extending his campfire to the tree, at any moment[46)]a half dozen burning faggots ready at hand to fling at his enemies. Once at the tree,[47)] he studied the surrounding forest in order to fell the tree in the direction of the most firewood.

The night was a repetition of the night before, save that the need for sleep was becoming overpowering. The snarling of his dogs was losing its efficacy. Besides, they were snarling all the time, and his benumbed[48)] and drowsy senses no longer took note of[49)] changing pitch and intensity. He awoke with a start. The she-wolf was less than a yard from him. Mechanically, at short range, without letting go of it,[50)] he thrust a brand full into her open and snarling mouth. She sprang away, yelling with pain, and while he took delight in the smell of burning flesh and hair, he watched her shaking her head and growling wrathfully a score of feet away.

But this time, before he dozed again, he tied a burning pine-knot to his right hand. His eyes were closed but few minutes when the burn of the flame on his flesh awakened him. For several hours he adhered to this programme.[51)] Every time he was thus awakened he drove back the wolves with flying brands, replenished the fire, and rearranged the pine-knot on his hand. All worked well, but there came a time when he fastened the pine-knot insecurely. As his eyes closed it fell away from his hand.

He dreamed. It seemed to him that he was in Fort McGurry. It was warm and comfortable, and he was playing cribbage[52)]

---

46) at any moment: 언제 어느 때나, 한시라도, 금방

47) Once at the tree: 일단 나무에 도달한 후에

48) benumbed: 마비된

49) took note of: ~을 주목하다, 알아차리다

50) without letting go of it: 그것을 놓치지 않고

51) adhered to this programme: 이러한 행동을 고수하다

52) cribbage: 2-4명이 하는 카드놀이

with the Factor.[53] Also, it seemed to him that the fort was besieged by wolves. They were howling at the very gates, and sometimes he and the Factor paused from the game to listen and laugh at the futile efforts of the wolves to get in. And then, so strange was the dream, there was a crash. The door was burst open. He could see the wolves flooding into the big living-room of the fort. They were leaping straight for him and the Factor. With the bursting open of the door, the noise of their howling had increased tremendously. This howling now bothered him. His dream was merging into something else — he knew not what; but through it all, following him, persisted the howling.

And then he awoke to find the howling real. There was a great snarling and yelping. The wolves were rushing him. They were all about him and upon him. The teeth of one had closed upon his arm. Instinctively he leaped into the fire, and as he leaped, he felt the sharp slash of teeth that tore through the flesh of his leg. Then began a fire fight. His stout mittens temporarily protected his hands, and he scooped live coals into the air in all directions, until the campfire took on the semblance of a volcano.

But it could not last long. His face was blistering[54] in the heat, his eyebrows and lashes were singed off, and the heat was becoming unbearable to his feet. With a flaming brand in each hand, he sprang to the edge of the fire. The wolves had been driven back. On every side, wherever the live coals had fallen, the snow was sizzling, and every little while[55] a retiring wolf, with wild leap and snort and snarl, announced that one such live coal had been stepped upon.

53) the Factor: 도매상, 위탁 판매자

54) blister: 물집이 생기다, 불에 데어 부풀다, 물집, 발진

55) every little while: 매순간

Flinging his brands at the nearest of his enemies, the man thrust his smouldering[56] mittens into the snow and stamped about to cool his feet. His two dogs were missing, and he well knew that they had served as a course in the protracted meal which had begun days before with Fatty, the last course of which would likely be himself in the days to follow.

"You ain't got me yet!" he cried, savagely shaking his fist at the hungry beasts; and at the sound of his voice the whole circle was agitated, there was a general snarl, and the she-wolf slid up close to him across the snow and watched him with hungry wistfulness.

He set to work to carry out a new idea that had come to him. He extended the fire into a large circle. Inside this circle he crouched, his sleeping outfit under him as a protection against the melting snow. When he had thus disappeared within his shelter of flame, the whole pack came curiously to the rim of the fire to see what had become of him. Hitherto they had been denied access to the fire, and they now settled down in a close-drawn circle, like so many dogs, blinking and yawning and stretching their lean bodies in the unaccustomed warmth. Then the she-wolf sat down, pointed her nose at a star, and began to howl. One by one the wolves joined her, till the whole pack, on haunches,[57] with noses pointed skyward, was howling its hunger cry.

Dawn came, and daylight. The fire was burning low. The fuel had run out, and there was need to get more. The man attempted to step out of his circle of flame, but the wolves surged to meet him. Burning brands made them spring aside, but they no longer sprang back. In vain he strove to drive them back.

56) smouldering: 연기가 나는

57) on haunches: 웅크리고 앉아서

As he gave up and stumbled inside his circle, a wolf leaped for him, missed, and landed with all four feet in the coals. It cried out with terror, at the same time snarling, and scrambled back to cool its paws in the snow.

The man sat down on his blankets in a crouching position. His body leaned forward from the hips. His shoulders, relaxed and drooping, and his head on his knees advertised that he had given up the struggle. Now and again he raised his head to note the dying down[58] of the fire. The circle of flame and coals was breaking into segments with openings in between.[59] These openings grew in size, the segments diminished.

"I guess you can come an' get me any time," he mumbled. "Anyway, I'm goin' to sleep."

Once he awakened, and in an opening in the circle, directly in front of him, he saw the she-wolf gazing at him.

Again he awakened, a little later, though it seemed hours to him. A mysterious change had taken place — so mysterious a change that he was shocked wider awake. Something had happened. He could not understand at first. Then he discovered it. The wolves were gone. Remained only the trampled snow to show how closely they had pressed him. Sleep was welling up and gripping him again, his head was sinking down upon his knees, when he roused with a sudden start.

There were cries of men, and churn[60] of sleds, the creaking of harnesses, and the eager whimpering of straining dogs. Four sleds pulled in from the river bed to the camp among the trees. Half a dozen men were about the man who crouched in the centre of the dying fire. They were shaking and prodding him

58) die down: 수그러들다, 잦아들다

59) with openings in between: 중간에 틈새가 있는

60) churn: 휘젓기, 거품내기

into consciousness. He looked at them like a drunken man and maundered[61] in strange, sleepy speech.

"Red she-wolf… . Come in with the dogs at feedin' time… . First she ate the dog-food… . Then she ate the dogs… . An' after that she ate Bill… ."

"Where's Lord Alfred?" one of the men bellowed in his ear, shaking him roughly.

He shook his head slowly. "No, she didn't eat him… . He's roostin' in a tree at the last camp."

"Dead?" the man shouted.

"An' in a box," Henry answered. He jerked his shoulder petulantly[62] away from the grip of his questioner. "Say, you lemme alone… . I'm jes' plump tuckered out[63]… . Goo' night, everybody."

His eyes fluttered and went shut. His chin fell forward on his chest. And even as they eased him down upon the blankets his snores were rising on the frosty air.

But there was another sound. Far and faint it was, in the remote distance, the cry of the hungry wolf-pack as it took the trail of other meat than the man it had just missed.

61) maunder: 두서없이 중얼거리다

62) petulantly: 툴툴거리며, 토라져서

63) I'm jes' plump tuckered out: 나는 완전히 녹초가 되었다

PART TWO: BORN OF THE WILD

CHAPTER I
THE BATTLE OF THE FANGS

It was the she-wolf who had first caught the sound of men's voices and the whining of the sled-dogs; and it was the she-wolf who was first to spring away from the cornered man in his circle of dying flame. The pack had been loath to forego the kill it had hunted down,[1] and it lingered for several minutes, making sure of the sounds, and then it, too, sprang away on the trail made by the she-wolf.

Running at the forefront of the pack was a large grey wolf — one of its several leaders. It was he who directed the pack's course on the heels of the she-wolf. It was he who snarled warningly at the younger members of the pack or slashed at them with his fangs when they ambitiously tried to pass him. And it was he who increased the pace when he sighted the she-wolf, now trotting slowly across the snow.

She dropped in alongside by him, as though it were her appointed position, and took the pace of the pack. He did not snarl at her, nor show his teeth, when any leap of hers chanced to put her in advance of him. On the contrary, he seemed kindly disposed toward her — too kindly to suit her, for he was prone to run near to her, and when he ran too near it was she who snarled and showed her teeth. Nor was she above slashing his shoulder sharply on occasion. At such times he betrayed no

---

1) The pack had been loath to forego the kill it had hunted down: 그들이 잡은 먹잇감을 버리고 가는 것을 싫어했다

anger. He merely sprang to the side and ran stiffly ahead for several awkward leaps, in carriage and conduct resembling an abashed country swain.

This was his one trouble in the running of the pack; but she had other troubles. On her other side ran a gaunt old wolf, grizzled and marked with the scars of many battles. He ran always on her right side. The fact that he had but one eye, and that the left eye, might account for this. He, also, was addicted to crowding her, to veering[2)] toward her till his scarred muzzle touched her body, or shoulder, or neck. As with the running mate on the left, she repelled these attentions with her teeth; but when both bestowed their attentions at the same time she was roughly jostled, being compelled, with quick snaps to either side, to drive both lovers[3)] away and at the same time to maintain her forward leap with the pack and see the way of her feet before her. At such times her running mates flashed their teeth and growled threateningly across at each other. They might have fought, but even wooing and its rivalry waited upon the more pressing hunger-need of the pack.

After each repulse,[4)] when the old wolf sheered abruptly away from the sharp-toothed object of his desire, he shouldered against a young three-year-old[5)] that ran on his blind right side. This young wolf had attained his full size; and, considering the weak and famished[6)] condition of the pack, he possessed more than the average vigour and spirit. Nevertheless, he ran with his head even with the shoulder of his one-eyed elder. When he

---

2) veer: 방향을 바꾸다

3) both lovers: she-wolf를 좋아하는 a large grey wolf와 a gaunt old wolf

4) repulse: 거절, 퇴짜

5) a young three-year-old: she-wolf를 좋아하는 또 다른 어린 늑대

6) famish: 굶주리다

ventured to run abreast[7] of the older wolf (which was seldom), a snarl and a snap sent him back even with the shoulder again. Sometimes, however, he dropped cautiously and slowly behind and edged in between the old leader and the she-wolf. This was doubly resented, even triply resented. When she snarled her displeasure, the old leader would whirl on the three-year-old. Sometimes she whirled with him. And sometimes the young leader on the left whirled, too.

At such times, confronted by three sets of savage teeth, the young wolf stopped precipitately,[8] throwing himself back on his haunches, with fore-legs stiff, mouth menacing, and mane bristling. This confusion in the front of the moving pack always caused confusion in the rear. The wolves behind collided with the young wolf and expressed their displeasure by administering sharp nips on his hind-legs and flanks. He was laying up trouble for himself, for lack of food and short tempers went together; but with the boundless faith of youth he persisted in repeating the manoeuvre[9] every little while, though it never succeeded in gaining anything for him but discomfiture.[10]

Had there been food, love-making and fighting would have gone on apace,[11] and the pack-formation would have been broken up. But the situation of the pack was desperate. It was lean with long-standing hunger. It ran below its ordinary speed. At the rear limped the weak members, the very young and the very old. At the front were the strongest. Yet all were more like skeletons than full-bodied wolves. Nevertheless, with the exception

7) abreast: 나란히, 병행하여

8) precipitately: 줄달음질쳐, 곤두박질로, 황급히

9) manoeuvre: 작전, 행동, 계획

10) discomfiture: 실패, 당황, 패배

11) Had there been food, love-making and fighting would have gone on apace: 먹이가 있었다면 짝짓기와 싸움은 신속히 진행되었을 것이다

of the ones that limped, the movements of the animals were effortless and tireless. Their stringy[12] muscles seemed founts of inexhaustible energy. Behind every steel-like contraction of a muscle, lay another steel-like contraction, and another, and another, apparently without end.

They ran many miles that day. They ran through the night. And the next day found them still running. They were running over the surface of a world frozen and dead. No life stirred. They alone moved through the vast inertness.[13] They alone were alive, and they sought for other things that were alive in order that they might devour them and continue to live.

They crossed low divides and ranged a dozen small streams in a lower-lying country before their quest was rewarded. Then they came upon moose. It was a big bull they first found. Here was meat and life, and it was guarded by no mysterious fires nor flying missiles of flame. Splay hoofs[14] and palmated antlers[15] they knew, and they flung their customary patience and caution to the wind. It was a brief fight and fierce. The big bull was beset on every side. He ripped[16] them open or split their skulls with shrewdly driven blows of his great hoofs. He crushed them and broke them on his large horns. He stamped them into the snow under him in the wallowing struggle. But he was foredoomed, and he went down with the she-wolf tearing savagely at his throat, and with other teeth fixed everywhere upon him, devouring him alive, before ever his last struggles ceased or his last damage had been wrought.

---

12) stringy: 강철 같은, 늠름한

13) inertness: 불활성, 둔함

14) Splay hoofs: 벌어진 발굽

15) palmated antlers: 손바닥 모양의 가지 같은 뿔

16) rip: 공격하다, 찢다

There was food in plenty. The bull weighed over eight hundred pounds — fully twenty pounds of meat per mouth for the forty-odd wolves[17] of the pack. But if they could fast prodigiously,[18] they could feed prodigiously, and soon a few scattered bones were all that remained of the splendid live brute that had faced the pack a few hours before.

There was now much resting and sleeping. With full stomachs, bickering and quarrelling began among the younger males, and this continued through the few days that followed before the breaking-up of the pack. The famine was over. The wolves were now in the country of game, and though they still hunted in pack, they hunted more cautiously, cutting out heavy cows or crippled old bulls from the small moose-herds they ran across.[19]

There came a day, in this land of plenty, when the wolf-pack split in half and went in different directions. The she-wolf, the young leader on her left, and the one-eyed elder on her right, led their half of the pack down to the Mackenzie River and across into the lake country to the east. Each day this remnant of the pack dwindled. Two by two, male and female, the wolves were deserting. Occasionally a solitary male was driven out by the sharp teeth of his rivals. In the end there remained only four: the she-wolf, the young leader, the one-eyed one, and the ambitious three-year-old.

The she-wolf had by now developed a ferocious temper. Her three suitors[20] all bore the marks of her teeth. Yet they never replied in kind, never defended themselves against her. They turned their shoulders to her most savage slashes, and with

---

17) the forty-odd wolves: 40마리 남짓의 늑대들

18) fast prodigiously: 크게 굶주리다

19) ran across: 우연히 만나다

20) three suitors: she-wolf를 좋아하는 세 마리의 짝짓기 구애자들

wagging tails and mincing steps strove to placate[21] her wrath. But if they were all mildness toward her, they were all fierceness toward one another. The three-year-old grew too ambitious in his fierceness. He caught the one-eyed elder on his blind side and ripped his ear into ribbons. Though the grizzled old fellow could see only on one side, against the youth and vigour of the other he brought into play the wisdom of long years of experience. His lost eye and his scarred muzzle bore evidence to the nature of his experience. He had survived too many battles to be in doubt for a moment about what to do.

The battle began fairly, but it did not end fairly. There was no telling what the outcome would have been,[22] for the third wolf joined the elder, and together, old leader and young leader, they attacked the ambitious three-year-old and proceeded to destroy him. He was beset on either side by the merciless fangs of his erstwhile comrades.[23] Forgotten were the days they had hunted together, the game they had pulled down, the famine they had suffered. That business was a thing of the past. The business of love was at hand[24] — ever a sterner and crueller business than that of food-getting.

And in the meanwhile, the she-wolf, the cause of it all, sat down contentedly on her haunches and watched. She was even pleased. This was her day — and it came not often — when manes bristled, and fang smote fang or ripped and tore the yielding flesh, all for the possession of her.

And in the business of love the three-year-old, who had made this his first adventure upon it, yielded up his life. On either

21) placate: 달래다(soothe), 화해시키다

22) There was no telling what the outcome would have been: 결과가 어떻게 될지는 알 수 없었다

23) erstwhile comrades: 옛날의 동료들

24) at hand: 바로 가까이에

side of his body stood his two rivals. They were gazing at the she-wolf, who sat smiling in the snow. But the elder leader was wise, very wise, in love even as in battle. The younger leader turned his head to lick a wound on his shoulder. The curve of his neck was turned toward his rival. With his one eye the elder saw the opportunity. He darted in low and closed with his fangs. It was a long, ripping slash, and deep as well. His teeth, in passing, burst the wall of the great vein of the throat. Then he leaped clear.

The young leader snarled terribly, but his snarl broke midmost into a tickling cough. Bleeding and coughing, already stricken, he sprang at the elder and fought while life faded from him, his legs going weak beneath him, the light of day dulling on his eyes, his blows and springs falling shorter and shorter.

And all the while the she-wolf sat on her haunches and smiled. She was made glad in vague ways by the battle, for this was the love-making of the Wild, the sex-tragedy of the natural world that was tragedy only to those that died. To those that survived it was not tragedy, but realization and achievement.

When the young leader lay in the snow and moved no more, One Eye stalked over to the she-wolf. His carriage was one of mingled triumph and caution. He was plainly expectant of a rebuff,[25)] and he was just as plainly surprised when her teeth did not flash out at him in anger. For the first time she met him with a kindly manner. She sniffed noses with him, and even condescended[26)] to leap about and frisk and play with him in quite puppyish fashion. And he, for all his grey years and sage experience, behaved quite as puppyishly and even a little more foolishly.

---

25) rebuff: 거절, 퇴짜

26) condescend: 겸손하게 굴다

Forgotten already were the vanquished rivals and the love-tale red-written[27] on the snow. Forgotten, save once, when old One Eye stopped for a moment to lick his stiffening wounds. Then it was that his lips half writhed into a snarl, and the hair of his neck and shoulders involuntarily bristled, while he half crouched for a spring, his claws spasmodically clutching into the snow-surface for firmer footing. But it was all forgotten the next moment, as he sprang after the she-wolf, who was coyly leading him a chase through the woods.

After that they ran side by side, like good friends who have come to an understanding. The days passed by, and they kept together, hunting their meat and killing and eating it in common. After a time the she-wolf began to grow restless. She seemed to be searching for something that she could not find. The hollows under fallen trees seemed to attract her, and she spent much time nosing about among the larger snow-piled crevices in the rocks and in the caves of overhanging[28] banks. Old One Eye was not interested at all, but he followed her good-naturedly in her quest, and when her investigations in particular places were unusually protracted, he would lie down and wait until she was ready to go on.

They did not remain in one place, but travelled across country until they regained the Mackenzie River,[29] down which they slowly went, leaving it often to hunt game along the small streams that entered it, but always returning to it again. Sometimes they chanced upon other wolves, usually in pairs; but there was no friendliness of intercourse displayed on either side,

---

27) red-written: 붉게 쓰인, 피로 쓰인

28) overhanging: 돌출된

29) Mackenzie River: 캐나다의 탐험가 매켄지에 의해 발견된 북미에서 두 번째로 긴 강, 캐나다의 강으로 매켄지 산맥에서 발원하여 북극해의 일부인 보퍼트해(the Beaufort Sea)로 흘러들어감

no gladness at meeting, no desire to return to the pack-formation. Several times they encountered solitary wolves. These were always males, and they were pressingly insistent on joining with One Eye and his mate. This he resented, and when she stood shoulder to shoulder with him, bristling and showing her teeth, the aspiring solitary ones would back off, turn-tail, and continue on their lonely way.

One moonlight night, running through the quiet forest, One Eye suddenly halted. His muzzle went up, his tail stiffened, and his nostrils dilated as he scented the air. One foot also he held up, after the manner of a dog. He was not satisfied, and he continued to smell the air, striving to understand the message borne upon it to him. One careless sniff had satisfied his mate, and she trotted on to reassure him. Though he followed her, he was still dubious, and he could not forbear an occasional halt in order more carefully to study the warning.

She crept out cautiously on the edge of a large open space in the midst of the trees. For some time she stood alone. Then One Eye, creeping and crawling, every sense on the alert, every hair radiating infinite suspicion, joined her. They stood side by side, watching and listening and smelling.

To their ears came the sounds of dogs wrangling and scuffling,[30] the guttural[31] cries of men, the sharper voices of scolding women, and once the shrill and plaintive[32] cry of a child. With the exception of the huge bulks of the skin-lodges, little could be seen save the flames of the fire, broken by the movements of intervening bodies, and the smoke rising slowly on the quiet air. But to their nostrils came the myriad smells of

---

30) wrangling and scuffling: 다투고 실랑이를 벌이는

31) guttural: 목구멍의, 목쉰 소리의

32) plaintive: 애처로운, 호소하는 듯한

an Indian camp, carrying a story that was largely incomprehensible to One Eye, but every detail of which the she-wolf knew.

She was strangely stirred, and sniffed and sniffed with an increasing delight.[33)] But old One Eye was doubtful. He betrayed his apprehension,[34)] and started tentatively to go. She turned and touched his neck with her muzzle in a reassuring way, then regarded the camp again. A new wistfulness was in her face, but it was not the wistfulness of hunger. She was thrilling to a desire that urged her to go forward, to be in closer to that fire, to be squabbling with the dogs, and to be avoiding and dodging the stumbling feet of men.

One Eye moved impatiently beside her; her unrest came back upon her, and she knew again her pressing need to find the thing for which she searched. She turned and trotted back into the forest, to the great relief of One Eye, who trotted a little to the fore until they were well within the shelter of the trees.

As they slid along, noiseless as shadows, in the moonlight, they came upon a run-way.[35)] Both noses went down to the footprints in the snow. These footprints were very fresh. One Eye ran ahead cautiously, his mate at his heels. The broad pads of their feet were spread wide and in contact with the snow were like velvet. One Eye caught sight of a dim movement of white in the midst of the white. His sliding gait had been deceptively swift,[36)] but it was as nothing to the speed at which he now ran. Before him was bounding the faint patch of white he had dis-

---

33) She was strangely stirred, and sniffed and sniffed with an increasing delight: 그 암컷 늑대는 이상하게 동요하며 계속 커져가는 기쁨으로 코를 킁킁거렸다. (※ 암컷 늑대인 she-wolf는 인디언 캠프에서 숲으로 도망간 원래는 개이므로 인디언 마을에 가까워지자 본능적으로 흥분하여 들떠있는 모습)

34) betrayed his apprehension: 불안을 느끼어

35) run-way: 주행로, 통로, 짐승이 다니는 길

36) deceptively swift: 믿지 못할 정도로 날쌘

covered.

They were running along a narrow alley flanked on either side by a growth of young spruce. Through the trees the mouth of the alley could be seen, opening out on a moonlit glade. Old One Eye was rapidly overhauling[37)] the fleeing shape of white. Bound by bound he gained. Now he was upon it. One leap more and his teeth would be sinking into it. But that leap was never made. High in the air, and straight up, soared the shape of white, now a struggling snowshoe rabbit[38)] that leaped and bounded, executing a fantastic dance there above him in the air and never once returning to earth.

One Eye sprang back with a snort of sudden fright, then shrank down to the snow and crouched, snarling threats at this thing of fear he did not understand. But the she-wolf coolly thrust past him. She poised for a moment, then sprang for the dancing rabbit. She, too, soared high, but not so high as the quarry,[39)] and her teeth clipped emptily together with a metallic snap. She made another leap, and another.

Her mate had slowly relaxed from his crouch and was watching her. He now evinced displeasure at her repeated failures, and himself made a mighty spring upward. His teeth closed upon the rabbit, and he bore it back to earth with him. But at the same time there was a suspicious crackling movement beside him, and his astonished eye saw a young spruce sapling bending down above him to strike him. His jaws let go their grip, and he leaped backward to escape this strange danger, his lips drawn back from his fangs, his throat snarling, every hair

37) overhaul: 철저히 조사하다, 뒤쫓아 앞지르다(overtake)

38) snowshoe rabbit: 눈신토끼, 미국산 산토끼의 일종, 털이 긴 뒷발이 눈신 역할을 하여 눈 속에 빠지지 않음

39) quarry: 사냥물, 채석장

bristling with rage and fright. And in that moment the sapling reared its slender length upright and the rabbit soared dancing in the air again.

The she-wolf was angry. She sank her fangs into her mate's shoulder in reproof; and he, frightened, unaware of what constituted this new onslaught,[40)] struck back ferociously and in still greater fright, ripping down the side of the she-wolf's muzzle. For him to resent such reproof was equally unexpected to her, and she sprang upon him in snarling indignation. Then he discovered his mistake and tried to placate her. But she proceeded to punish him roundly,[41)] until he gave over all attempts at placation, and whirled in a circle, his head away from her, his shoulders receiving the punishment of her teeth.

In the meantime the rabbit danced above them in the air. The she-wolf sat down in the snow, and old One Eye, now more in fear of his mate than of the mysterious sapling, again sprang for the rabbit. As he sank back with it between his teeth, he kept his eye on the sapling. As before, it followed him back to earth. He crouched down under the impending blow, his hair bristling, but his teeth still keeping tight hold of the rabbit. But the blow did not fall. The sapling remained bent above him. When he moved it moved, and he growled at it through his clenched jaws; when he remained still, it remained still, and he concluded it was safer to continue remaining still. Yet the warm blood of the rabbit tasted good in his mouth.

It was his mate who relieved him from the quandary[42)] in which he found himself. She took the rabbit from him, and

---

40) onslaught: 공격, 습격

41) roundly: 솔직히, 노골적으로, 가차 없이, 단호히

42) quandary: 당혹, 곤경

while the sapling swayed and teetered[43] threateningly above her she calmly gnawed off the rabbit's head. At once the sapling shot up, and after that gave no more trouble, remaining in the decorous and perpendicular[44] position in which nature had intended it to grow. Then, between them, the she-wolf and One Eye devoured the game which the mysterious sapling had caught for them.

There were other run-ways and alleys where rabbits were hanging in the air, and the wolf-pair prospected them all, the she-wolf leading the way, old One Eye following and observant, learning the method of robbing snares — a knowledge destined to stand him in good stead[45] in the days to come.

43) teeter: 흔들거리다, 비틀비틀 서있다

44) perpendicular: 수직의, 직립의

45) stand in good stead: ~에게 크게 도움이 되다

CHAPTER II
THE LAIR

For two days the she-wolf and One Eye hung about the Indian camp. He was worried and apprehensive, yet the camp lured his mate and she was loath to depart. But when, one morning, the air was rent[1] with the report of a rifle close at hand, and a bullet smashed against a tree trunk several inches from One Eye's head, they hesitated no more, but went off on a long, swinging lope[2] that put quick miles between them and the danger.

They did not go far — a couple of days' journey. The she-wolf's need to find the thing for which she searched had now become imperative. She was getting very heavy, and could run but slowly. Once, in the pursuit of a rabbit, which she ordinarily would have caught with ease, she gave over and lay down and rested. One Eye came to her; but when he touched her neck gently with his muzzle she snapped at him with such quick fierceness that he tumbled over backward and cut a ridiculous figure in his effort to escape her teeth. Her temper was now shorter[3] than ever; but he had become more patient than ever and more solicitous.

And then she found the thing for which she sought. It was a few miles up a small stream that in the summer time flowed into the Mackenzie, but that then was frozen over and frozen down to its rocky bottom — a dead stream of solid white from source to mouth. The she-wolf was trotting wearily along, her mate well in advance, when she came upon the overhanging, high clay-bank. She turned aside and trotted over to it. The wear

1) rend: rent(p)-rent(pp), ~을 찢다, ~을 분쇄하다, 고요를 깨다

2) lope: 천천히 뛰다, 성큼성큼 달리다

3) short: 성마른, 퉁명스러운, 무뚝뚝한

and tear[4] of spring storms and melting snows had underwashed the bank and in one place had made a small cave out of a narrow fissure.[5]

She paused at the mouth of the cave and looked the wall over carefully. Then, on one side and the other, she ran along the base of the wall to where its abrupt bulk merged from the softer-lined landscape. Returning to the cave, she entered its narrow mouth. For a short three feet she was compelled to crouch, then the walls widened and rose higher in a little round chamber nearly six feet in diameter. The roof barely cleared her head. It was dry and cosey. She inspected it with painstaking care, while One Eye, who had returned, stood in the entrance and patiently watched her. She dropped her head, with her nose to the ground and directed toward a point near to her closely bunched feet, and around this point she circled several times; then, with a tired sigh that was almost a grunt, she curled her body in, relaxed her legs, and dropped down, her head toward the entrance. One Eye, with pointed, interested ears, laughed at her, and beyond, outlined against the white light, she could see the brush of his tail waving good-naturedly. Her own ears, with a snuggling movement, laid their sharp points backward and down against the head for a moment, while her mouth opened and her tongue lolled peaceably out, and in this way she expressed that she was pleased and satisfied.

One Eye was hungry. Though he lay down in the entrance and slept, his sleep was fitful. He kept awaking and cocking his ears at the bright world without, where the April sun was blazing across the snow. When he dozed, upon his ears would steal the faint whispers of hidden trickles of running water, and he

4) wear and tear: 마모, 손상, 소모

5) fissure: 틈, 균열

would rouse and listen intently. The sun had come back, and all the awakening Northland world was calling to him. Life was stirring. The feel of spring was in the air, the feel of growing life under the snow, of sap[6] ascending in the trees, of buds bursting the shackles of the frost.

He cast anxious glances at his mate, but she showed no desire to get up. He looked outside, and half a dozen snow-birds[7] fluttered across his field of vision. He started to get up, then looked back to his mate again, and settled down and dozed. A shrill and minute singing stole upon his hearing. Once, and twice, he sleepily brushed his nose with his paw. Then he woke up. There, buzzing in the air at the tip of his nose, was a lone mosquito. It was a full-grown mosquito, one that had lain frozen in a dry log all winter and that had now been thawed out by the sun. He could resist the call of the world no longer. Besides, he was hungry.

He crawled over to his mate and tried to persuade her to get up. But she only snarled at him, and he walked out alone into the bright sunshine to find the snow-surface soft under foot and the travelling difficult. He went up the frozen bed of the stream, where the snow, shaded by the trees, was yet hard and crystalline. He was gone eight hours, and he came back through the darkness hungrier than when he had started. He had found game, but he had not caught it. He had broken through the melting snow crust, and wallowed, while the snowshoe rabbits had skimmed along on top lightly as ever.

He paused at the mouth of the cave with a sudden shock of suspicion. Faint, strange sounds came from within. They were sounds not made by his mate, and yet they were remotely familiar. He

---

6) sap: 수액

7) snow-birds: snowbird, 흰멧새(※ 검은방울새의 일종, 겨울이 되면 따뜻한 남쪽 지방으로 이주하여 사는 사람)

bellied cautiously inside and was met by a warning snarl from the she-wolf. This he received without perturbation,[8)] though he obeyed it by keeping his distance; but he remained interested in the other sounds—faint, muffled sobbings and slubberings.[9)]

His mate warned him irritably away, and he curled up and slept in the entrance. When morning came and a dim light pervaded the lair, he again sought after the source of the remotely familiar sounds. There was a new note in his mate's warning snarl. It was a jealous note, and he was very careful in keeping a respectful distance. Nevertheless, he made out, sheltering between her legs against the length of her body, five strange little bundles of life, very feeble, very helpless, making tiny whimpering noises, with eyes that did not open to the light. He was surprised. It was not the first time in his long and successful life that this thing had happened. It had happened many times, yet each time it was as fresh a surprise as ever to him.

His mate looked at him anxiously. Every little while she emitted a low growl, and at times, when it seemed to her he approached too near, the growl shot up in her throat to a sharp snarl. Of her own experience she had no memory of the thing happening; but in her instinct, which was the experience of all the mothers of wolves, there lurked a memory of fathers that had eaten their new-born and helpless progeny.[10)] It manifested itself as a fear strong within her, that made her prevent One Eye from more closely inspecting the cubs he had fathered.

But there was no danger. Old One Eye was feeling the urge of an impulse, that was, in turn, an instinct that had come down

8) perturbation: 동요, 혼란

9) muffled sobbings and slubberings: 분간하기 어려운 흐느끼는 듯한 그리고 뒤죽박죽 내는 소리

10) progeny: 자손

to him from all the fathers of wolves. He did not question it, nor puzzle over it. It was there, in the fibre[11] of his being; and it was the most natural thing in the world that he should obey it by turning his back on his new-born family and by trotting out and away on the meat-trail whereby he lived.

Five or six miles from the lair, the stream divided, its forks going off among the mountains at a right angle. Here, leading up the left fork, he came upon a fresh track. He smelled it and found it so recent that he crouched swiftly, and looked in the direction in which it disappeared. Then he turned deliberately and took the right fork.[12] The footprint was much larger than the one his own feet made, and he knew that in the wake of such a trail there was little meat for him.

Half a mile up the right fork, his quick ears caught the sound of gnawing teeth. He stalked the quarry and found it to be a porcupine,[13] standing upright against a tree and trying his teeth on the bark. One Eye approached carefully but hopelessly. He knew the breed, though he had never met it so far north before; and never in his long life had porcupine served him for a meal. But he had long since learned that there was such a thing as Chance, or Opportunity, and he continued to draw near. There was never any telling what might happen, for with live things events were somehow always happening differently.

The porcupine rolled itself into a ball, radiating long, sharp needles in all directions that defied attack. In his youth One Eye had once sniffed too near a similar, apparently inert ball of quills, and had the tail flick out suddenly in his face. One quill he had carried away in his muzzle, where it had remained for

---

11) fibre: fiber, 소질, 기질, 성격, 섬유

12) fork: 갈림길

13) porcupine: 호저, 고슴도치

weeks, a rankling[14] flame, until it finally worked out. So he lay down, in a comfortable crouching position, his nose fully a foot away, and out of the line of the tail. Thus he waited, keeping perfectly quiet. There was no telling. Something might happen. The porcupine might unroll. There might be opportunity for a deft and ripping thrust of paw into the tender, unguarded belly.

But at the end of half an hour he arose, growled wrathfully at the motionless ball, and trotted on. He had waited too often and futilely in the past for porcupines to unroll, to waste any more time. He continued up the right fork. The day wore along, and nothing rewarded his hunt.

The urge of his awakened instinct of fatherhood was strong upon him. He must find meat. In the afternoon he blundered upon a ptarmigan.[15] He came out of a thicket and found himself face to face with the slow-witted[16] bird. It was sitting on a log, not a foot beyond the end of his nose. Each saw the other. The bird made a startled rise, but he struck it with his paw, and smashed it down to earth, then pounced upon it, and caught it in his teeth as it scuttled[17] across the snow trying to rise in the air again. As his teeth crunched through the tender flesh and fragile bones, he began naturally to eat. Then he remembered, and, turning on the back-track, started for home, carrying the ptarmigan in his mouth.

A mile above the forks, running velvet-footed as was his custom, a gliding shadow that cautiously prospected each new vista[18] of the trail, he came upon later imprints[19] of the large

14) rankling: 화끈거리는, 고통스러운
15) ptarmigan: 뇌조, 들꿩, 멧닭
16) slow-witted: 우둔한, 굼뜬, 이해가 느린
17) scuttle: 급히 가다, 황급히 달리다, 허둥지둥 도망가다
18) vista: 길게 내다보이는 경치, 전망, 전경
19) imprint: 흔적, 발자국

tracks he had discovered in the early morning. As the track led his way, he followed, prepared to meet the maker of it at every turn of the stream.

He slid his head around a corner of rock, where began an unusually large bend in the stream, and his quick eyes made out something that sent him crouching swiftly down. It was the maker of the track, a large female lynx.[20] She was crouching as he had crouched once that day, in front of her the tight-rolled ball of quills. If he had been a gliding shadow before, he now became the ghost of such a shadow, as he crept and circled around, and came up well to leeward[21] of the silent, motionless pair.

He lay down in the snow, depositing the ptarmigan beside him, and with eyes peering through the needles of a low-growing spruce he watched the play of life before him — the waiting lynx and the waiting porcupine, each intent on life; and, such was the curiousness of the game, the way of life for one lay in the eating of the other, and the way of life for the other lay in being not eaten. While old One Eye, the wolf crouching in the covert, played his part, too, in the game, waiting for some strange freak of Chance, that might help him on the meat-trail which was his way of life.

Half an hour passed, an hour; and nothing happened. The ball of quills might have been a stone for all it moved; the lynx might have been frozen to marble; and old One Eye might have been dead. Yet all three animals were keyed to a tenseness of living that was almost painful, and scarcely ever would it come to them to be more alive than they were then in their seeming petrifaction.[22]

One Eye moved slightly and peered forth with increased ea-

20) lynx: 스라소니

21) leeward: 바람 불어가는 쪽

22) petrifaction: 돌로 되게 함, 석화(石化) 작용, 화석, 무기력

gerness. Something was happening. The porcupine had at last decided that its enemy had gone away. Slowly, cautiously, it was unrolling its ball of impregnable[23] armour. It was agitated by no tremor of anticipation. Slowly, slowly, the bristling ball straightened out and lengthened. One Eye watching, felt a sudden moistness in his mouth and a drooling[24] of saliva,[25] involuntary, excited by the living meat that was spreading itself like a repast[26] before him.

Not quite entirely had the porcupine unrolled when it discovered its enemy. In that instant the lynx struck. The blow was like a flash of light. The paw, with rigid claws curving like talons,[27] shot under the tender belly and came back with a swift ripping movement. Had the porcupine been entirely unrolled, or had it not discovered its enemy a fraction of a second before the blow was struck, the paw would have escaped unscathed;[28] but a side-flick[29] of the tail sank sharp quills into it as it was withdrawn.

Everything had happened at oncc the blow, the counter-blow, the squeal of agony from the porcupine, the big cat's squall[30] of sudden hurt and astonishment. One Eye half arose in his excitement, his ears up, his tail straight out and quivering behind him. The lynx's bad temper got the best of[31] her. Shc sprang savagely at the thing that had hurt her. But the porcupine,

23) impregnable: 난공불락의, 견고한, 움직일 수 없는

24) drool: 침을 흘리다

25) saliva: 침, 타액

26) repast: 식사, (한 번의) 식사량

27) talon: (맹금(猛禽)의) 발톱

28) unscathed: 상처가 없는, 다치지 않은

29) side-flick: 옆구리 찰싹 때리기

30) squall: 질풍, 돌풍

31) get the best of: 이기다, 능가하다, 패배시키다

squealing and grunting, with disrupted anatomy[32] trying feebly to roll up into its ball-protection, flicked out its tail again, and again the big cat squalled with hurt and astonishment. Then she fell to backing away and sneezing, her nose bristling with quills like a monstrous pin-cushion. She brushed her nose with her paws, trying to dislodge[33] the fiery darts, thrust it into the snow, and rubbed it against twigs and branches, and all the time leaping about, ahead, sidewise, up and down, in a frenzy of pain and fright.

She sneezed continually, and her stub of a tail was doing its best toward lashing about by giving quick, violent jerks. She quit her antics,[34] and quieted down for a long minute. One Eye watched. And even he could not repress a start and an involuntary bristling of hair along his back when she suddenly leaped, without warning, straight up in the air, at the same time emitting a long and most terrible squall. Then she sprang away, up the trail, squalling with every leap she made.

It was not until her racket[35] had faded away in the distance and died out that One Eye ventured forth. He walked as delicately as though all the snow were carpeted with porcupine quills, erect and ready to pierce the soft pads of his feet. The porcupine met his approach with a furious squealing and a clashing of its long teeth. It had managed to roll up in a ball again, but it was not quite the old compact ball; its muscles were too much torn for that. It had been ripped almost in half, and was still bleeding profusely.

One Eye scooped out mouthfuls of the blood-soaked snow, and chewed and tasted and swallowed. This served as a

---

32) disrupted anatomy: 파괴된 조직

33) dislodge: 제거하다

34) antics: 익살맞은 행동, 기괴한 짓

35) racket: 떠드는 소리, 시끄러운 소동

relish,[36] and his hunger increased mightily; but he was too old in the world to forget his caution. He waited. He lay down and waited, while the porcupine grated its teeth and uttered grunts and sobs and occasional sharp little squeals. In a little while, One Eye noticed that the quills were drooping and that a great quivering had set up. The quivering came to an end suddenly. There was a final defiant clash of the long teeth. Then all the quills drooped quite down, and the body relaxed and moved no more.

With a nervous, shrinking paw, One Eye stretched out the porcupine to its full length and turned it over on its back. Nothing had happened. It was surely dead. He studied it intently for a moment, then took a careful grip with his teeth and started off down the stream, partly carrying, partly dragging the porcupine, with head turned to the side so as to avoid stepping on the prickly mass.[37] He recollected something, dropped the burden, and trotted back to where he had left the ptarmigan. He did not hesitate a moment. He knew clearly what was to be done, and this he did by promptly eating the ptarmigan. Then he returned and took up his burden.

When he dragged the result of his day's hunt into the cave, the she-wolf inspected it, turned her muzzle to him, and lightly licked him on the neck. But the next instant she was warning him away from the cubs with a snarl that was less harsh than usual and that was more apologetic than menacing. Her instinctive fear of the father of her progeny was toning down. He was behaving as a wolf-father should, and manifesting no unholy desire to devour the young lives she had brought into the world.

---

36) as a relish: 양념으로, 조미료처럼

37) the prickly mass: 그 가시가 많은 덩어리, 그 죽은 호저를 의미

CHAPTER III
THE GREY CUB

He was different from his brothers and sisters. Their hair already betrayed the reddish hue inherited from their mother, the she-wolf; while he alone, in this particular, took after his father. He was the one little grey cub of the litter.[1] He had bred true to the straight wolf-stock[2]—in fact, he had bred true to old One Eye himself, physically, with but a single exception, and that was he had two eyes to his father's one.

The grey cub's eyes had not been open long, yet already he could see with steady clearness. And while his eyes were still closed, he had felt, tasted, and smelled. He knew his two brothers and his two sisters very well. He had begun to romp[3] with them in a feeble, awkward way, and even to squabble, his little throat vibrating with a queer rasping noise[4] (the forerunner of the growl), as he worked himself into a passion. And long before his eyes had opened he had learned by touch, taste, and smell to know his mother—a fount of warmth and liquid food and tenderness. She possessed a gentle, caressing tongue that soothed him when it passed over his soft little body, and that impelled him to snuggle close against her and to doze off to sleep.

Most of the first month of his life had been passed thus in sleeping; but now he could see quite well, and he stayed awake for longer periods of time, and he was coming to learn his

---

1) litter: (동물의) 한 배 새끼

2) straight wolf-stock: 직계 늑대의 혈통

3) romp: 떠들썩하게 뛰놀다

4) rasping noise: 신경 거스르는 소리

world quite well. His world was gloomy; but he did not know that, for he knew no other world. It was dim-lighted; but his eyes had never had to adjust themselves to any other light. His world was very small. Its limits were the walls of the lair; but as he had no knowledge of the wide world outside, he was never oppressed by the narrow confines of his existence.

But he had early discovered that one wall of his world was different from the rest. This was the mouth of the cave and the source of light. He had discovered that it was different from the other walls long before he had any thoughts of his own, any conscious volitions. It had been an irresistible attraction before ever his eyes opened and looked upon it. The light from it had beat upon his sealed lids, and the eyes and the optic nerves had pulsated[5] to little, sparklike flashes, warm-coloured and strangely pleasing. The life of his body, and of every fibre of his body, the life that was the very substance of his body and that was apart from his own personal life, had yearned toward this light and urged his body toward it in the same way that the cunning chemistry of a plant urges it toward the sun.

Always, in the beginning, before his conscious life dawned, he had crawled toward the mouth of the cave. And in this his brothers and sisters were one with him. Never, in that period, did any of them crawl toward the dark corners of the back-wall. The light drew them as if they were plants; the chemistry of the life that composed them demanded the light as a necessity of being; and their little puppet-bodies crawled blindly and chemically, like the tendrils[6] of a vine. Later on, when each developed individuality and became personally conscious of impulsions and desires, the attraction of the light increased. They

5) pulsate: (맥박 등이) 뛰다, 가슴이 두근거리다

6) tendril: 덩굴손

were always crawling and sprawling toward it, and being driven back from it by their mother.

It was in this way that the grey cub learned other attributes of his mother than the soft, soothing, tongue. In his insistent crawling toward the light, he discovered in her a nose that with a sharp nudge[7] administered rebuke,[8] and later, a paw, that crushed him down and rolled him over and over with swift, calculating stroke. Thus he learned hurt; and on top of[9] it he learned to avoid hurt, first, by not incurring the risk of it; and second, when he had incurred the risk, by dodging and by retreating. These were conscious actions, and were the results of his first generalizations upon the world. Before that he had recoiled automatically from hurt, as he had crawled automatically toward the light. After that he recoiled from hurt because he knew that it was hurt.

He was a fierce little cub. So were his brothers and sisters. It was to be expected. He was a carnivorous animal.[10] He came of a breed of meat-killers and meat-eaters. His father and mother lived wholly upon meat. The milk he had sucked with his first flickering life, was milk transformed directly from meat, and now, at a month old, when his eyes had been open for but a week, he was beginning himself to eat meat—meat half-digested by the she-wolf and disgorged[11] for the five growing cubs that already made too great demand upon her breast.

But he was, further, the fiercest of the litter. He could make a louder rasping growl than any of them. His tiny rages were

---

7) nudge: (주의를 끌기 위해) 팔꿈치로 슬쩍 찌르기, 불평

8) rebuke: 비난, 힐책

9) on top of: ~의 위에, ~에 더하여, 게다가

10) carnivorous animal: 육식동물

11) disgorge: 토해 내다

much more terrible than theirs. It was he that first learned the trick of rolling a fellow-cub over with a cunning paw-stroke. And it was he that first gripped another cub by the ear and pulled and tugged and growled through jaws tight-clenched.[12)] And certainly it was he that caused the mother the most trouble in keeping her litter from the mouth of the cave.

The fascination of the light for the grey cub increased from day to day. He was perpetually departing on yard-long adventures toward the cave's entrance, and as perpetually being driven back. Only he did not know it for an entrance. He did not know anything about entrances — passages whereby one goes from one place to another place. He did not know any other place, much less[13)] of a way to get there. So to him the entrance of the cave was a wall — a wall of light. As the sun was to the outside dweller, this wall was to him the sun of his world. It attracted him as a candle attracts a moth. He was always striving to attain it. The life that was so swiftly expanding within him, urged him continually toward the wall of light. The life that was within him knew that it was the one way out, the way he was predestined to tread. But he himself did not know anything about it. He did not know there was any outside at all.

There was one strange thing about this wall of light. His father (he had already come to recognize his father as the one other dweller in the world, a creature like his mother, who slept near the light and was a bringer of meat) — his father had a way of walking right into the white far wall and disappearing. The grey cub could not understand this. Though never permitted by his mother to approach that wall, he had approached the other walls, and encountered hard obstruction on the end of his

12) tight-clenched: 꽉 다물고

13) much less: 하물며, 더군다나

tender nose. This hurt. And after several such adventures, he left the walls alone. Without thinking about it, he accepted this disappearing into the wall as a peculiarity of his father, as milk and half-digested meat were peculiarities of his mother.

In fact, the grey cub was not given to thinking — at least, to the kind of thinking customary of men. His brain worked in dim ways. Yet his conclusions were as sharp and distinct as those achieved by men. He had a method of accepting things, without questioning the why and wherefore. In reality, this was the act of classification. He was never disturbed over why a thing happened. How it happened was sufficient for him. Thus, when he had bumped his nose on the back-wall a few times, he accepted that he would not disappear into walls. In the same way he accepted that his father could disappear into walls. But he was not in the least disturbed by desire to find out the reason for the difference between his father and himself. Logic and physics were no part of his mental make-up.

Like most creatures of the Wild, he early experienced famine. There came a time when not only did the meat-supply cease, but the milk no longer came from his mother's breast. At first, the cubs whimpered and cried, but for the most part[14)] they slept. It was not long before they were reduced to a coma of hunger. There were no more spats[15)] and squabbles, no more tiny rages nor attempts at growling; while the adventures toward the far white wall ceased altogether. The cubs slept, while the life that was in them flickered and died down.

One Eye was desperate. He ranged far and wide, and slept but little in the lair that had now become cheerless and miserable. The she-wolf, too, left her litter and went out in search of

---

14) for the most part: 주로, 대개, 보통, 대부분은, 거의(mostly)

15) spat: 다투기, 승강이

meat. In the first days after the birth of the cubs, One Eye had journeyed several times back to the Indian camp and robbed the rabbit snares;[16] but, with the melting of the snow and the opening of the streams, the Indian camp had moved away, and that source of supply was closed to him.

When the grey cub came back to life and again took interest in the far white wall, he found that the population of his world had been reduced. Only one sister remained to him. The rest were gone. As he grew stronger, he found himself compelled to play alone, for the sister no longer lifted her head nor moved about. His little body rounded out with the meat he now ate; but the food had come too late for her. She slept continuously, a tiny skeleton flung round with skin in which the flame flickered lower and lower and at last went out.

Then there came a time when the grey cub no longer saw his father appearing and disappearing in the wall nor lying down asleep in the entrance. This had happened at the end of a second and less severe famine. The she-wolf knew why One Eye never came back, but there was no way by which she could tell what she had seen to the grey cub. Hunting herself for meat, up the left fork[17] of the stream where lived the lynx, she had followed a day-old trail of One Eye. And she had found him, or what remained of him,[18] at the end of the trail. There were many signs of the battle that had been fought, and of the lynx's withdrawal to her lair after having won the victory. Before she went away, the she-wolf had found this lair, but the signs told her that the lynx was inside, and she had not dared to venture in.

After that, the she-wolf in her hunting avoided the left fork.

16) the rabbit snares: 덫에 걸린 토끼

17) fork: 지류

18) what remained of him: 애꾸눈 늑대의 유해 부분

For she knew that in the lynx's lair was a litter of kittens, and she knew the lynx for a fierce, bad-tempered creature and a terrible fighter. It was all very well for half a dozen wolves to drive a lynx, spitting and bristling, up a tree; but it was quite a different matter for a lone wolf to encounter a lynx — especially when the lynx was known to have a litter of hungry kittens at her back.

But the Wild is the Wild, and motherhood is motherhood, at all times fiercely protective whether in the Wild or out of it; and the time was to come when the she-wolf, for her grey cub's sake, would venture the left fork, and the lair in the rocks, and the lynx's wrath.

CHAPTER IV
THE WALL OF THE WORLD

By the time his mother began leaving the cave on hunting expeditions, the cub had learned well the law that forbade his approaching the entrance. Not only had this law been forcibly and many times impressed on him by his mother's nose and paw, but in him the instinct of fear was developing. Never, in his brief cave-life, had he encountered anything of which to be afraid. Yet fear was in him. It had come down to him from a remote ancestry through a thousand thousand lives.[1] It was a heritage he had received directly from One Eye and the she-wolf; but to them, in turn, it had been passed down through all the generations of wolves that had gone before. Fear! — that legacy of the Wild which no animal may escape nor exchange for pottage.[2]

So the grey cub knew fear, though he knew not the stuff[3] of which fear was made. Possibly he accepted it as one of the restrictions of life. For he had already learned that there were such restrictions. Hunger he had known; and when he could not appease[4] his hunger he had felt restriction. The hard obstruction of the cave-wall, the sharp nudge of his mother's nose, the smashing stroke of her paw, the hunger unappeased of several famines, had borne in upon him that all was not freedom in the world, that to life there was limitations and restraints. These limitations and restraints were laws. To be obedient to them was to escape hurt and make for happiness.

---

1) through a thousand thousand lives: 수많은 생명을 통하여

2) nor exchange for pottage: 어떤 수프와도 바꿀 수 없는

3) stuff: 본질, 소재

4) appease: 진정(완화)시키다, 가라앉히다

He did not reason the question out in this man fashion. He merely classified the things that hurt and the things that did not hurt. And after such classification he avoided the things that hurt, the restrictions and restraints, in order to enjoy the satisfactions and the remunerations[5] of life.

Thus it was that in obedience to the law laid down by his mother, and in obedience to the law of that unknown and nameless thing, fear, he kept away from the mouth of the cave. It remained to him a white wall of light. When his mother was absent, he slept most of the time, while during the intervals that he was awake he kept very quiet, suppressing the whimpering cries that tickled in his throat and strove for noise.

Once, lying awake, he heard a strange sound in the white wall. He did not know that it was a wolverine,[6] standing outside, all a-trembling with its own daring, and cautiously scenting out the contents of the cave. The cub knew only that the sniff was strange, a something unclassified, therefore unknown and terrible — for the unknown was one of the chief elements that went into the making of fear.

The hair bristled upon the grey cub's back, but it bristled silently. How was he to know that this thing that sniffed was a thing at which to bristle? It was not born of any knowledge of his, yet it was the visible expression of the fear that was in him, and for which, in his own life, there was no accounting. But fear was accompanied by another instinct — that of concealment. The cub was in a frenzy of terror, yet he lay without movement or sound, frozen, petrified[7] into immobility, to all appearances dead. His mother, coming home, growled as she smelt

5) remuneration: 보수, 보상, 급료

6) wolverine: 북미산 오소리, 그 모피

7) petrified: petrify, 돌같이 굳게 하다, 망연자실하게 하다

the wolverine's track, and bounded into the cave and licked and nozzled him with undue vehemence of affection. And the cub felt that somehow he had escaped a great hurt.

But there were other forces at work in the cub, the greatest of which was growth. Instinct and law demanded of him obedience. But growth demanded disobedience. His mother and fear impelled him to keep away from the white wall. Growth is life, and life is for ever destined to make for light. So there was no damming up the tide of life that was rising within him—rising with every mouthful of meat he swallowed, with every breath he drew. In the end, one day, fear and obedience were swept away by the rush of life, and the cub straddled and sprawled[8)] toward the entrance.

Unlike any other wall with which he had had experience, this wall seemed to recede from him as he approached. No hard surface collided with the tender little nose he thrust out tentatively before him. The substance of the wall seemed as permeable and yielding as light. And as condition, in his eyes, had the seeming of form, so he entered into what had been wall to him and bathed in the substance that composed it.

It was bewildering. He was sprawling through solidity. And ever the light grew brighter. Fear urged him to go back, but growth drove him on. Suddenly he found himself at the mouth of the cave. The wall, inside which he had thought himself, as suddenly leaped back before him to an immeasurable distance. The light had become painfully bright. He was dazzled by it. Likewise he was made dizzy by this abrupt and tremendous extension of space. Automatically, his eyes were adjusting themselves to the brightness, focusing themselves to meet the increased distance of objects. At first, the wall had leaped beyond

8) straddled and sprawled: 다리를 벌리고 버둥거리며 기어가다

his vision. He now saw it again; but it had taken upon itself a remarkable remoteness. Also, its appearance had changed. It was now a variegated[9)] wall, composed of the trees that fringed the stream, the opposing mountain that towered above the trees, and the sky that out-towered[10)] the mountain.

A great fear came upon him. This was more of the terrible unknown. He crouched down on the lip of the cave and gazed out on the world. He was very much afraid. Because it was unknown, it was hostile to him. Therefore the hair stood up on end along his back and his lips wrinkled weakly in an attempt at a ferocious and intimidating snarl. Out of his puniness[11)] and fright he challenged and menaced the whole wide world.

Nothing happened. He continued to gaze, and in his interest he forgot to snarl. Also, he forgot to be afraid. For the time, fear had been routed[12)] by growth, while growth had assumed the guise of curiosity. He began to notice near objects — an open portion of the stream that flashed in the sun, the blasted[13)] pine-tree that stood at the base of the slope, and the slope itself, that ran right up to him and ceased two feet beneath the lip of the cave on which he crouched.

Now the grey cub had lived all his days on a level floor. He had never experienced the hurt of a fall. He did not know what a fall was. So he stepped boldly out upon the air. His hind-legs still rested on the cave-lip, so he fell forward head downward. The earth struck him a harsh blow on the nose that made him yelp. Then he began rolling down the slope, over and over. He

---

9) variegated: 잡색의, 얼룩덜룩한, 변화가 많은, 다채로운

10) out-towered: 높이 솟아있는

11) puniness: 미미함, 보잘 것 없음

12) rout: 패주하다

13) blasted: 말라버린, 시든

was in a panic of terror. The unknown had caught him at last. It had gripped savagely hold of him and was about to wreak upon him some terrific hurt. Growth was now routed by fear, and he ki-yi'd[14)] like any frightened puppy.

The unknown bore him on he knew not to what frightful hurt, and he yelped and ki-yi'd unceasingly. This was a different proposition from crouching in frozen fear while the unknown lurked just alongside. Now the unknown had caught tight hold of him. Silence would do no good. Besides, it was not fear, but terror, that convulsed[15)] him.

But the slope grew more gradual, and its base was grass-covered. Here the cub lost momentum.[16)] When at last he came to a stop, he gave one last agonized yell and then a long, whimpering wail. Also, and quite as a matter of course, as though in his life he had already made a thousand toilets,[17)] he proceeded to lick away the dry clay that soiled him.

After that he sat up and gazed about him, as might the first man of the earth who landed upon Mars. The cub had broken through the wall of the world, the unknown had let go its hold of him, and here he was without hurt. But the first man on Mars would have experienced less unfamiliarity than did he. Without any antecedent knowledge, without any warning whatever that such existed, he found himself an explorer in a totally new world.

Now that the terrible unknown had let go of him, he forgot that the unknown had any terrors. He was aware only of curiosity in all the things about him. He inspected the grass beneath him, the moss-berry plant just beyond, and the dead trunk of the

---

14) ki-yi: 낑낑거리다

15) convulse: ~에게 경련을 일으키게 하다, 몸부림치게 하다

16) lose momentum: 탄력을 잃다

17) made a thousand toilets: 매우 더러워지다

blasted pine that stood on the edge of an open space among the trees. A squirrel, running around the base of the trunk, came full upon him, and gave him a great fright. He cowered down and snarled. But the squirrel was as badly scared. It ran up the tree, and from a point of safety chattered back savagely.

This helped the cub's courage, and though the woodpecker he next encountered gave him a start, he proceeded confidently on his way. Such was his confidence, that when a moose-bird[18] impudently[19] hopped up to him, he reached out at it with a playful paw. The result was a sharp peck on the end of his nose that made him cower down and ki-yi. The noise he made was too much for the moose-bird, who sought safety in flight.

But the cub was learning. His misty little mind had already made an unconscious classification. There were live things and things not alive. Also, he must watch out for the live things. The things not alive remained always in one place, but the live things moved about, and there was no telling what they might do. The thing to expect of them was the unexpected, and for this he must be prepared.

He travelled very clumsily. He ran into sticks and things. A twig that he thought a long way off, would the next instant hit him on the nose or rake along his ribs. There were inequalities of surface. Sometimes he overstepped and stubbed his nose. Quite as often he understepped and stubbed his feet.[20] Then there were the pebbles and stones that turned under him when he trod upon them; and from them he came to know that the things not alive were not all in the same state of stable equilibrium as was his cave — also, that small things not alive were more liable than

18) moose-bird: 캐나다어치

19) impudently: 건방지게

20) understepped and stubbed his feet: 조금 내딛다가 발이 채어 넘어지다

large things to fall down or turn over. But with every mishap he was learning. The longer he walked, the better he walked. He was adjusting himself. He was learning to calculate his own muscular movements, to know his physical limitations, to measure distances between objects, and between objects and himself.

His was the luck of the beginner. Born to be a hunter of meat (though he did not know it), he blundered upon[21] meat just outside his own cave-door on his first foray into[22] the world. It was by sheer blundering that he chanced upon the shrewdly hidden ptarmigan nest. He fell into it. He had essayed to walk along the trunk of a fallen pine. The rotten bark gave way under his feet, and with a despairing yelp he pitched down the rounded crescent,[23] smashed through the leafage and stalks of a small bush, and in the heart of the bush, on the ground, fetched up in the midst of seven ptarmigan chicks.

They made noises, and at first he was frightened at them. Then he perceived that they were very little, and he became bolder. They moved. He placed his paw on one, and its movements were accelerated. This was a source of enjoyment to him. He smelled it. He picked it up in his mouth. It struggled and tickled his tongue. At the same time he was made aware of a sensation of hunger. His jaws closed together. There was a crunching of fragile bones, and warm blood ran in his mouth. The taste of it was good. This was meat, the same as his mother gave him, only it was alive between his teeth and therefore better. So he ate the ptarmigan. Nor did he stop till he had devoured the whole brood. Then he licked his chops in quite the same way his mother did, and began to crawl out of the bush.

---

21) blunder upon: 우연히 발견하다

22) foray into: ～에 진출하다

23) crescent: 초승달, 상현달

He encountered a feathered whirlwind. He was confused and blinded by the rush of it and the beat of angry wings. He hid his head between his paws and yelped. The blows increased. The mother ptarmigan was in a fury. Then he became angry. He rose up, snarling, striking out with his paws. He sank his tiny teeth into one of the wings and pulled and tugged sturdily. The ptarmigan struggled against him, showering blows upon him with her free wing. It was his first battle. He was elated. He forgot all about the unknown. He no longer was afraid of anything. He was fighting, tearing at a live thing that was striking at him. Also, this live thing was meat. The lust to kill was on him. He had just destroyed little live things. He would now destroy a big live thing. He was too busy and happy to know that he was happy. He was thrilling and exulting in ways new to him and greater to him than any he had known before.

He held on to the wing and growled between his tight-clenched teeth. The ptarmigan dragged him out of the bush. When she turned and tried to drag him back into the bush's shelter, he pulled her away from it and on into the open. And all the time she was making outcry and striking with her free wing, while feathers were flying like a snow-fall. The pitch to which he was aroused was tremendous. All the fighting blood of his breed was up in him and surging through him. This was living, though he did not know it. He was realizing his own meaning in the world; he was doing that for which he was made — killing meat and battling to kill it. He was justifying his existence, than which life can do no greater; for life achieves its summit when it does to the uttermost that which it was equipped to do.

After a time, the ptarmigan ceased her struggling. He still held her by the wing, and they lay on the ground and looked at each other. He tried to growl threateningly, ferociously. She pecked on his nose, which by now, what of previous adventures was sore.

He winced but held on. She pecked him again and again. From wincing[24] he went to whimpering. He tried to back away from her, oblivious[25] to the fact that by his hold on her he dragged her after him. A rain of pecks fell on his ill-used nose. The flood of fight ebbed down in him, and, releasing his prey, he turned tail and scampered on across the open in inglorious[26] retreat.

He lay down to rest on the other side of the open, near the edge of the bushes, his tongue lolling out, his chest heaving and panting, his nose still hurting him and causing him to continue his whimper. But as he lay there, suddenly there came to him a feeling as of something terrible impending. The unknown with all its terrors rushed upon him, and he shrank back instinctively into the shelter of the bush. As he did so, a draught of air fanned him, and a large, winged body swept ominously and silently past. A hawk, driving down out of the blue, had barely missed him.

While he lay in the bush, recovering from his fright and peering fearfully out, the mother-ptarmigan on the other side of the open space fluttered out of the ravaged[27] nest. It was because of her loss that she paid no attention to the winged bolt[28] of the sky. But the cub saw, and it was a warning and a lesson to him — the swift downward swoop of the hawk, the short skim of its body just above the ground, the strike of its talons in the body of the ptarmigan, the ptarmigan's squawk[29] of agony and fright, and the hawk's rush upward into the blue, carrying the ptarmigan away with it.

---

24) wince: 움츠리다, 주춤하다

25) oblivious: 염두에 없는, 알아차리지 못하는, 안중에 없는

26) inglorious: 불명예스러운, 창피스러운

27) ravaged: 파괴된

28) winged bolt: 날개달린 돌진(벼락) (※ 매가 공격하는 모습 비유)

29) squawk: 꽥꽥, 깍깍 (울다)

It was a long time before the cub left its shelter. He had learned much. Live things were meat. They were good to eat. Also, live things when they were large enough, could give hurt. It was better to eat small live things like ptarmigan chicks, and to let alone large live things like ptarmigan hens. Nevertheless he felt a little prick of ambition, a sneaking desire to have another battle with that ptarmigan hen — only the hawk had carried her away. May be there were other ptarmigan hens. He would go and see.

He came down a shelving[30] bank to the stream. He had never seen water before. The footing looked good. There were no inequalities of surface. He stepped boldly out on it; and went down, crying with fear, into the embrace of the unknown. It was cold, and he gasped, breathing quickly. The water rushed into his lungs instead of the air that had always accompanied his act of breathing. The suffocation[31] he experienced was like the pang of death. To him it signified death. He had no conscious knowledge of death, but like every animal of the Wild, he possessed the instinct of death. To him it stood as the greatest of hurts. It was the very essence of the unknown; it was the sum of the terrors of the unknown, the one culminating and unthinkable catastrophe that could happen to him, about which he knew nothing and about which he feared everything.

He came to the surface, and the sweet air rushed into his open mouth. He did not go down again. Quite as though it had been a long-established custom of his he struck out with all his legs and began to swim. The near bank was a yard away; but he had come up with his back to it, and the first thing his eyes rested upon was the opposite bank, toward which he immediately

30) shelving: 완만한 비탈의

31) suffocation: 질식

began to swim. The stream was a small one, but in the pool it widened out to a score of feet.

Midway in the passage, the current picked up the cub and swept him downstream. He was caught in the miniature rapid[32) at the bottom of the pool. Here was little chance for swimming. The quiet water had become suddenly angry. Sometimes he was under, sometimes on top. At all times he was in violent motion, now being turned over or around, and again, being smashed against a rock. And with every rock he struck, he yelped. His progress was a series of yelps, from which might have been adduced[33) the number of rocks he encountered.

Below the rapid was a second pool, and here, captured by the eddy,[34) he was gently borne to the bank, and as gently deposited on a bed of gravel. He crawled frantically clear of the water and lay down. He had learned some more about the world. Water was not alive. Yet it moved. Also, it looked as solid as the earth, but was without any solidity at all. His conclusion was that things were not always what they appeared to be. The cub's fear of the unknown was an inherited distrust, and it had now been strengthened by experience. Thenceforth,[35) in the nature of things, he would possess an abiding distrust of appearances. He would have to learn the reality of a thing before he could put his faith into it.

One other adventure was destined for him that day. He had recollected that there was such a thing in the world as his mother. And then there came to him a feeling that he wanted her more than all the rest of the things in the world. Not only

---

32) miniature rapid: 작은 급류

33) adduce: ~을 제시하다, 예증으로서 들다

34) eddy: 소용돌이

35) thenceforth: 그 때부터, 그 이후, 거기서부터

was his body tired with the adventures it had undergone, but his little brain was equally tired. In all the days he had lived it had not worked so hard as on this one day. Furthermore, he was sleepy. So he started out to look for the cave and his mother, feeling at the same time an overwhelming rush of loneliness and helplessness.

He was sprawling along between some bushes, when he heard a sharp intimidating cry. There was a flash of yellow before his eyes. He saw a weasel[36] leaping swiftly away from him. It was a small live thing, and he had no fear. Then, before him, at his feet, he saw an extremely small live thing, only several inches long, a young weasel, that, like himself, had disobediently gone out adventuring. It tried to retreat before him. He turned it over with his paw. It made a queer, grating[37] noise. The next moment the flash of yellow reappeared before his eyes. He heard again the intimidating cry, and at the same instant received a sharp blow on the side of the neck and felt the sharp teeth of the mother-weasel cut into his flesh.

While he yelped and ki-yi'd and scrambled backward, he saw the mother-weasel leap upon her young one and disappear with it into the neighbouring thicket. The cut of her teeth in his neck still hurt, but his feelings were hurt more grievously, and he sat down and weakly whimpered. This mother-weasel was so small and so savage. He was yet to learn that for size and weight the weasel was the most ferocious, vindictive,[38] and terrible of all the killers of the Wild. But a portion of this knowledge was quickly to be his.

He was still whimpering when the mother-weasel reappeared.

36) weasel: 족제비

37) grating: 삐걱 소리를 내는, 귀에 거슬리는

38) vindictive: 복수심이 있는, 원한을 품은, 징벌의

She did not rush him, now that her young one was safe. She approached more cautiously, and the cub had full opportunity to observe her lean, snakelike body, and her head, erect, eager, and snakelike itself. Her sharp, menacing cry sent the hair bristling along his back, and he snarled warningly at her. She came closer and closer. There was a leap, swifter than his unpractised sight, and the lean, yellow body disappeared for a moment out of the field of his vision. The next moment she was at his throat, her teeth buried in his hair and flesh.

At first he snarled and tried to fight; but he was very young, and this was only his first day in the world, and his snarl became a whimper, his fight a struggle to escape. The weasel never relaxed her hold. She hung on, striving to press down with her teeth to the great vein where his life-blood bubbled. The weasel was a drinker of blood, and it was ever her preference to drink from the throat of life itself.

The grey cub would have died, and there would have been no story to write about him, had not the she-wolf come bounding through the bushes. The weasel let go the cub and flashed at the she-wolf's throat, missing, but getting a hold on the jaw instead. The she-wolf flirted her head like the snap of a whip, breaking the weasel's hold and flinging it high in the air. And, still in the air, the she-wolf's jaws closed on the lean, yellow body, and the weasel knew death between the crunching teeth.

The cub experienced another access of affection on the part of his mother. Her joy at finding him seemed even greater than his joy at being found. She nozzled him and caressed him and licked the cuts made in him by the weasel's teeth. Then, between them, mother and cub, they ate the blood-drinker, and after that went back to the cave and slept.

CHAPTER V
THE LAW OF MEAT

The cub's development was rapid. He rested for two days, and then ventured forth from the cave again. It was on this adventure that he found the young weasel whose mother he had helped eat, and he saw to it that the young weasel went the way of[1)] its mother. But on this trip he did not get lost. When he grew tired, he found his way back to the cave and slept. And every day thereafter found him out and ranging a wider area.

He began to get accurate measurement of his strength and his weakness, and to know when to be bold and when to be cautious. He found it expedient to be cautious all the time, except for the rare moments, when, assured of his own intrepidity,[2)] he abandoned himself to[3)] petty rages and lusts.

He was always a little demon of fury when he chanced upon a stray ptarmigan. Never did he fail to respond savagely to the chatter of the squirrel he had first met on the blasted pine. While the sight of a moose-bird almost invariably put him into the wildest of rages; for he never forgot the peck on the nose he had received from the first of that ilk he encountered.

But there were times when even a moose-bird failed to affect him, and those were times when he felt himself to be in danger from some other prowling[4)] meat hunter. He never forgot the hawk, and its moving shadow always sent him crouching into the nearest thicket. He no longer sprawled and straddled, and

---

1) went the way of: ～와 같은 길을 가다, ～의 전철을 밟다

2) intrepidity: 대담함, 용맹함

3) abandon oneself to: ～에 사로잡히다, ～에 빠지다

4) prowling: 배회하는

already he was developing the gait of his mother, slinking[5] and furtive, apparently without exertion, yet sliding along with a swiftness that was as deceptive as it was imperceptible.

In the matter of meat, his luck had been all in the beginning. The seven ptarmigan chicks and the baby weasel represented the sum of his killings. His desire to kill strengthened with the days, and he cherished hungry ambitions for the squirrel that chattered so volubly and always informed all wild creatures that the wolf-cub was approaching. But as birds flew in the air, squirrels could climb trees, and the cub could only try to crawl unobserved upon the squirrel when it was on the ground.

The cub entertained a great respect for his mother. She could get meat, and she never failed to bring him his share. Further, she was unafraid of things. It did not occur to him that this fearlessness was founded upon experience and knowledge. Its effect on him was that of an impression of power. His mother represented power; and as he grew older he felt this power in the sharper admonishment[6] of her paw; while the reproving nudge of her nose gave place to the slash of her fangs. For this, likewise, he respected his mother. She compelled obedience from him, and the older he grew the shorter grew her temper.[7]

Famine came again, and the cub with clearer consciousness knew once more the bite of hunger. The she-wolf ran herself thin in the quest for meat. She rarely slept any more in the cave, spending most of her time on the meat-trail, and spending it vainly. This famine was not a long one, but it was severe while it lasted. The cub found no more milk in his mother's breast, nor did he get one mouthful of meat for himself.

---

5) slink: 살금살금 걷다, 간들간들 걷다

6) admonishment: 훈계, 타이름

7) the shorter grew her temper: 어미 늑대의 성미가 더욱 급하고 무뚝뚝해졌다

Before, he had hunted in play, for the sheer joyousness of it; now he hunted in deadly earnestness, and found nothing. Yet the failure of it accelerated his development. He studied the habits of the squirrel with greater carefulness, and strove with greater craft to steal upon it and surprise it. He studied the wood-mice[8] and tried to dig them out of their burrows;[9] and he learned much about the ways of moose-birds and woodpeckers. And there came a day when the hawk's shadow did not drive him crouching into the bushes. He had grown stronger and wiser, and more confident. Also, he was desperate. So he sat on his haunches, conspicuously in an open space, and challenged the hawk down out of the sky. For he knew that there, floating in the blue above him, was meat, the meat his stomach yearned after so insistently. But the hawk refused to come down and give battle, and the cub crawled away into a thicket and whimpered his disappointment and hunger.

The famine broke. The she-wolf brought home meat. It was strange meat, different from any she had ever brought before. It was a lynx kitten, partly grown, like the cub, but not so large. And it was all for him. His mother had satisfied her hunger elsewhere; though he did not know that it was the rest of the lynx litter that had gone to satisfy her. Nor did he know the desperateness of her deed. He knew only that the velvet-furred kitten was meat, and he ate and waxed happier with every mouthful.

A full stomach conduces to inaction, and the cub lay in the cave, sleeping against his mother's side. He was aroused by her snarling. Never had he heard her snarl so terribly. Possibly in her whole life it was the most terrible snarl she ever gave. There was reason for it, and none knew it better than she. A

---

8) wood-mice: 숲쥐, 삼림에 사는 새앙쥐의 총칭

9) burrow: 은신처, 굴, 피난처

lynx's lair is not despoiled with impunity.[10] In the full glare of the afternoon light, crouching in the entrance of the cave, the cub saw the lynx-mother. The hair rippled up along his back at the sight. Here was fear, and it did not require his instinct to tell him of it. And if sight alone were not sufficient, the cry of rage the intruder gave, beginning with a snarl and rushing abruptly upward into a hoarse screech,[11] was convincing enough in itself.

The cub felt the prod[12] of the life that was in him, and stood up and snarled valiantly by his mother's side. But she thrust him ignominiously away and behind her. Because of the low-roofed entrance the lynx could not leap in, and when she made a crawling rush of it the she-wolf sprang upon her and pinned her down. The cub saw little of the battle. There was a tremendous snarling and spitting and screeching. The two animals threshed[13] about, the lynx ripping and tearing with her claws and using her teeth as well, while the she-wolf used her teeth alone.

Once, the cub sprang in and sank his teeth into the hind leg of the lynx. He clung on, growling savagely. Though he did not know it, by the weight of his body he clogged[14] the action of the leg and thereby saved his mother much damage. A change in the battle crushed him under both their bodies and wrenched loose his hold. The next moment the two mothers separated, and, before they rushed together again, the lynx lashed out at the cub with a huge fore-paw that ripped his shoulder open to

10) A lynx's lair is not despoiled with impunity: 스라소니의 굴이 아무 탈 없이 (무사히) 파괴되지는 않는다. (어미 스라소니가 보복하러 찾아옴)

11) screech: 날카로운 소리, 비명

12) prod: 자극, 격려

13) thresh: 뒹굴다

14) clog: 방해하다

the bone and sent him hurtling[15] sidewise against the wall. Then was added to the uproar the cub's shrill yelp of pain and fright. But the fight lasted so long that he had time to cry himself out and to experience a second burst of courage; and the end of the battle found him again clinging to a hind-leg and furiously growling between his teeth.

The lynx was dead. But the she-wolf was very weak and sick. At first she caressed the cub and licked his wounded shoulder; but the blood she had lost had taken with it her strength, and for all of a day and a night she lay by her dead foe's side, without movement, scarcely breathing. For a week she never left the cave, except for water, and then her movements were slow and painful. At the end of that time the lynx was devoured, while the she-wolf's wounds had healed sufficiently to permit her to take the meat-trail again.

The cub's shoulder was stiff and sore, and for some time he limped from the terrible slash he had received. But the world now seemed changed. He went about in it with greater confidence, with a feeling of prowess[16] that had not been his in the days before the battle with the lynx. He had looked upon life in a more ferocious aspect; he had fought; he had buried his teeth in the flesh of a foe; and he had survived. And because of all this, he carried himself more boldly, with a touch of defiance that was new in him. He was no longer afraid of minor things, and much of his timidity had vanished, though the unknown never ceased to press upon him with its mysteries and terrors, intangible and ever-menacing.

He began to accompany his mother on the meat-trail, and he saw much of the killing of meat and began to play his part in

15) hurtle: 충돌하다

16) prowess: 용감, 무용(valor), 용감한 행위

it. And in his own dim way he learned the law of meat. There were two kinds of life — his own kind and the other kind. His own kind included his mother and himself. The other kind included all live things that moved. But the other kind was divided. One portion was what his own kind killed and ate. This portion was composed of the non-killers and the small killers. The other portion killed and ate his own kind, or was killed and eaten by his own kind. And out of this classification arose the law. The aim of life was meat. Life itself was meat. Life lived on life. There were the eaters and the eaten. The law was: EAT OR BE EATEN.[17)] He did not formulate the law in clear, set terms and moralise about it. He did not even think the law; he merely lived the law without thinking about it at all.

He saw the law operating around him on every side. He had eaten the ptarmigan chicks. The hawk had eaten the ptarmigan-mother. The hawk would also have eaten him. Later, when he had grown more formidable, he wanted to eat the hawk. He had eaten the lynx kitten. The lynx-mother would have eaten him had she not herself been killed and eaten. And so it went. The law was being lived about him by all live things, and he himself was part and parcel of the law. He was a killer. His only food was meat, live meat, that ran away swiftly before him, or flew into the air, or climbed trees, or hid in the ground, or faced him and fought with him, or turned the tables[18)] and ran after him.

Had the cub thought in man-fashion, he might have epitomised life as a voracious appetite and the world as a place wherein ranged a multitude of appetites, pursuing and being pursued, hunting and being hunted, eating and being eaten, all

---

17) The law was: EAT OR BE EATEN: 그 법칙은 '먹느냐 또는 먹히느냐'였다 (※ Jack London의 자연주의 사상이 잘 드러나는 부분으로 그는 야생의 생존 법칙이 인간 사회에도 그대로 적용된다는 사회자연주의 사상을 믿었음)

18) turn the tables: 역습하다, 형세를 역전시키다

in blindness and confusion, with violence and disorder, a chaos of gluttony and slaughter, ruled over by chance, merciless, planless, endless.

But the cub did not think in man-fashion. He did not look at things with wide vision. He was single-purposed, and entertained but one thought or desire at a time. Besides the law of meat, there were a myriad other and lesser laws for him to learn and obey. The world was filled with surprise. The stir of the life that was in him, the play of his muscles, was an unending happiness. To run down meat was to experience thrills and elations. His rages and battles were pleasures. Terror itself, and the mystery of the unknown, led to his living.

And there were easements and satisfactions. To have a full stomach, to doze lazily in the sunshine — such things were remuneration[19] in full for his ardors[20] and toils, while his ardors and tolls were in themselves self-remunerative. They were expressions of life, and life is always happy when it is expressing itself. So the cub had no quarrel with his hostile environment. He was very much alive, very happy, and very proud of himself.

19) remuneration: 보상, 급료, 대가

20) ardor: 열정, 열의, 열성

PART THREE: THE GODS OF THE WILD

CHAPTER I
THE MAKERS OF FIRE

The cub came upon[1] it suddenly. It was his own fault. He had been careless. He had left the cave and run down to the stream to drink. It might have been that he took no notice because he was heavy with sleep. (He had been out all night on the meat-trail, and had but just then awakened.) And his carelessness might have been due to the familiarity of the trail to the pool. He had travelled it often, and nothing had ever happened on it.

He went down past the blasted pine, crossed the open space, and trotted in amongst the trees. Then, at the same instant, he saw and smelt. Before him, sitting silently on their haunches, were five live things, the like of which he had never seen before. It was his first glimpse of mankind.[2] But at the sight of him the five men did not spring to their feet, nor show their teeth, nor snarl. They did not move, but sat there, silent and ominous.

Nor did the cub move. Every instinct of his nature would have impelled him to dash wildly away, had there not suddenly and for the first time arisen in him another and counter instinct. A great awe descended upon him. He was beaten down to movelessness by an overwhelming sense of his own weakness and littleness. Here was mastery and power, something far and

1) come upon: 우연히 ~을 만나다, 마주치다, 겪다

2) It was his first glimpse of mankind.: 그것이 인간을 처음 본 순간이었다. (※회색 새끼 늑대가 처음으로 인간을 만나게 되고 운명이 바뀌게 됨. 환경의 중요성이 강조되는 중요한 사건임)

away beyond him.

The cub had never seen man, yet the instinct concerning man was his. In dim ways he recognised in man the animal that had fought itself to primacy over the other animals of the Wild. Not alone out of his own eyes, but out of the eyes of all his ancestors was the cub now looking upon man — out of eyes that had circled in the darkness around countless winter camp-fires, that had peered from safe distances and from the hearts of thickets at the strange, two-legged animal that was lord over living things. The spell of the cub's heritage[3] was upon him, the fear and the respect born of the centuries of struggle and the accumulated experience of the generations. The heritage was too compelling[4] for a wolf that was only a cub. Had he been full-grown, he would have run away. As it was, he cowered down in a paralysis of fear, already half proffering the submission that his kind had proffered from the first time a wolf came in to sit by man's fire and be made warm.

One of the Indians arose and walked over to him and stooped above him. The cub cowered closer to the ground. It was the unknown, objectified at last, in concrete flesh and blood, bending over him and reaching down to seize hold of him. His hair bristled involuntarily; his lips writhed back and his little fangs were bared. The hand, poised like doom above him, hesitated, and the man spoke laughing, "Wabam wabisca ip pit tah." ("Look! The white fangs!")

The other Indians laughed loudly, and urged the man on to pick up the cub. As the hand descended closer and closer, there

---

3) The spell of the cub's heritage: 그 곤봉의 유산이 가지고 있는 마력 (※ 인간을 한 번도 보지 못한 회색 새끼 늑대의 무의식 속에 인간에 대한 두려움이 조상대대로 물려받은 본능적인 유산으로 존재함을 의미. Carl Gustav Jung의 집단무의식의 원형)

4) compelling: 강력한

raged within the cub a battle of the instincts. He experienced two great impulsions — to yield and to fight. The resulting action was a compromise. He did both. He yielded till the hand almost touched him. Then he fought, his teeth flashing in a snap that sank them into the hand. The next moment he received a clout[5)] alongside the head that knocked him over on his side. Then all fight fled out of him. His puppyhood and the instinct of submission took charge of him. He sat up on his haunches and ki-yi'd. But the man whose hand he had bitten was angry. The cub received a clout on the other side of his head. Whereupon[6)] he sat up and ki-yi'd louder than ever.

The four Indians laughed more loudly, while even the man who had been bitten began to laugh. They surrounded the cub and laughed at him, while he wailed out his terror and his hurt. In the midst of it, he heard something. The Indians heard it too. But the cub knew what it was, and with a last, long wail that had in it more of triumph than grief, he ceased his noise and waited for the coming of his mother, of his ferocious and indomitable mother who fought and killed all things and was never afraid. She was snarling as she ran. She had heard the cry of her cub and was dashing to save him.

She bounded in amongst them, her anxious and militant motherhood making her anything but a pretty sight. But to the cub the spectacle of her protective rage was pleasing. He uttered a glad little cry and bounded to meet her, while the man-animals went back hastily several steps. The she-wolf stood over against her cub, facing the men, with bristling hair, a snarl rumbling deep in her throat. Her face was distorted and malignant with menace, even the bridge of the nose wrinkling from tip to eyes

---

5) clout: 강타, 타격

6) whereupon: 그 결과, 그 때문에, 그 후에

so prodigious was her snarl.

Then it was that a cry went up from one of the men. “Kiche!”[7] was what he uttered. It was an exclamation of surprise. The cub felt his mother wilting[8] at the sound.

“Kiche!” the man cried again, this time with sharpness and authority.

And then the cub saw his mother, the she-wolf, the fearless one, crouching down till her belly touched the ground, whimpering, wagging her tail, making peace signs. The cub could not understand. He was appalled. The awe of man rushed over him again. His instinct had been true. His mother verified it. She, too, rendered submission to the man-animals.

The man who had spoken came over to her. He put his hand upon her head, and she only crouched closer. She did not snap, nor threaten to snap. The other men came up, and surrounded her, and felt her, and pawed[9] her, which actions she made no attempt to resent. They were greatly excited, and made many noises with their mouths. These noises were not indication of danger, the cub decided, as he crouched near his mother still bristling from time to time but doing his best to submit.

“It is not strange,” an Indian was saying. “Her father was a wolf. It is true, her mother was a dog; but did not my brother tie her out in the woods all of three nights in the mating season? Therefore was the father of Kiche a wolf.”

“It is a year, Grey Beaver, since she ran away,” spoke a second Indian.

“It is not strange, Salmon Tongue,” Grey Beaver answered.

---

7) Kiche: 회색 늑대새끼(gray cub)의 어미인 암컷 늑대(she-wolf)는 일 년 전 기근 때 인디언 캠프에서 도망간 키체(Kiche)라는 이름의 개로 밝혀짐. 키체의 어미는 개이고 아비는 늑대로 키체는 개와 늑대의 잡종임.

8) wilt: 시들다, 이울다, 풀이 죽다, 약해지다

9) paw: 거칠게 다루다, 만지작거리다

"It was the time of the famine, and there was no meat for the dogs."

"She has lived with the wolves," said a third Indian.

"So it would seem, Three Eagles," Grey Beaver answered, laying his hand on the cub; "and this be the sign of it."

The cub snarled a little at the touch of the hand, and the hand flew back to administer a clout. Whereupon the cub covered its fangs, and sank down submissively, while the hand, returning, rubbed behind his ears, and up and down his back.

"This be the sign of it," Grey Beaver went on. "It is plain that his mother is Kiche. But his father was a wolf. Wherefore is there in him little dog and much wolf. His fangs be white, and White Fang shall be his name.[10)] I have spoken. He is my dog. For was not Kiche my brother's dog? And is not my brother dead?"

The cub, who had thus received a name in the world, lay and watched. For a time the man-animals continued to make their mouth-noises. Then Grey Beaver took a knife from a sheath that hung around his neck, and went into the thicket and cut a stick. White Fang watched him. He notched the stick at each end and in the notches fastened strings of raw hide. One string he tied around the throat of Kiche. Then he led her to a small pine, around which he tied the other string.

White Fang followed and lay down beside her. Salmon Tongue's hand reached out to him and rolled him over on his back. Kiche looked on anxiously. White Fang felt fear mounting in him again. He could not quite suppress a snarl, but he made no offer to snap. The hand, with fingers crooked and spread

---

10) White Fang shall be his name: 흰 어금니(White Fang)가 그의 이름이 될 거다. (※ 회색 늑대새끼(gray cub)의 이름이 인간에 의해 흰 어금니(White Fang)로 명명 되고 인디언 Grey Beaver가 그의 첫 번째 주인이 됨)

apart, rubbed his stomach in a playful way and rolled him from side to side. It was ridiculous and ungainly, lying there on his back with legs sprawling in the air. Besides, it was a position of such utter helplessness that White Fang's whole nature revolted against it. He could do nothing to defend himself. If this man-animal intended harm, White Fang knew that he could not escape it. How could he spring away with his four legs in the air above him? Yet submission made him master his fear, and he only growled softly. This growl he could not suppress; nor did the man-animal resent it by giving him a blow on the head. And furthermore, such was the strangeness of it, White Fang experienced an unaccountable sensation of pleasure as the hand rubbed back and forth. When he was rolled on his side he ceased to growl, when the fingers pressed and prodded at the base of his ears the pleasurable sensation increased; and when, with a final rub and scratch, the man left him alone and went away, all fear had died out of White Fang. He was to know fear many times in his dealing with man; yet it was a token of the fearless companionship with man that was ultimately to be his.

After a time, White Fang heard strange noises approaching. He was quick in his classification, for he knew them at once for man-animal noises. A few minutes later the remainder of the tribe, strung out[11] as it was on the march, trailed in. There were more men and many women and children, forty souls of them, and all heavily burdened with camp equipage and outfit. Also there were many dogs; and these, with the exception of the part-grown puppies, were likewise burdened with camp outfit. On their backs, in bags that fastened tightly around underneath, the dogs carried from twenty to thirty pounds of weight.

White Fang had never seen dogs before, but at sight of them

11) string out: 한 줄로 서다, 늘어나다

he felt that they were his own kind, only somehow different. But they displayed little difference from the wolf when they discovered the cub and his mother. There was a rush. White Fang bristled and snarled and snapped in the face of the open-mouthed[12] oncoming wave of dogs, and went down and under them, feeling the sharp slash of teeth in his body, himself biting and tearing at the legs and bellies above him. There was a great uproar. He could hear the snarl of Kiche as she fought for him; and he could hear the cries of the man-animals, the sound of clubs striking upon bodies, and the yelps of pain from the dogs so struck.

Only a few seconds elapsed before he was on his feet again. He could now see the man-animals driving back the dogs with clubs and stones, defending him, saving him from the savage teeth of his kind that somehow was not his kind. And though there was no reason in his brain for a clear conception of so abstract a thing as justice, nevertheless, in his own way, he felt the justice of the man-animals, and he knew them for what they were—makers of law and executors of law.[13] Also, he appreciated the power with which they administered the law. Unlike any animals he had ever encountered, they did not bite nor claw. They enforced their live strength with the power of dead things. Dead things did their bidding. Thus, sticks and stones, directed by these strange creatures, leaped through the air like living things, inflicting grievous hurts upon the dogs.

To his mind this was power unusual, power inconceivable and beyond the natural, power that was godlike. White Fang, in the very nature of him, could never know anything about gods;

---

12) open-mouthed: 입을 벌린, 입을 딱 벌린, 짖어대는

13) makers of law and executors of law: 법의 제작자이면서 법의 집행자인 인간들을 의미

at the best he could know only things that were beyond knowing — but the wonder and awe that he had of these man-animals in ways resembled what would be the wonder and awe of man at sight of some celestial creature, on a mountain top, hurling thunderbolts from either hand at an astonished world.

The last dog had been driven back. The hubbub[14] died down. And White Fang licked his hurts and meditated upon this, his first taste of pack-cruelty and his introduction to the pack. He had never dreamed that his own kind consisted of more than One Eye, his mother, and himself. They had constituted a kind apart, and here, abruptly, he had discovered many more creatures apparently of his own kind. And there was a subconscious resentment that these, his kind, at first sight had pitched upon him and tried to destroy him. In the same way he resented his mother being tied with a stick, even though it was done by the superior man-animals. It savored of the trap, of bondage. Yet of the trap and of bondage he knew nothing. Freedom to roam and run and lie down at will, had been his heritage; and here it was being infringed[15] upon. His mother's movements were restricted to the length of a stick, and by the length of that same stick was he restricted, for he had not yet got beyond the need of his mother's side.

He did not like it. Nor did he like it when the man-animals arose and went on with their march; for a tiny man-animal took the other end of the stick and led Kiche captive behind him, and behind Kiche followed White Fang, greatly perturbed[16] and worried by this new adventure he had entered upon.

They went down the valley of the stream, far beyond White

---

14) hubbub: 소음, 함성, 소동, 소란

15) infringe: 어기다, 범하다, (규정에) 위반하다, (권리를) 침해하다

16) perturb: 교란하다, 혼란하게 하다, 마음을 어지럽히다, 불안하게 하다

Fang's widest ranging, until they came to the end of the valley, where the stream ran into the Mackenzie River. Here, where canoes were cached on poles high in the air and where stood fish-racks[17] for the drying of fish, camp was made; and White Fang looked on with wondering eyes. The superiority of these man-animals increased with every moment. There was their mastery over all these sharp-fanged dogs. It breathed of power. But greater than that, to the wolf-cub, was their mastery over things not alive; their capacity to communicate motion to unmoving things; their capacity to change the very face of the world.

It was this last that especially affected him. The elevation of frames of poles caught his eye; yet this in itself was not so remarkable, being done by the same creatures that flung sticks and stones to great distances. But when the frames of poles were made into tepees by being covered with cloth and skins, White Fang was astounded. It was the colossal[18] bulk of them that impressed him. They arose around him, on every side, like some monstrous quick-growing form of life. They occupied nearly the whole circumference of his field of vision. He was afraid of them. They loomed ominously above him; and when the breeze stirred them into huge movements, he cowered down in fear, keeping his eyes warily upon them, and prepared to spring away if they attempted to precipitate themselves upon him.

But in a short while his fear of the tepees[19] passed away. He saw the women and children passing in and out of them without harm, and he saw the dogs trying often to get into them, and being driven away with sharp words and flying stones. After

17) fish-rack: 물고기 건조선반

18) colossal: 거대한, 어마어마한, 굉장한

19) tepee: 아메리카인디언의 원뿔형 천막

a time, he left Kiche's side and crawled cautiously toward the wall of the nearest tepee. It was the curiosity of growth that urged him on — the necessity of learning and living and doing that brings experience. The last few inches to the wall of the tepee were crawled with painful slowness and precaution. The day's events had prepared him for the unknown to manifest itself in most stupendous and unthinkable ways. At last his nose touched the canvas. He waited. Nothing happened. Then he smelled the strange fabric, saturated with the man-smell. He closed on the canvas with his teeth and gave a gentle tug. Nothing happened, though the adjacent portions of the tepee moved. He tugged harder. There was a greater movement. It was delightful. He tugged still harder, and repeatedly, until the whole tepee was in motion. Then the sharp cry of a squaw inside sent him scampering back to Kiche. But after that he was afraid no more of the looming bulks of the tepees.

A moment later he was straying away again from his mother. Her stick was tied to a peg in the ground and she could not follow him. A part-grown puppy, somewhat larger and older than he, came toward him slowly, with ostentatious and belligerent importance. The puppy's name, as White Fang was afterward to hear him called, was Lip-lip. He had had experience in puppy fights and was already something of a bully.

Lip-lip was White Fang's own kind,[20] and, being only a puppy, did not seem dangerous; so White Fang prepared to meet him in a friendly spirit. But when the strangers walk became stiff-legged and his lips lifted clear of his teeth, White Fang stiffened too, and answered with lifted lips. They half circled about each other, tentatively,[21] snarling and bristling. This lasted

20) own kind: 같은 종

21) tentatively: 임시적으로, 망설이며

several minutes, and White Fang was beginning to enjoy it, as a sort of game. But suddenly, with remarkable swiftness, Lip-lip leaped in, delivering a slashing snap, and leaped away again. The snap had taken effect on the shoulder that had been hurt by the lynx and that was still sore deep down near the bone. The surprise and hurt of it brought a yelp out of White Fang; but the next moment, in a rush of anger, he was upon Lip-lip and snapping viciously.

But Lip-lip had lived his life in camp and had fought many puppy fights. Three times, four times, and half a dozen times, his sharp little teeth scored[22] on the newcomer, until White Fang, yelping shamelessly, fled to the protection of his mother. It was the first of the many fights he was to have with Lip-lip, for they were enemies from the start, born so, with natures destined perpetually to clash.

Kiche licked White Fang soothingly with her tongue, and tried to prevail upon him to remain with her. But his curiosity was rampant, and several minutes later he was venturing forth on a new quest. He came upon one of the man-animals, Grey Beaver, who was squatting on his hams and doing something with sticks and dry moss spread before him on the ground. White Fang came near to him and watched. Grey Beaver made mouth-noises which White Fang interpreted as not hostile, so he came still nearer.

Women and children were carrying more sticks and branches to Grey Beaver. It was evidently an affair of moment. White Fang came in until he touched Grey Beaver's knee, so curious was he, and already forgetful that this was a terrible man-animal. Suddenly he saw a strange thing like mist beginning to arise from the sticks and moss beneath Grey Beaver's hands.

---

22) score: 칼자국을 내다, 상처를 내다

Then, amongst the sticks themselves, appeared a live thing, twisting and turning, of a colour like the colour of the sun in the sky. White Fang knew nothing about fire.[23)] It drew him as the light, in the mouth of the cave had drawn him in his early puppyhood. He crawled the several steps toward the flame. He heard Grey Beaver chuckle[24)] above him, and he knew the sound was not hostile. Then his nose touched the flame, and at the same instant his little tongue went out to it.

For a moment he was paralysed. The unknown, lurking in the midst of the sticks and moss, was savagely clutching[25)] him by the nose. He scrambled backward, bursting out in an astonished explosion of ki-yi's. At the sound, Kiche leaped snarling to the end of her stick, and there raged terribly because she could not come to his aid. But Grey Beaver laughed loudly, and slapped his thighs, and told the happening to all the rest of the camp, till everybody was laughing uproariously.[26)] But White Fang sat on his haunches and ki-yi'd and ki-yi'd, a forlorn and pitiable little figure in the midst of the man-animals.

It was the worst hurt he had ever known. Both nose and tongue had been scorched by the live thing, sun-coloured, that had grown up under Grey Beaver's hands. He cried and cried interminably,[27)] and every fresh wail was greeted by bursts of laughter on the part of the man-animals. He tried to soothe his nose with his tongue, but the tongue was burnt too, and the two

---

23) White Fang knew nothing about fire.: 화이트 팽은 불에 대해서 아무것도 몰랐다. (※ 불은 문명의 상징이며 인간만이 불을 만들고 이용할 수 있다. 화이트 팽은 불을 처음 본 것이라 호기심을 갖고 혀와 콧등을 대다가 불에 데어서 혼이 난다.)

24) chuckle: 낄낄 웃다

25) clutch: 움츠려들게 하다

26) uproariously: 떠들썩하게, 시끄럽게, 소란스럽게

27) interminably: 계속해서

hurts coming together produced greater hurt; whereupon he cried more hopelessly and helplessly than ever.

And then shame came to him. He knew laughter and the meaning of it. It is not given us to know how some animals know laughter, and know when they are being laughed at; but it was this same way that White Fang knew it. And he felt shame that the man-animals should be laughing at him. He turned and fled away, not from the hurt of the fire, but from the laughter that sank even deeper, and hurt in the spirit of him. And he fled to Kiche, raging at the end of her stick like an animal gone mad — to Kiche, the one creature in the world who was not laughing at him.

Twilight drew down and night came on, and White Fang lay by his mother's side. His nose and tongue still hurt, but he was perplexed by a greater trouble. He was homesick. He felt a vacancy in him, a need for the hush and quietude of the stream and the cave in the cliff. Life had become too populous. There were so many of the man-animals, men, women, and children, all making noises and irritations. And there were the dogs, ever squabbling and bickering, bursting into uproars and creating confusions. The restful loneliness of the only life he had known was gone. Here the very air was palpitant[28)] with life. It hummed and buzzed unceasingly. Continually changing its intensity and abruptly variant in pitch, it impinged on his nerves and senses, made him nervous and restless and worried him with a perpetual imminence[29)] of happening.

He watched the man-animals coming and going and moving about the camp. In fashion distantly resembling the way men look upon the gods they create, so looked White Fang upon the

---

28) palpitant: 심장이 뛰는, 가슴이 두근거리는

29) imminence: 급박, 긴박함, 임박한 위험

man-animals before him. They were superior creatures, of a verity, gods. To his dim comprehension they were as much wonder-workers as gods are to men. They were creatures of mastery, possessing all manner of unknown and impossible potencies, overlords[30] of the alive and the not alive — making obey that which moved, imparting[31] movement to that which did not move, and making life, sun-coloured and biting life, to grow out of dead moss and wood. They were fire-makers! They were gods.

30) overlord: 군주, 지배

31) impart: 주다, 나누어주다, 공급하다

CHAPTER II
THE BONDAGE

The days were thronged with[1] experience for White Fang. During the time that Kiche was tied by the stick, he ran about over all the camp, inquiring, investigating, learning. He quickly came to know much of the ways of the man-animals, but familiarity did not breed contempt. The more he came to know them, the more they vindicated their superiority, the more they displayed their mysterious powers, the greater loomed their god-likeness.

To man has been given the grief, often, of seeing his gods overthrown and his altars crumbling; but to the wolf and the wild dog that have come in to crouch at man's feet, this grief has never come. Unlike man, whose gods are of the unseen and the overguessed, vapours and mists of fancy eluding the garmenture[2] of reality, wandering wraiths of desired goodness and power, intangible out-croppings of self into the realm of spirit—unlike man, the wolf and the wild dog that have come in to the fire find their gods in the living flesh, solid to the touch, occupying earth-space and requiring time for the accomplishment of their ends and their existence. No effort of faith is necessary to believe in such a god; no effort of will can possibly induce disbelief in such a god. There is no getting away from it. There it stands, on its two hind-legs, club in hand, immensely potential, passionate and wrathful and loving, god and mystery and power all wrapped up and around by flesh that bleeds when it is torn and that is good to eat like any flesh.

And so it was with White Fang. The man-animals were gods

1) be thronged with: 떼로 모이다, 쇄도하다, 밀어닥치다

2) garmenture: 의상, 덮개, 껍데기

unmistakable and unescapable. As his mother, Kiche, had rendered her allegiance to them at the first cry of her name, so he was beginning to render his allegiance. He gave them the trail as a privilege indubitably[3)] theirs. When they walked, he got out of their way. When they called, he came. When they threatened, he cowered down. When they commanded him to go, he went away hurriedly. For behind any wish of theirs was power to enforce that wish, power that hurt, power that expressed itself in clouts and clubs, in flying stones and stinging lashes of whips.

He belonged to them as all dogs belonged to them. His actions were theirs to command. His body was theirs to maul, to stamp upon, to tolerate. Such was the lesson that was quickly borne in upon him. It came hard, going as it did, counter to much that was strong and dominant in his own nature; and, while he disliked it in the learning of it, unknown to himself he was learning to like it. It was a placing of his destiny in another's hands, a shifting of the responsibilities of existence. This in itself was compensation, for it is always easier to lean upon another than to stand alone.

But it did not all happen in a day, this giving over of himself, body and soul, to the man-animals. He could not immediately forego his wild heritage and his memories of the Wild. There were days when he crept to the edge of the forest and stood and listened to something calling him far and away. And always he returned, restless and uncomfortable, to whimper softly and wistfully at Kiche's side and to lick her face with eager, questioning tongue.

White Fang learned rapidly the ways of the camp. He knew the injustice and greediness of the older dogs when meat or fish was thrown out to be eaten. He came to know that men were

---

3) indubitably: 의심의 여지가 없이

more just, children more cruel, and women more kindly and more likely to toss him a bit of meat or bone. And after two or three painful adventures with the mothers of part-grown puppies, he came into the knowledge that it was always good policy to let such mothers alone, to keep away from them as far as possible, and to avoid them when he saw them coming.

But the bane of his life[4] was Lip-lip. Larger, older, and stronger, Lip-lip had selected White Fang for his special object of persecution.[5] White Fang fought willingly enough, but he was outclassed.[6] His enemy was too big. Lip-lip became a nightmare to him. Whenever he ventured away from his mother, the bully was sure to appear, trailing at his heels, snarling at him, picking upon him, and watchful of an opportunity, when no man-animal was near, to spring upon him and force a fight. As Lip-lip invariably won, he enjoyed it hugely. It became his chief delight in life, as it became White Fang's chief torment.

But the effect upon White Fang was not to cow[7] him. Though he suffered most of the damage and was always defeated, his spirit remained unsubdued. Yet a bad effect was produced. He became malignant and morose. His temper had been savage by birth, but it became more savage under this unending persecution. The genial, playful, puppyish side of him found little expression. He never played and gambolled about with the other puppies of the camp. Lip-lip would not permit it. The moment White Fang appeared near them, Lip-lip was upon him, bullying and hectoring[8] him, or fighting with him until he had driven

4) the bane of his life: 그의 삶의 해악(골칫거리)

5) persecution: 박해

6) outclass: ~보다 고급이다, ~보다 훨씬 낫다, ~을 능가하다

7) cow: 겁먹게 하다

8) hector: 약한 자를 괴롭히다(bully), (아무를) 괴롭히다, 못살게 굴다

him away.

The effect of all this was to rob White Fang of much of his puppyhood and to make him in his comportment[9] older than his age. Denied the outlet, through play, of his energies, he recoiled upon himself and developed his mental processes. He became cunning; he had idle time in which to devote himself to thoughts of trickery. Prevented from obtaining his share of meat and fish when a general feed was given to the camp-dogs, he became a clever thief. He had to forage[10] for himself, and he foraged well, though he was oft-times a plague[11] to the squaws in consequence. He learned to sneak about camp, to be crafty, to know what was going on everywhere, to see and to hear everything and to reason accordingly, and successfully to devise ways and means of avoiding his implacable[12] persecutor.

It was early in the days of his persecution that he played his first really big crafty game and got there from his first taste of revenge. As Kiche, when with the wolves, had lured out to destruction dogs from the camps of men, so White Fang, in manner somewhat similar, lured Lip-lip into Kiche's avenging jaws. Retreating before Lip-lip, White Fang made an indirect flight that led in and out and around the various tepees of the camp. He was a good runner, swifter than any puppy of his size, and swifter than Lip-lip. But he did not run his best in this chase. He barely held his own, one leap ahead of his pursuer.

Lip-lip, excited by the chase and by the persistent nearness of his victim, forgot caution and locality. When he remembered locality, it was too late. Dashing at top speed around a tepee, he

9) comportment: 거동, 태도, 동작

10) forage: ~에게서 양식을 징발하다, 약탈하다, 마초를 주다.

11) plague: 말썽꾸러기, 귀찮은 존재

12) implacable: 달래기 어려운, 화해할 수 없는, 용서 없는, 무자비한

ran full tilt[13] into Kiche lying at the end of her stick. He gave one yelp of consternation,[14] and then her punishing jaws closed upon him. She was tied, but he could not get away from her easily. She rolled him off his legs so that he could not run, while she repeatedly ripped and slashed him with her fangs.

When at last he succeeded in rolling clear of her, he crawled to his feet, badly dishevelled,[15] hurt both in body and in spirit. His hair was standing out all over him in tufts where her teeth had maul[16]ed. He stood where he had arisen, opened his mouth, and broke out the long, heart-broken puppy wail. But even this he was not allowed to complete. In the middle of it, White Fang, rushing in, sank his teeth into Lip-lip's hind leg. There was no fight left in Lip-lip, and he ran away shamelessly, his victim hot on his heels and worrying him all the way back to his own tepee. Here the squaws[17] came to his aid, and White Fang, transformed into a raging demon, was finally driven off only by a fusillade[18] of stones.

Came the day when Grey Beaver, deciding that the liability of her running away was past, released Kiche. White Fang was delighted with his mother's freedom. He accompanied her joyfully about the camp; and, so long as he remained close by her side, Lip-lip kept a respectful distance. White-Fang even bristled up to him and walked stiff-legged, but Lip-lip ignored the challenge. He was no fool himself, and whatever vengeance he desired to wreak,[19] he could wait until he caught White Fang alone.

---

13) full tilt: 전력을 기울여, 전속력으로
14) consternation: 섬뜩 놀람, 소스라침, 당황
15) dishevelled: 흩어진, 헝클어진, 단정치 못한
16) maul: ~에 쳐서 상처를 내다, 거칠게 다루다, 혹평하다
17) squaw: 북아메리카 원주민의 여자, 아내, 여자
18) fusillade: 연발, 사격
19) wreak: (원수를) 갚다, (벌을) 주다, (원한을) 풀다

Later on that day, Kiche and White Fang strayed into the edge of the woods next to the camp. He had led his mother there, step by step, and now when she stopped, he tried to inveigle her farther. The stream, the lair, and the quiet woods were calling to him, and he wanted her to come. He ran on a few steps, stopped, and looked back. She had not moved. He whined pleadingly, and scurried playfully in and out of the underbrush. He ran back to her, licked her face, and ran on again. And still she did not move. He stopped and regarded her, all of an intentness and eagerness, physically expressed, that slowly faded out of him as she turned her head and gazed back at the camp.

There was something calling to him out there in the open. His mother heard it too. But she heard also that other and louder call, the call of the fire and of man — the call which has been given alone of all animals to the wolf to answer, to the wolf and the wild-dog, who are brothers.

Kiche turned and slowly trotted back toward camp. Stronger than the physical restraint of the stick was the clutch of the camp upon her. Unseen and occultly,[20)] the gods still gripped with their power and would not let her go. White Fang sat down in the shadow of a birch and whimpered softly. There was a strong smell of pine, and subtle wood fragrances filled the air, reminding him of his old life of freedom before the days of his bondage. But he was still only a part-grown puppy, and stronger than the call either of man or of the Wild was the call of his mother. All the hours of his short life he had depended upon her. The time was yet to come for independence. So he arose and trotted forlornly back to camp, pausing once, and twice, to sit down and whimper and to listen to the call that still sounded

20) occultly: 신비롭게, 불가사의하게

in the depths of the forest.[21)]

In the Wild the time of a mother with her young is short; but under the dominion of man it is sometimes even shorter. Thus it was with White Fang. Grey Beaver was in the debt of Three Eagles. Three Eagles was going away on a trip up the Mackenzie to the Great Slave Lake. A strip of scarlet cloth, a bearskin, twenty cartridges, and Kiche, went to pay the debt. White Fang saw his mother taken aboard Three Eagles' canoe, and tried to follow her. A blow from Three Eagles knocked him backward to the land. The canoe shoved off. He sprang into the water and swam after it, deaf to the sharp cries of Grey Beaver to return. Even a man-animal, a god, White Fang ignored, such was the terror he was in of losing his mother.

But gods are accustomed to being obeyed, and Grey Beaver wrathfully launched a canoe in pursuit. When he overtook White Fang, he reached down and by the nape of the neck[22)] lifted him clear of the water. He did not deposit him at once in the bottom of the canoe. Holding him suspended with one hand, with the other hand he proceeded to give him a beating. And it was a beating. His hand was heavy. Every blow was shrewd to hurt; and he delivered a multitude of blows.

Impelled by the blows that rained upon him, now from this side, now from that, White Fang swung back and forth like an erratic and jerky pendulum.[23)] Varying were the emotions that surged through him. At first, he had known surprise. Then came a momentary fear, when he yelped several times to the impact of the hand. But this was quickly followed by anger. His free

21) the call that still sounded in the depths of the forest: 숲속 깊은 곳에서 아직도 들리는 그를 부르는 소리 (※ 그가 익숙했던 환경의 자연이 부르는 소리)

22) the nape of the neck: 목덜미

23) like an erratic and jerky pendulum: 불규칙적으로 움찔거리는 추처럼

nature asserted itself, and he showed his teeth and snarled fearlessly in the face of the wrathful god. This but served to make the god more wrathful. The blows came faster, heavier, more shrewd to hurt.

Grey Beaver continued to beat, White Fang continued to snarl. But this could not last for ever. One or the other must give over, and that one was White Fang. Fear surged through him again. For the first time he was being really man-handled.[24) The occasional blows of sticks and stones he had previously experienced were as caresses compared with this. He broke down and began to cry and yelp. For a time each blow brought a yelp from him; but fear passed into terror, until finally his yelps were voiced in unbroken succession, unconnected with the rhythm of the punishment.

At last Grey Beaver withheld his hand. White Fang, hanging limply, continued to cry. This seemed to satisfy his master, who flung him down roughly in the bottom of the canoe. In the meantime the canoe had drifted down the stream. Grey Beaver picked up the paddle. White Fang was in his way. He spurned him savagely with his foot. In that moment White Fang's free nature[25) flashed forth again, and he sank his teeth into the moccasined[26) foot.

The beating that had gone before was as nothing compared with the beating he now received. Grey Beaver's wrath was terrible; likewise was White Fang's fright. Not only the hand, but the hard wooden paddle was used upon him; and he was bruised and sore in all his small body when he was again flung down in

---

24) man-handled: ~을 거칠게 다루다, ~을 사람의 힘으로 움직이다, ~을 학대하다 (※ 화이트 팽이 인간에게 처음으로 잔인하게 폭력을 당하고 굴복하게 됨)

25) free nature: 자유로운 본성

26) moccasin: 북아메리카 원주민의 뒤축 없는 가죽신

the canoe. Again, and this time with purpose, did Grey Beaver kick him. White Fang did not repeat his attack on the foot. He had learned another lesson of his bondage.[27)] Never, no matter what the circumstance,[28)] must he dare to bite the god who was lord and master over him; the body of the lord and master was sacred, not to be defiled by the teeth of such as he. That was evidently the crime of crimes, the one offence there was no condoning nor overlooking.[29)]

When the canoe touched the shore, White Fang lay whimpering and motionless, waiting the will of Grey Beaver. It was Grey Beaver's will that he should go ashore, for ashore he was flung, striking heavily on his side and hurting his bruises afresh. He crawled tremblingly to his feet and stood whimpering. Lip-lip, who had watched the whole proceeding from the bank, now rushed upon him, knocking him over and sinking his teeth into him. White Fang was too helpless to defend himself, and it would have gone hard with him had not Grey Beaver's foot shot out, lifting Lip-lip into the air with its violence so that he smashed down to earth a dozen feet away. This was the man-animal's justice; and even then, in his own pitiable plight, White Fang experienced a little grateful thrill. At Grey Beaver's heels he limped obediently through the village to the tepee. And so it came that White Fang learned that the right to punish was something the gods reserved for themselves and denied to the lesser creatures under them.

That night, when all was still, White Fang remembered his

---

27) He had learned another lesson of his bondage.: 그는 속박에 대한 또 다른 교훈을 배웠다. (※ 화이트 팽과 그레이 비버의 관계는 폭력으로 맺어진 일방적인 속박이며 구속이기 때문에 진정으로 큰 힘을 발휘할 수 없다.)

28) no matter what the circumstance: 비록 어떤 상황이라고 하더라도

29) the one offence there was no condoning nor overlooking: 한 번의 위반에 대해서도 용서하거나 너그럽게 넘어가는 법이 없다

mother and sorrowed for her. He sorrowed too loudly and woke up Grey Beaver, who beat him. After that he mourned gently when the gods were around. But sometimes, straying off to the edge of the woods by himself, he gave vent to his grief, and cried it out with loud whimperings and wailings.

It was during this period that he might have harkened to the memories of the lair and the stream and run back to the Wild. But the memory of his mother held him. As the hunting man-animals went out and came back, so she would come back to the village some time. So he remained in his bondage waiting for her.

But it was not altogether[30)] an unhappy bondage.[31)] There was much to interest him. Something was always happening. There was no end to the strange things these gods did, and he was always curious to see. Besides, he was learning how to get along with Grey Beaver. Obedience, rigid, undeviating[32)] obedience, was what was exacted of him; and in return he escaped beatings and his existence was tolerated.

Nay, Grey Beaver himself sometimes tossed him a piece of meat, and defended him against the other dogs in the eating of it. And such a piece of meat was of value. It was worth more, in some strange way, then a dozen pieces of meat from the hand of a squaw. Grey Beaver never petted nor caressed. Perhaps it was the weight of his hand, perhaps his justice, perhaps the sheer power of him, and perhaps it was all these things that influenced White Fang; for a certain tie of attachment was form-

---

30) not altogether: 완전히 ~은 아니다

31) But it was not altogether an unhappy bondage.: 그러나 그것은 완전히 불행한 속박은 아니었다.

32) undeviating: 정도(正道)를 벗어나지 않는, 옆길로 벗어나지 않는, 탈선하지 않는

ing between him and his surly lord.[33)]

Insidiously,[34)] and by remote ways, as well as by the power of stick and stone and clout of hand, were the shackles of White Fang's bondage being riveted upon him. The qualities in his kind that in the beginning made it possible for them to come in to the fires of men, were qualities capable of development. They were developing in him, and the camp-life, replete with[35)] misery as it was, was secretly endearing itself to him all the time. But White Fang was unaware of it. He knew only grief for the loss of Kiche, hope for her return, and a hungry yearning for the free life that had been his.

33) surly lord: 퉁명스런 군주(신, 주인)

34) Insidiously: 모르는 사이에

35) replete with: ~으로 가득 찬

CHAPTER III
THE OUTCAST

Lip-lip continued so to darken his days that White Fang became wickeder[1] and more ferocious than it was his natural right to be. Savageness was a part of his make-up, but the savageness thus developed exceeded his make-up. He acquired a reputation for wickedness amongst the man-animals themselves. Wherever there was trouble and uproar in camp, fighting and squabbling or the outcry of a squaw over a bit of stolen meat, they were sure to find White Fang mixed up in it and usually at the bottom of it. They did not bother to look after the causes of his conduct. They saw only the effects, and the effects were bad. He was a sneak and a thief, a mischief-maker, a fomenter[2] of trouble; and irate squaws told him to his face, the while he eyed them alert and ready to dodge any quick-flung missile, that he was a wolf and worthless and bound to come to an evil end.

He found himself an outcast in the midst of the populous camp. All the young dogs followed Lip-lip's lead. There was a difference between White Fang and them. Perhaps they sensed his wild-wood breed, and instinctively felt for him the enmity that the domestic dog feels for the wolf. But be that as it may, they joined with Lip-lip in the persecution. And, once declared against him, they found good reason to continue declared against him. One and all, from time to time, they felt his teeth; and to his credit, he gave more than he received. Many of them he could whip in single fight; but single fight was denied him. The beginning of such a fight was a signal for all the young

1) wickeder: wicker

2) fomenter: 조성하는 사람

dogs in camp to come running and pitch upon him.

Out of this pack-persecution he learned two important things: how to take care of himself in a mass-fight against him — and how, on a single dog, to inflict the greatest amount of damage in the briefest space of time. To keep one's feet in the midst of the hostile mass meant life, and this he learnt well. He became cat-like in his ability to stay on his feet. Even grown dogs might hurtle him backward or sideways with the impact of their heavy bodies; and backward or sideways he would go, in the air or sliding on the ground, but always with his legs under him and his feet downward to the mother earth.

When dogs fight, there are usually preliminaries[3] to the actual combat — snarlings and bristlings and stiff-legged struttings.[4] But White Fang learned to omit these preliminaries. Delay meant the coming against him of all the young dogs. He must do his work quickly and get away. So he learnt to give no warning of his intention. He rushed in and snapped and slashed on the instant, without notice, before his foe could prepare to meet him. Thus he learned how to inflict quick and severe damage. Also he learned the value of surprise. A dog, taken off its guard, its shoulder slashed open or its ear ripped in ribbons before it knew what was happening, was a dog half whipped.

Furthermore, it was remarkably easy to overthrow a dog taken by surprise; while a dog, thus overthrown, invariably exposed for a moment the soft underside of its neck — the vulnerable point[5] at which to strike for its life. White Fang knew this point. It was a knowledge bequeathed[6] to him directly from

---

3) preliminary: 전초전

4) strutting: 점잔빼며 걷는, 점잔빼는

5) vulnerable point: 취약한 부분

6) bequeath: 유증(遺贈)하다, 남기다

the hunting generation of wolves. So it was that White Fang's method when he took the offensive, was: first to find a young dog alone; second, to surprise it and knock it off its feet; and third, to drive in with his teeth at the soft throat.

Being but partly grown his jaws had not yet become large enough nor strong enough to make his throat-attack deadly; but many a young dog went around camp with a lacerated throat in token of White Fang's intention. And one day, catching one of his enemies alone on the edge of the woods, he managed, by repeatedly overthrowing him and attacking the throat, to cut the great vein and let out the life. There was a great row that night. He had been observed, the news had been carried to the dead dog's master, the squaws remembered all the instances of stolen meat, and Grey Beaver was beset by many angry voices. But he resolutely held the door of his tepee, inside which he had placed the culprit, and refused to permit the vengeance for which his tribespeople clamoured.

White Fang became hated by man and dog. During this period of his development he never knew a moment's security. The tooth of every dog was against him, the hand of every man. He was greeted with snarls by his kind, with curses and stones by his gods. He lived tensely. He was always keyed up,[7)] alert for attack, wary of being attacked, with an eye for sudden and unexpected missiles, prepared to act precipitately[8)] and coolly, to leap in with a flash of teeth, or to leap away with a menacing snarl.

As for snarling he could snarl more terribly than any dog, young or old, in camp. The intent of the snarl is to warn or frighten, and judgment is required to know when it should be

7) keyed up: 긴장한, 몹시 흥분한, 불안한

8) precipitately; 곧바로, 돌발적으로

used. White Fang knew how to make it and when to make it. Into his snarl he incorporated all that was vicious, malignant, and horrible. With nose serrulated[9] by continuous spasms, hair bristling in recurrent waves, tongue whipping out like a red snake and whipping back again, ears flattened down, eyes gleaming hatred, lips wrinkled back, and fangs exposed and dripping, he could compel a pause on the part of almost any assailant. A temporary pause, when taken off his guard, gave him the vital moment in which to think and determine his action. But often a pause so gained lengthened out until it evolved into a complete cessation from the attack. And before more than one of the grown dogs White Fang's snarl enabled him to beat an honourable retreat.

An outcast himself from the pack of the part-grown dogs, his sanguinary methods and remarkable efficiency made the pack pay for its persecution of him. Not permitted himself to run with the pack, the curious state of affairs obtained that no member of the pack could run outside the pack. White Fang would not permit it. What of his bushwhacking[10] and waylaying[11] tactics, the young dogs were afraid to run by themselves. With the exception of Lip-lip, they were compelled to hunch together for mutual protection against the terrible enemy they had made. A puppy alone by the river bank meant a puppy dead or a puppy that aroused the camp with its shrill pain and terror as it fled back from the wolf-cub that had waylaid it.

But White Fang's reprisals[12] did not cease, even when the young dogs had learned thoroughly that they must stay together.

---

9) serrulated: 작은 톱니 모양의

10) bushwhack: 덤불을 베어 헤치다, 기습 하다

11) waylay: 매복하다, 요격하다

12) reprisal: 앙갚음, 보복

He attacked them when he caught them alone, and they attacked him when they were bunched.[13] The sight of him was sufficient to start them rushing after him, at which times his swiftness usually carried him into safety. But woe the dog that outran his fellows in such pursuit![14] White Fang had learned to turn suddenly upon the pursuer that was ahead of the pack and thoroughly to rip him up before the pack could arrive. This occurred with great frequency, for, once in full cry, the dogs were prone to[15] forget themselves in the excitement of the chase, while White Fang never forgot himself. Stealing backward glances as he ran, he was always ready to whirl around and down the overzealous pursuer that outran his fellows.

Young dogs are bound to play, and out of the exigencies[16] of the situation they realized their play in this mimic warfare. Thus it was that the hunt of White Fang became their chief game — a deadly game, withal,[17] and at all times a serious game. He, on the other hand, being the fastest-footed, was unafraid to venture anywhere. During the period that he waited vainly for his mother to come back, he led the pack many a wild chase through the adjacent woods. But the pack invariably lost him. Its noise and outcry warned him of its presence, while he ran alone, velvet-footed, silently, a moving shadow among the trees after the manner of his father and mother before him. Further he was more directly connected with the Wild than they; and he knew more of its secrets and stratagems.[18] A favourite trick of his was

---

13) bunch: (한 떼로) 모으다, 모이다

14) But woe the dog that outran his fellows in such pursuit!: 그러나 그런 추격에서 그의 동료보다 앞서 달리는 개에게 재난이 닥칠지니!

15) be prone to: ~하는 경향이 있다

16) exigency: 긴급성, 위급, 긴급사태

17) withal: 한편으로는, 더욱이, 동시에

18) stratagem: 전략, 책략(trick), 계략, 술책

to lose his trail in running water and then lie quietly in a near-by thicket while their baffled[19] cries arose around him.

Hated by his kind and by mankind, indomitable, perpetually warred upon and himself waging perpetual war, his development was rapid and one-sided. This was no soil for kindliness and affection to blossom in.[20] Of such things he had not the faintest glimmering. The code he learned was to obey the strong and to oppress the weak. Grey Beaver was a god, and strong. Therefore White Fang obeyed him. But the dog younger or smaller than himself was weak, a thing to be destroyed. His development was in the direction of power. In order to face the constant danger of hurt and even of destruction, his predatory[21] and protective faculties were unduly[22] developed. He became quicker of movement than the other dogs, swifter of foot, craftier, deadlier, more lithe,[23] more lean with ironlike muscle and sinew, more enduring, more cruel, more ferocious, and more intelligent. He had to become all these things, else he would not have held his own nor survive the hostile environment in which he found himself.[24]

---

19) baffled: 실패한, 당황스런

20) This was no soil for kindliness and affection to blossom in.: 이것은 친절과 애정이 꽃피울 수 있는 토양이 아니었다. (※ 화이트 팽의 주변 환경은 따뜻함이나 사랑이 피어날 환경이 아니라 항상 경쟁하고 전쟁터와 같은 살벌한 환경임을 강조함)

21) predatory: 약탈의

22) unduly: 과도하게

23) lithe: 유연한

24) else he would not have held his own nor survive the hostile environment in which he found himself.: 그렇지 않으면 그는 주변의 적대적인 환경에서 꿋꿋이 견디어 내거나 살아남을 수 없었을 것이다.

CHAPTER IV
THE TRAIL OF THE GODS

In the fall of the year, when the days were shortening and the bite[1] of the frost was coming into the air, White Fang got his chance for liberty. For several days there had been a great hubbub[2] in the village. The summer camp was being dismantled, and the tribe, bag and baggage, was preparing to go off to the fall hunting. White Fang watched it all with eager eyes, and when the tepees began to come down and the canoes were loading at the bank, he understood. Already the canoes were departing, and some had disappeared down the river.

Quite deliberately he determined to stay behind. He waited his opportunity to slink out of camp to the woods. Here, in the running stream where ice was beginning to form, he hid his trail. Then he crawled into the heart of a dense thicket and waited. The time passed by, and he slept intermittently[3] for hours. Then he was aroused by Grey Beaver's voice calling him by name. There were other voices. White Fang could hear Grey Beaver's squaw taking part in the search, and Mit-sah, who was Grey Beaver's son.

White Fang trembled with fear, and though the impulse came to crawl out of his hiding-place, he resisted it. After a time the voices died away, and some time after that he crept out to enjoy the success of his undertaking. Darkness was coming on, and for a while he played about among the trees, pleasuring in his

1) bite: (찬바람의) 스며드는 차가움, (음식의) 얼얼한 맛, (풍자 등의) 신랄한 맛, 통렬함

2) hubbub: 소음, 함성, 소동, 소란

3) intermittently: 간헐적으로

freedom. Then, and quite suddenly, he became aware of loneliness. He sat down to consider, listening to the silence of the forest and perturbed by it. That nothing moved nor sounded, seemed ominous. He felt the lurking of danger, unseen and unguessed. He was suspicious of the looming bulks of the trees and of the dark shadows that might conceal all manner of perilous things.

Then it was cold. Here was no warm side of a tepee against which to snuggle. The frost was in his feet, and he kept lifting first one fore-foot and then the other. He curved his bushy tail around to cover them, and at the same time he saw a vision. There was nothing strange about it. Upon his inward sight was impressed a succession of memory-pictures. He saw the camp again, the tepees, and the blaze of the fires. He heard the shrill voices of the women, the gruff basses[4)] of the men, and the snarling of the dogs. He was hungry, and he remembered pieces of meat and fish that had been thrown him. Here was no meat, nothing but a threatening and inedible[5)] silence.

His bondage had softened him. Irresponsibility had weakened him. He had forgotten how to shift for himself.[6)] The night yawned about him. His senses, accustomed to the hum and bustle of the camp, used to the continuous impact of sights and sounds, were now left idle. There was nothing to do, nothing to see nor hear. They strained to catch some interruption of the silence and immobility of nature. They were appalled[7)] by inaction and by the feel of something terrible impending.

He gave a great start of fright. A colossal and formless some-

---

4) gruff basses: 퉁명스런 낮은 소리들

5) inedible: 먹을 수 없는

6) shift for oneself: 자력으로 꾸려 나가다, 자활하다

7) appall: 오싹 소름끼치게 하다, 섬뜩하게 하다

thing was rushing across the field of his vision. It was a tree-shadow flung by the moon, from whose face the clouds had been brushed away. Reassured,[8)] he whimpered softly; then he suppressed the whimper for fear that it might attract the attention of the lurking dangers.

A tree, contracting in the cool of the night, made a loud noise. It was directly above him. He yelped in his fright. A panic seized him, and he ran madly toward the village. He knew an overpowering desire for the protection and companionship of man. In his nostrils was the smell of the camp-smoke. In his ears the camp-sounds and cries were ringing loud. He passed out of the forest and into the moonlit open where were no shadows nor darknesses. But no village greeted his eyes. He had forgotten. The village had gone away.

His wild flight ceased abruptly. There was no place to which to flee. He slunk forlornly through the deserted camp, smelling the rubbish-heaps and the discarded rags and tags of the gods. He would have been glad for the rattle of stones about him, flung by an angry squaw, glad for the hand of Grey Beaver descending upon him in wrath; while he would have welcomed with delight Lip-lip and the whole snarling, cowardly pack.

He came to where Grey Beaver's tepee had stood. In the centre of the space it had occupied, he sat down. He pointed his nose at the moon. His throat was afflicted by rigid spasms, his mouth opened, and in a heart-broken cry bubbled up his loneliness and fear, his grief for Kiche, all his past sorrows and miseries as well as his apprehension of sufferings and dangers to come. It was the long wolf-howl, full-throated and mournful, the first howl he had ever uttered.

The coming of daylight dispelled his fears but increased his

8) reassured: 안심한, 기운을 나게 하는

loneliness. The naked earth, which so shortly before had been so populous; thrust his loneliness more forcibly upon him. It did not take him long to make up his mind. He plunged into the forest and followed the river bank down the stream. All day he ran. He did not rest. He seemed made to run on for ever. His iron-like body ignored fatigue. And even after fatigue came, his heritage of endurance braced him to endless endeavor and enabled him to drive his complaining body onward.

Where the river swung in against precipitous bluffs,[9] he climbed the high mountains behind. Rivers and streams that entered the main river he forded[10] or swam. Often he took to the rim-ice that was beginning to form, and more than once he crashed through and struggled for life in the icy current. Always he was on the lookout for the trail of the gods where it might leave the river and proceed inland.

White Fang was intelligent beyond the average of his kind; yet his mental vision was not wide enough to embrace the other bank of the Mackenzie. What if the trail of the gods led out on that side? It never entered his head. Later on, when he had travelled more and grown older and wiser and come to know more of trails and rivers, it might be that he could grasp and apprehend such a possibility. But that mental power was yet in the future. Just now he ran blindly, his own bank of the Mackenzie alone entering into his calculations.

All night he ran, blundering in the darkness into mishaps and obstacles that delayed but did not daunt.[11] By the middle of the second day he had been running continuously for thirty hours, and the iron of his flesh was giving out. It was the endurance of

9) precipitous bluffs: 가파른 절벽들

10) ford: 걸어서 건너다

11) daunt: 으르다, 주춤하게 하다, ~의 기세를 꺾다

his mind that kept him going. He had not eaten in forty hours, and he was weak with hunger. The repeated drenchings[12)] in the icy water had likewise had their effect on him. His handsome coat was draggled.[13)] The broad pads of his feet were bruised and bleeding. He had begun to limp, and this limp increased with the hours. To make it worse, the light of the sky was obscured and snow began to fall — a raw, moist, melting, clinging snow, slippery under foot, that hid from him the landscape he traversed, and that covered over the inequalities of the ground so that the way of his feet was more difficult and painful.

Grey Beaver had intended camping that night on the far bank of the Mackenzie, for it was in that direction that the hunting lay. But on the near bank, shortly before dark, a moose coming down to drink, had been espied[14)] by Kloo-kooch, who was Grey Beaver's squaw. Now, had not the moose come down to drink, had not Mit-sah been steering out of the course because of the snow, had not Kloo-kooch sighted the moose, and had not Grey Beaver killed it with a lucky shot from his rifle, all subsequent things would have happened differently. Grey Beaver would not have camped on the near side of the Mackenzie, and White Fang would have passed by and gone on, either to die or to find his way to his wild brothers and become one of them — a wolf to the end of his days.

Night had fallen. The snow was flying more thickly, and White Fang, whimpering softly to himself as he stumbled and limped along, came upon a fresh trail in the snow. So fresh was it that he knew it immediately for what it was. Whining with eagerness, he followed back from the river bank and in among

---

12) drenching: 흠뻑 적시기

13) draggle: 질질 끌어 더럽히다

14) espied: espy, 발견하다, 찾아내다

the trees. The camp-sounds came to his ears. He saw the blaze of the fire, Kloo-kooch cooking, and Grey Beaver squatting on his hams and mumbling[15] a chunk of raw tallow. There was fresh meat in camp!

White Fang expected a beating. He crouched and bristled a little at the thought of it. Then he went forward again. He feared and disliked the beating he knew to be waiting for him. But he knew, further, that the comfort of the fire would be his, the protection of the gods, the companionship of the dogs — the last, a companionship of enmity, but none the less a companionship and satisfying to his gregarious[16] needs.

He came cringing[17] and crawling into the firelight. Grey Beaver saw him, and stopped munching[18] the tallow. White Fang crawled slowly, cringing and grovelling in the abjectness[19] of his abasement and submission. He crawled straight toward Grey Beaver, every inch of his progress becoming slower and more painful. At last he lay at the master's feet, into whose possession he now surrendered himself, voluntarily, body and soul.[20] Of his own choice, he came in to sit by man's fire and to be ruled by him. White Fang trembled, waiting for the punishment to fall upon him. There was a movement of the hand above him. He cringed involuntarily under the expected blow. It did not fall. He stole a glance upward. Grey Beaver was breaking the lump of tallow in half! Grey Beaver was offering him one piece of the tallow! Very gently and somewhat suspiciously, he first smelled the tallow and then proceeded to eat it. Grey

15) mumble: 우물우물 씹다
16) gregarious: 군거(群居)하는, 군생하는
17) cringing: cringe, 굽실거리다, 아첨하다
18) munch: 우적우적 먹다, 으드득으드득 깨물다
19) abjectness: 영락, 비참, 절망
20) body and soul: 육체와 정신, 전적으로

Beaver ordered meat to be brought to him, and guarded him from the other dogs while he ate. After that, grateful and content, White Fang lay at Grey Beaver's feet, gazing at the fire that warmed him, blinking and dozing, secure in the knowledge that the morrow would find him, not wandering forlorn through bleak forest-stretches, but in the camp of the man-animals, with the gods to whom he had given himself and upon whom he was now dependent.

CHAPTER V
THE COVENANT

When December was well along, Grey Beaver went on a journey up the Mackenzie. Mit-sah and Kloo-kooch went with him. One sled he drove himself, drawn by dogs he had traded for or borrowed. A second and smaller sled was driven by Mit-sah, and to this was harnessed a team of puppies. It was more of a toy affair than anything else, yet it was the delight of Mit-sah, who felt that he was beginning to do a man's work in the world. Also, he was learning to drive dogs and to train dogs; while the puppies themselves were being broken in to the harness. Furthermore, the sled was of some service, for it carried nearly two hundred pounds of outfit and food.

White Fang had seen the camp-dogs toiling in the harness, so that he did not resent overmuch the first placing of the harness upon himself. About his neck was put a moss-stuffed collar,[1] which was connected by two pulling-traces to a strap that passed around his chest and over his back. It was to this that was fastened the long rope by which he pulled at the sled.

There were seven puppies in the team. The others had been born earlier in the year and were nine and ten months old, while White Fang was only eight months old. Each dog was fastened to the sled by a single rope. No two ropes were of the same length, while the difference in length between any two ropes was at least that of a dog's body. Every rope was brought to a ring at the front end of the sled. The sled itself was without runners, being a birch-bark toboggan,[2] with upturned[3] forward

---

1) a moss-stuffed collar: 이끼가 채워진 목걸이 마구

2) toboggan: 터보건(바닥이 평평한 썰매의 일종)

3) upturned: 위로 향한, 끝이 구부러진

end to keep it from ploughing under the snow. This construction enabled the weight of the sled and load to be distributed over the largest snow-surface; for the snow was crystal-powder and very soft. Observing the same principle of widest distribution of weight, the dogs at the ends of their ropes radiated fan-fashion[4)] from the nose[5)] of the sled, so that no dog trod in another's footsteps.

There was, furthermore, another virtue[6)] in the fan-formation. The ropes of varying length prevented the dogs attacking from the rear those that ran in front of them. For a dog to attack another, it would have to turn upon one at a shorter rope. In which case it would find itself face to face with the dog attacked, and also it would find itself facing the whip of the driver. But the most peculiar virtue of all lay in the fact that the dog that strove to attack one in front of him must pull the sled faster, and that the faster the sled travelled, the faster could the dog attacked run away. Thus, the dog behind could never catch up with[7)] the one in front. The faster he ran, the faster ran the one he was after, and the faster ran all the dogs. Incidentally,[8)] the sled went faster, and thus, by cunning indirection, did man increase his mastery over the beasts.

Mit-sah resembled his father, much of whose grey wisdom he possessed. In the past he had observed Lip-lip's persecution of White Fang; but at that time Lip-lip was another man's dog, and Mit-sah had never dared more than to shy an occasional stone at him. But now Lip-lip was his dog, and he proceeded to

4) fan-fashion: 부채꼴 방식

5) nose: 뱃머리, 이물, 선단

6) virtue: 장점

7) catch up with: 따라잡다

8) incidentally: 말하자면, 덧붙여 말하면, 부수적으로

wreak his vengeance on him by putting him at the end of the longest rope. This made Lip-lip the leader, and was apparently an honour! but in reality it took away from him all honour, and instead of being bully and master of the pack, he now found himself hated and persecuted by the pack.

Because he ran at the end of the longest rope, the dogs had always the view of him running away before them. All that they saw of him was his bushy tail and fleeing hind legs — a view far less ferocious and intimidating than his bristling mane and gleaming fangs. Also, dogs being so constituted in their mental ways, the sight of him running away gave desire to run after him and a feeling that he ran away from them.

The moment the sled started, the team took after Lip-lip in a chase that extended throughout the day. At first he had been prone to turn upon his pursuers, jealous of his dignity and wrathful; but at such times Mit-sah would throw the stinging lash of the thirty-foot cariboo-gut[9)] whip into his face and compel him to turn tail and run on. Lip-lip might face the pack, but he could not face that whip, and all that was left him to do was to keep his long rope taut[10)] and his flanks ahead of the teeth of his mates.

But a still greater cunning lurked in the recesses of the Indian mind. To give point to[11)] unending pursuit of the leader, Mit-sah favoured[12)] him over the other dogs. These favours aroused in them jealousy and hatred. In their presence Mit-sah would give him meat and would give it to him only. This was maddening to them. They would rage around just outside the throwing-

9) cariboo: caribou 삼림순록, gut: 내장

10) taut: 팽팽하게 친

11) give point to: ~을 뾰족하게 하다, ~을 강조하다

12) favour: 편애하다, 두둔하다

distance of the whip, while Lip-lip devoured the meat and Mit-sah protected him. And when there was no meat to give, Mit-sah would keep the team at a distance and make believe to give meat to Lip-lip.

White Fang took kindly to[13] the work. He had travelled a greater distance than the other dogs in the yielding of himself to the rule of the gods, and he had learned more thoroughly the futility of opposing their will. In addition, the persecution he had suffered from the pack had made the pack less to him in the scheme of things, and man more. He had not learned to be dependent on his kind for companionship. Besides, Kiche was well-nigh[14] forgotten; and the chief outlet of expression that remained to him was in the allegiance he tendered the gods he had accepted as masters. So he worked hard, learned discipline, and was obedient. Faithfulness and willingness characterized his toil.[15] These are essential traits of the wolf and the wild-dog when they have become domesticated, and these traits White Fang possessed in unusual measure.

A companionship did exist between White Fang and the other dogs, but it was one of warfare and enmity. He had never learned to play with them. He knew only how to fight, and fight with them he did, returning to them a hundred-fold the snaps and slashes they had given him in the days when Lip-lip was leader of the pack. But Lip-lip was no longer leader — except when he fled away before his mates at the end of his rope, the sled bounding along behind. In camp he kept close to Mit-sah or Grey Beaver or Kloo-kooch. He did not dare venture away

13) take kindly to: ~이 좋아지다, ~이 마음에 들다, ~을 자진해서 받아들이다

14) well-nigh: 거의

15) Faithfulness and willingness characterized his toil.: 그의 수고와 노력은 충실하고 자발적인 특징을 지녔다.

from the gods, for now the fangs of all dogs were against him, and he tasted to the dregs[16] the persecution that had been White Fang's.

With the overthrow of Lip-lip, White Fang could have become leader of the pack. But he was too morose[17] and solitary for that. He merely thrashed his team-mates. Otherwise he ignored them. They got out of his way when he came along; nor did the boldest of them ever dare to rob him of his meat. On the contrary, they devoured their own meat hurriedly, for fear that he would take it away from them. White Fang knew the law well: to oppress the weak and obey the strong. He ate his share of meat as rapidly as he could. And then woe the dog that had not yet finished! A snarl and a flash of fangs, and that dog would wail his indignation to the uncomforting stars while White Fang finished his portion[18] for him.

Every little while,[19] however, one dog or another would flame up[20] in revolt and be promptly subdued. Thus White Fang was kept in training. He was jealous of the isolation in which he kept himself in the midst of the pack, and he fought often to maintain it. But such fights were of brief duration. He was too quick for the others. They were slashed open and bleeding before they knew what had happened, were whipped almost before they had begun to fight.

As rigid as the sled-discipline of the gods, was the discipline maintained by White Fang amongst his fellows. He never allowed them any latitude. He compelled them to an unremit-

---

16) taste to the dregs: (단맛 쓴맛) 모두 맛보다, 마지막까지 경험하다

17) morose: 침울한

18) portion: 음식의 몫

19) every little while: 이따금씩, 매순간

20) flame up: 발끈하다

ting[21] respect for him. They might do as they pleased amongst themselves. That was no concern of his. But it was his concern that they leave him alone in his isolation, get out of his way when he elected to walk among them, and at all times acknowledge his mastery over them. A hint of stiff-leggedness on their part, a lifted lip or a bristle of hair, and he would be upon them, merciless and cruel, swiftly convincing them of the error of their way.

He was a monstrous tyrant. His mastery was rigid as steel. He oppressed the weak with a vengeance. Not for nothing had he been exposed to the pitiless struggles for life in the day of his cubhood, when his mother and he, alone and unaided, held their own and survived in the ferocious environment of the Wild. And not for nothing had he learned to walk softly when superior strength went by. He oppressed the weak, but he respected the strong. And in the course of the long journey with Grey Beaver he walked softly indeed amongst the full-grown dogs in the camps of the strange man-animals they encountered.

The months passed by. Still continued the journey of Grey Beaver. White Fang's strength was developed by the long hours on trail and the steady toil at the sled; and it would have seemed that his mental development was well-nigh complete. He had come to know quite thoroughly the world in which he lived. His outlook[22] was bleak and materialistic. The world as he saw it was a fierce and brutal world, a world without warmth, a world in which caresses and affection and the bright sweetnesses of the spirit did not exist.

He had no affection for Grey Beaver. True, he was a god, but a most savage god. White Fang was glad to acknowledge

---

21) unremitting: 간단없는, 끊임없는, 끈질긴

22) outlook: 견해, 관점

his lordship, but it was a lordship based upon superior intelligence and brute strength. There was something in the fibre of White Fang's being that made his lordship a thing to be desired, else he would not have come back from the Wild when he did to tender his allegiance. There were deeps in his nature which had never been sounded. A kind word, a caressing touch of the hand, on the part of Grey Beaver, might have sounded these deeps; but Grey Beaver did not caress, nor speak kind words. It was not his way. His primacy was savage, and savagely he ruled, administering justice with a club, punishing transgression with the pain of a blow, and rewarding merit, not by kindness, but by withholding a blow.

So White Fang knew nothing of the heaven a man's hand might contain for him. Besides, he did not like the hands of the man-animals. He was suspicious of them. It was true that they sometimes gave meat, but more often they gave hurt. Hands were things to keep away from. They hurled stones, wielded sticks and clubs and whips, administered slaps and clouts, and, when they touched him, were cunning to hurt with pinch and twist and wrench. In strange villages he had encountered the hands of the children and learned that they were cruel to hurt. Also, he had once nearly had an eye poked out by a toddling[23) papoose.[24) From these experiences he became suspicious of all children. He could not tolerate them. When they came near with their ominous hands, he got up.

It was in a village at the Great Slave Lake, that, in the course of resenting the evil of the hands of the man-animals, he came to modify the law that he had learned from Grey Beaver: namely, that the unpardonable crime was to bite one of the gods. In

23) toddling: 아장아장 걷는

24) papoose: (북아메리카 원주민의) 어린애, (일반적) 젖먹이

this village, after the custom of all dogs in all villages, White Fang went foraging, for food. A boy was chopping frozen moose-meat with an axe, and the chips were flying in the snow. White Fang, sliding by in quest of meat, stopped and began to eat the chips. He observed the boy lay down the axe and take up a stout club. White Fang sprang clear, just in time to escape the descending blow. The boy pursued him, and he, a stranger in the village, fled between two tepees to find himself cornered against a high earth bank.

There was no escape for White Fang. The only way out was between the two tepees, and this the boy guarded. Holding his club prepared to strike, he drew in on his cornered quarry. White Fang was furious. He faced the boy, bristling and snarling, his sense of justice outraged. He knew the law of forage. All the wastage of meat, such as the frozen chips, belonged to the dog that found it. He had done no wrong, broken no law, yet here was this boy preparing to give him a beating. White Fang scarcely knew what happened. He did it in a surge of rage. And he did it so quickly that the boy did not know either. All the boy knew was that he had in some unaccountable way been overturned into the snow, and that his club-hand had been ripped wide open by White Fang's teeth.

But White Fang knew that he had broken the law of the gods. He had driven his teeth into the sacred flesh of one of them, and could expect nothing but a most terrible punishment. He fled away to Grey Beaver, behind whose protecting legs he crouched when the bitten boy and the boy's family came, demanding vengeance. But they went away with vengeance unsatisfied. Grey Beaver defended White Fang. So did Mit-sah and Kloo-kooch. White Fang, listening to the wordy war[25)] and watching the an-

25) wordy war: 말싸움

gry gestures, knew that his act was justified. And so it came that he learned there were gods and gods. There were his gods, and there were other gods, and between them there was a difference. Justice or injustice, it was all the same, he must take all things from the hands of his own gods. But he was not compelled to take injustice from the other gods. It was his privilege to resent it with his teeth. And this also was a law of the gods.

Before the day was out, White Fang was to learn more about this law. Mit-sah, alone, gathering firewood in the forest, encountered the boy that had been bitten. With him were other boys. Hot words passed. Then all the boys attacked Mit-sah. It was going hard with him. Blows were raining upon him from all sides. White Fang looked on at first. This was an affair of the gods, and no concern of his. Then he realised that this was Mit-sah, one of his own particular gods, who was being maltreated. It was no reasoned impulse that made White Fang do what he then did. A mad rush of anger sent him leaping in amongst the combatants. Five minutes later the landscape was covered with fleeing boys, many of whom dripped blood upon the snow in token that White Fang's teeth had not been idle. When Mit-sah told the story in camp, Grey Beaver ordered meat to be given to White Fang. He ordered much meat to be given, and White Fang, gorged and sleepy by the fire, knew that the law had received its verification.

It was in line with[26] these experiences that White Fang came to learn the law of property and the duty of the defence of property. From the protection of his god's body to the protection of his god's possessions was a step, and this step he made. What was his god's was to be defended against all the world — even to the extent of biting other gods. Not only was such an act

26) be in line with: ~와 일치하다

sacrilegious in its nature, but it was fraught with peril. The gods were all-powerful, and a dog was no match against them; yet White Fang learned to face them, fiercely belligerent and unafraid. Duty rose above fear, and thieving gods learned to leave Grey Beaver's property alone.

One thing, in this connection, White Fang quickly learnt, and that was that a thieving god was usually a cowardly god and prone to run away at the sounding of the alarm. Also, he learned that but brief time elapsed between his sounding of the alarm and Grey Beaver coming to his aid. He came to know that it was not fear of him that drove the thief away, but fear of Grey Beaver. White Fang did not give the alarm by barking. He never barked. His method was to drive straight at the intruder, and to sink his teeth in if he could. Because he was morose and solitary, having nothing to do with the other dogs, he was unusually fitted to guard his master's property; and in this he was encouraged and trained by Grey Beaver. One result of this was to make White Fang more ferocious and indomitable, and more solitary.

The months went by, binding stronger and stronger the covenant between dog and man. This was the ancient covenant that the first wolf that came in from the Wild entered into with man. And, like all succeeding wolves and wild dogs that had done likewise, White Fang worked the covenant out for himself. The terms were simple. For the possession of a flesh-and-blood god, he exchanged his own liberty. Food and fire, protection and companionship, were some of the things he received from the god. In return, he guarded the god's property, defended his body, worked for him, and obeyed him.

The possession of a god implies service. White Fang's was a service of duty and awe, but not of love.[27] He did not know

---

27) White Fang's was a service of duty and awe, but not of love.: 화이트 팽의

what love was. He had no experience of love. Kiche was a remote memory. Besides, not only had he abandoned the Wild and his kind when he gave himself up to man, but the terms of the covenant were such that if ever he met Kiche again he would not desert his god to go with her. His allegiance to man seemed somehow a law of his being greater than the love of liberty, of kind and kin.

주인에 대한 봉사(섬김)은 의무와 두려움에 의한 것이지 사랑의 발로가 아니었다. (※ Jack London은 화이트 팽과 그레이 비버 사이의 관계는 진정한 존경과 따뜻한 사랑의 관계가 아니라는 것을 강조하고 있다.)

CHAPTER VI
THE FAMINE

The spring of the year was at hand when Grey Beaver finished his long journey. It was April, and White Fang was a year old when he pulled into the home villages and was loosed from the harness by Mit-sah. Though a long way from his full growth, White Fang, next to Lip-lip, was the largest yearling[1)] in the village. Both from his father, the wolf, and from Kiche, he had inherited stature and strength, and already he was measuring up alongside[2)] the full-grown dogs. But he had not yet grown compact. His body was slender and rangy,[3)] and his strength more stringy than massive, His coat was the true wolf-grey, and to all appearances he was true wolf himself. The quarter-strain[4)] of dog he had inherited from Kiche had left no mark on him physically, though it had played its part in his mental make-up.

He wandered through the village, recognizing with staid satisfaction the various gods he had known before the long journey. Then there were the dogs, puppies growing up like himself, and grown dogs that did not look so large and formidable as the memory pictures he retained of them. Also, he stood less in fear of them than formerly, stalking among them with a certain careless ease that was as new to him as it was enjoyable.

There was Baseek, a grizzled old fellow that in his younger days had but to uncover his fangs to send White Fang cringing

1) yearling: (동물의) 1년생

2) alongside: ~와 나란히

3) rangy: 팔다리가 껑충한, (짐승이) 돌아다니기에 알맞은

4) quarter-strain: 4분의 1의 기질

and crouching to the right about. From him White Fang had learned much of his own insignificance; and from him he was now to learn much of the change and development that had taken place in himself. While Baseek had been growing weaker with age, White Fang had been growing stronger with youth.

It was at the cutting-up of a moose, fresh-killed, that White Fang learned of the changed relations in which he stood to the dog-world. He had got for himself a hoof and part of the shin-bone,[5] to which quite a bit of meat was attached. Withdrawn from the immediate scramble of the other dogs — in fact out of sight behind a thicket — he was devouring his prize, when Baseek rushed in upon him. Before he knew what he was doing, he had slashed the intruder twice and sprung clear. Baseek was surprised by the other's temerity[6] and swiftness of attack. He stood, gazing stupidly across at White Fang, the raw, red shin-bone between them.

Baseek was old, and already he had come to know the increasing valour of the dogs it had been his wont to bully. Bitter experiences these, which, perforce,[7] he swallowed, calling upon all his wisdom to cope with them. In the old days he would have sprung upon White Fang in a fury of righteous wrath. But now his waning powers would not permit such a course. He bristled fiercely and looked ominously across the shin-bone at White Fang. And White Fang, resurrecting quite a deal of the old awe, seemed to wilt and to shrink in upon himself and grow small, as he cast about in his mind for a way to beat a retreat not too inglorious.

And right here Baseek erred. Had he contented himself with

---

5) shin-bone: 정강이뼈, 경골

6) temerity: 무모(한 행위), 만용

7) perforce: 억지로, 무리로, 강제적으로, 부득이

looking fierce and ominous, all would have been well. White Fang, on the verge of retreat, would have retreated, leaving the meat to him. But Baseek did not wait. He considered the victory already his and stepped forward to the meat. As he bent his head carelessly to smell it, White Fang bristled slightly. Even then it was not too late for Baseek to retrieve the situation. Had he merely stood over the meat, head up and glowering, White Fang would ultimately have slunk away. But the fresh meat was strong in Baseek's nostrils, and greed urged him to take a bite of it.

This was too much for White Fang.[8)] Fresh upon his months of mastery over his own team-mates, it was beyond his self-control to stand idly by while another devoured the meat that belonged to him. He struck, after his custom, without warning. With the first slash, Baseek's right ear was ripped into ribbons. He was astounded at the suddenness of it. But more things, and most grievous ones, were happening with equal suddenness. He was knocked off his feet. His throat was bitten. While he was struggling to his feet the young dog sank teeth twice into his shoulder. The swiftness of it was bewildering. He made a futile rush at White Fang, clipping the empty air with an outraged snap. The next moment his nose was laid open, and he was staggering backward away from the meat.

The situation was now reversed. White Fang stood over the shin-bone, bristling and menacing, while Baseek stood a little way off, preparing to retreat. He dared not risk a fight with this young lightning-flash, and again he knew, and more bitterly, the enfeeblement[9)] of oncoming age. His attempt to maintain his

8) This was too much for White Fang.: 이것은 화이트 팽이 참기에는 너무 무리였다.

9) enfeeblement: 쇠약

dignity was heroic. Calmly turning his back upon young dog and shin-bone, as though both were beneath his notice and unworthy of his consideration, he stalked grandly away. Nor, until well out of sight, did he stop to lick his bleeding wounds.

The effect on White Fang was to give him a greater faith in himself, and a greater pride. He walked less softly among the grown dogs; his attitude toward them was less compromising. Not that he went out of his way looking for trouble. Far from it. But upon his way he demanded consideration. He stood upon his right to go his way unmolested[10] and to give trail to no dog. He had to be taken into account, that was all. He was no longer to be disregarded and ignored, as was the lot of puppies, and as continued to be the lot of the puppies that were his team-mates. They got out of the way, gave trail to the grown dogs, and gave up meat to them under compulsion. But White Fang, uncompanionable, solitary, morose, scarcely looking to right or left, redoubtable, forbidding of aspect, remote and alien, was accepted as an equal by his puzzled elders. They quickly learned to leave him alone, neither venturing hostile acts nor making overtures of friendliness. If they left him alone, he left them alone — a state of affairs that they found, after a few encounters, to be pre-eminently desirable.

In midsummer White Fang had an experience. Trotting along in his silent way to investigate a new tepee which had been erected on the edge of the village while he was away with the hunters after moose, he came full upon[11] Kiche. He paused and looked at her. He remembered her vaguely, but he remembered her, and that was more than could be said for her. She lifted her lip at him in the old snarl of menace, and his memory became

10) unmolested: 방해되지 않은, 괴로움을 겪지 않은, 평온한

11) come full upon: 완전히 우연히 만나다

clear. His forgotten cubhood, all that was associated with that familiar snarl, rushed back to him. Before he had known the gods, she had been to him the centre-pin of the universe. The old familiar feelings of that time came back upon him, surged up within him. He bounded towards her joyously, and she met him with shrewd fangs that laid his cheek open to the bone. He did not understand. He backed away, bewildered and puzzled.

But it was not Kiche's fault. A wolf-mother was not made to remember her cubs of a year or so before. So she did not remember White Fang. He was a strange animal, an intruder; and her present litter of puppies gave her the right to resent such intrusion.

One of the puppies sprawled up to White Fang. They were half-brothers, only they did not know it. White Fang sniffed the puppy curiously, whereupon Kiche rushed upon him, gashing his face a second time. He backed farther away. All the old memories and associations died down again and passed into the grave from which they had been resurrected. He looked at Kiche licking her puppy and stopping now and then to snarl at him. She was without value to him. He had learned to get along without her. Her meaning was forgotten. There was no place for her in his scheme of things, as there was no place for him in hers.

He was still standing, stupid and bewildered, the memories forgotten, wondering what it was all about, when Kiche attacked him a third time, intent on driving him away altogether from the vicinity.[12)] And White Fang allowed himself to be driven away. This was a female of his kind, and it was a law of his kind that the males must not fight the females. He did not know anything about this law, for it was no generalization of

12) vicinity: 가까움, 근접

the mind, not a something acquired by experience of the world. He knew it as a secret prompting, as an urge of instinct — of the same instinct that made him howl at the moon and stars of nights, and that made him fear death and the unknown.

The months went by. White Fang grew stronger, heavier, and more compact, while his character was developing along the lines laid down by his heredity and his environment.[13] His heredity was a life-stuff that may be likened to[14] clay. It possessed many possibilities, was capable of being moulded into many different forms. Environment served to model the clay, to give it a particular form. Thus, had White Fang never come in to the fires of man, the Wild would have moulded him into a true wolf. But the gods had given him a different environment, and he was moulded into a dog that was rather wolfish, but that was a dog and not a wolf.

And so, according to the clay of his nature and the pressure of his surroundings, his character was being moulded into a certain particular shape. There was no escaping it. He was becoming more morose, more uncompanionable, more solitary, more ferocious; while the dogs were learning more and more that it was better to be at peace with him than at war, and Grey Beaver was coming to prize him more greatly with the passage of each day.

White Fang, seeming to sum up strength in all his qualities, nevertheless suffered from one besetting[15] weakness. He could not stand being laughed at. The laughter of men was a hateful thing. They might laugh among themselves about anything they

13) along the lines laid down by his heredity and his environment: 그의 유전과 환경에 의해 정해진 선을 따라 (Jack London은 화이트 팽처럼 인간도 유전과 환경에 의해 성격이 결정된다고 생각함)

14) be likened to: ~에 비유되다, 견주다

15) besetting: 에워싸는, 끊임없이 괴롭히는

pleased except himself, and he did not mind. But the moment laughter was turned upon him he would fly into a most terrible rage. Grave, dignified, sombre, a laugh made him frantic to ridiculousness. It so outraged him and upset him that for hours he would behave like a demon. And woe to the dog that at such times ran foul of him. He knew the law too well to take it out of Grey Beaver; behind Grey Beaver were a club and godhead.[16] But behind the dogs there was nothing but space, and into this space they flew when White Fang came on the scene, made mad by laughter.

In the third year of his life there came a great famine to the Mackenzie Indians. In the summer the fish failed. In the winter the cariboo forsook their accustomed track. Moose were scarce, the rabbits almost disappeared, hunting and preying animals perished. Denied their usual food-supply, weakened by hunger, they fell upon and devoured one another. Only the strong survived. White Fang's gods were always hunting animals. The old and the weak of them died of hunger. There was wailing in the village, where the women and children went without in order that what little they had might go into the bellies of the lean and hollow-eyed[17] hunters who trod the forest in the vain pursuit of meat.

To such extremity were the gods driven that they ate the soft-tanned leather of their mocassins and mittens, while the dogs ate the harnesses off their backs and the very whip-lashes. Also, the dogs ate one another, and also the gods ate the dogs. The weakest and the more worthless were eaten first. The dogs that still lived, looked on and understood. A few of the boldest and wisest forsook the fires of the gods, which had now become a shambles, and fled into the forest, where, in the end, they

---

16) godhead: 신성, 신격

17) hollow-eyed: 눈이 우묵한

starved to death or were eaten by wolves.

In this time of misery, White Fang, too, stole away into the woods. He was better fitted for the life than the other dogs, for he had the training of his cubhood to guide him. Especially adept[18] did he become in stalking small living things. He would lie concealed for hours, following every movement of a cautious tree-squirrel, waiting, with a patience as huge as the hunger he suffered from, until the squirrel ventured out upon the ground. Even then, White Fang was not premature. He waited until he was sure of striking before the squirrel could gain a tree-refuge. Then, and not until then, would he flash from his hiding-place, a grey projectile, incredibly swift, never failing its mark — the fleeing squirrel that fled not fast enough.

Successful as he was with squirrels, there was one difficulty that prevented him from living and growing fat on them. There were not enough squirrels. So he was driven to hunt still smaller things. So acute did his hunger become at times that he was not above rooting out wood-mice from their burrows in the ground. Nor did he scorn to do battle with a weasel as hungry as himself and many times more ferocious.

In the worst pinches of the famine he stole back to the fires of the gods. But he did not go into the fires. He lurked in the forest, avoiding discovery and robbing the snares at the rare intervals when game was caught. He even robbed Grey Beaver's snare of a rabbit at a time when Grey Beaver staggered and tottered through the forest, sitting down often to rest, what of weakness and of shortness of breath.

One day While Fang encountered a young wolf, gaunt and scrawny, loose-jointed with famine. Had he not been hungry himself, White Fang might have gone with him and eventually

18) adept: 숙련된, 정통한

found his way into the pack amongst his wild brethren. As it was,[19] he ran the young wolf down and killed and ate him.

Fortune seemed to favour him. Always, when hardest pressed for food, he found something to kill. Again, when he was weak, it was his luck that none of the larger preying animals chanced upon him. Thus, he was strong from the two days' eating a lynx had afforded him when the hungry wolf-pack ran full tilt upon him. It was a long, cruel chase, but he was better nourished than they, and in the end outran them. And not only did he outrun them, but, circling widely back on his track, he gathered in one of his exhausted pursuers.

After that he left that part of the country and journeyed over to the valley wherein he had been born. Here, in the old lair, he encountered Kiche. Up to her old tricks, she, too, had fled the inhospitable fires of the gods and gone back to her old refuge to give birth to her young. Of this litter but one remained alive when White Fang came upon the scene, and this one was not destined to live long. Young life had little chance in such a famine.

Kiche's greeting of her grown son was anything but affectionate. But White Fang did not mind. He had outgrown his mother. So he turned tail philosophically and trotted on up the stream. At the forks he took the turning to the left, where he found the lair of the lynx with whom his mother and he had fought long before. Here, in the abandoned lair, he settled down and rested for a day.

During the early summer, in the last days of the famine, he met Lip-lip, who had likewise taken to the woods, where he had eked out a miserable existence.[20] White Fang came upon him

---

19) As it was: 사실은

20) where he had eked out a miserable existence: 그곳에서 비참하게 생존을 겨우 이어가고 있었다. eke out: (생활을) 해나가다

unexpectedly. Trotting in opposite directions along the base of a high bluff, they rounded a corner of rock and found themselves face to face. They paused with instant alarm, and looked at each other suspiciously.

White Fang was in splendid condition. His hunting had been good, and for a week he had eaten his fill. He was even gorged from his latest kill. But in the moment he looked at Lip-lip his hair rose on end all along his back. It was an involuntary bristling on his part, the physical state that in the past had always accompanied the mental state produced in him by Lip-lip's bullying and persecution. As in the past he had bristled and snarled at sight of Lip-lip, so now, and automatically, he bristled and snarled. He did not waste any time. The thing was done thoroughly and with despatch. Lip-lip essayed[21] to back away, but White Fang struck him hard, shoulder to shoulder. Lip-lip was overthrown and rolled upon his back. White Fang's teeth drove into the scrawny[22] throat. There was a death-struggle, during which White Fang walked around, stiff-legged and observant. Then he resumed his course and trotted on along the base of the bluff.

One day, not long after, he came to the edge of the forest, where a narrow stretch of open land sloped down to the Mackenzie. He had been over this ground before, when it was bare, but now a village occupied it. Still hidden amongst the trees, he paused to study the situation. Sights and sounds and scents were familiar to him. It was the old village changed to a new place. But sights and sounds and smells were different from those he had last had when he fled away from it. There was no whimpering nor wailing. Contented sounds saluted his ear, and when he

21) essay: 시도하다

22) scrawny; 앙상한, 여윈, 마른

heard the angry voice of a woman he knew it to be the anger that proceeds from a full stomach. And there was a smell in the air of fish. There was food. The famine was gone. He came out boldly from the forest and trotted into camp straight to Grey Beaver's tepee. Grey Beaver was not there; but Kloo-kooch welcomed him with glad cries and the whole of a fresh-caught fish,[23] and he lay down to wait Grey Beaver's coming.

23) the whole of a fresh-caught fish: 갓 잡은 물고기를 통째로

PART FOUR: THE SUPERIOR GODS

CHAPTER I
THE ENEMY OF HIS KIND

Had there been in White Fang's nature any possibility, no matter how remote, of his ever coming to fraternize[1] with his kind, such possibility was irretrievably[2] destroyed when he was made leader of the sled-team. For now the dogs hated him — hated him for the extra meat bestowed upon him by Mit-sah; hated him for all the real and fancied favours he received; hated him for that he fled always at the head of the team, his waving brush of a tail and his perpetually retreating hind-quarters[3] for ever maddening their eyes.

And White Fang just as bitterly hated them back. Being sled-leader was anything but gratifying to him. To be compelled to run away before the yelling pack, every dog of which, for three years, he had thrashed and mastered, was almost more than he could endure. But endure it he must, or perish, and the life that was in him had no desire to perish out. The moment Mit-sah gave his order for the start, that moment the whole team, with eager, savage cries, sprang forward at White Fang.

There was no defence for him. If he turned upon them, Mit-sah would throw the stinging lash of the whip into his face. Only remained to him to run away. He could not encounter that howling horde with his tail and hind-quarters. These were

1) fraternize: 친하게 사귀다

2) irretrievably: 회복할 수 없도록

3) hind-quarter: (짐승의) 궁둥이와 뒷다리

scarcely fit weapons with which to meet the many merciless fangs. So run away he did, violating his own nature and pride with every leap he made, and leaping all day long.

One cannot violate the promptings of one's nature without having that nature recoil upon itself. Such a recoil is like that of a hair, made to grow out from the body, turning unnaturally upon the direction of its growth and growing into the body—a rankling,[4)] festering[5)] thing of hurt. And so with White Fang. Every urge of his being impelled him to spring upon the pack that cried at his heels, but it was the will of the gods that this should not be; and behind the will, to enforce it, was the whip of cariboo-gut with its biting thirty-foot lash. So White Fang could only eat his heart in bitterness and develop a hatred and malice commensurate with the ferocity and indomitability[6)] of his nature.

If ever a creature was the enemy of its kind, White Fang was that creature. He asked no quarter,[7)] gave none. He was continually marred and scarred by the teeth of the pack, and as continually he left his own marks upon the pack. Unlike most leaders, who, when camp was made and the dogs were unhitched,[8)] huddled near to the gods for protection, White Fang disdained such protection. He walked boldly about the camp, inflicting punishment in the night for what he had suffered in the day. In the time before he was made leader of the team, the pack had learned to get out of his way. But now it was different. Excited by the day-long pursuit of him, swayed subconsciously by the

4) rankle: 끊임없이 마음을 괴롭히다

5) fester: 곪다, 쑤시다, 괴로워하다, 괴롭히다

6) indomitability: 불굴, 완강함

7) quarter: (항복한 적에게 보이는) 자비(mercy), 살려줌, 인정, 관대(indulgence)

8) unhitch: (매어둔 말 따위를) 풀다, 풀어놓다

insistent iteration on their brains of the sight of him fleeing away, mastered by the feeling of mastery enjoyed all day, the dogs could not bring themselves to give way to him. When he appeared amongst them, there was always a squabble. His progress was marked by snarl and snap and growl. The very atmosphere he breathed was surcharged with[9] hatred and malice, and this but served to increase the hatred and malice within him.

When Mit-sah cried out his command for the team to stop, White Fang obeyed. At first this caused trouble for the other dogs. All of them would spring upon the hated leader only to find the tables turned. Behind him would be Mit-sah, the great whip singing in his hand. So the dogs came to understand that when the team stopped by order, White Fang was to be let alone. But when White Fang stopped without orders, then it was allowed them to spring upon him and destroy him if they could. After several experiences, White Fang never stopped without orders. He learned quickly. It was in the nature of things, that he must learn quickly if he were to survive the unusually severe conditions under which life was vouchsafed[10] him.

But the dogs could never learn the lesson to leave him alone in camp. Each day, pursuing him and crying defiance at him, the lesson of the previous night was erased, and that night would have to be learned over again, to be as immediately forgotten. Besides, there was a greater consistence in their dislike of him. They sensed between themselves and him a difference of kind — cause sufficient in itself for hostility. Like him, they were domesticated wolves. But they had been domesticated for generations. Much of the Wild had been lost, so that to them the Wild was the unknown, the terrible, the ever-menacing and

9) was surcharged with: ~으로 미어지다, ~으로 가득하다

10) vouchsafe: 허용하다, 주다, 내리다

ever warring. But to him, in appearance and action and impulse, still clung the Wild. He symbolized it, was its personification: so that when they showed their teeth to him they were defending themselves against the powers of destruction that lurked in the shadows of the forest and in the dark beyond the camp-fire.

But there was one lesson the dogs did learn, and that was to keep together. White Fang was too terrible for any of them to face single-handed.[11)] They met him with the mass-formation, otherwise he would have killed them, one by one, in a night. As it was, he never had a chance to kill them. He might roll a dog off its feet, but the pack would be upon him before he could follow up and deliver the deadly throat-stroke. At the first hint of conflict, the whole team drew together and faced him. The dogs had quarrels among themselves, but these were forgotten when trouble was brewing with White Fang.

On the other hand, try as they would, they could not kill White Fang. He was too quick for them, too formidable, too wise. He avoided tight places and always backed out of[12)] it when they bade fair[13)] to surround him. While, as for getting him off his feet, there was no dog among them capable of doing the trick. His feet clung to the earth with the same tenacity that he clung to life. For that matter,[14)] life and footing were synonymous in this unending warfare with the pack, and none knew it better than White Fang.

So he became the enemy of his kind, domesticated wolves that they were, softened by the fires of man, weakened in the sheltering shadow of man's strength. White Fang was bitter and

---

11) single-handed: 한쪽 손의, 단독으로

12) back out of: 약속을 깨다, 취소하다

13) bid fair to do: ~할 것 같다, ~할 가능성이 충분히 있다

14) for that matter: 그것에 관해서는, 말이 났으니 말이지, 실제로

implacable.[15] The clay of him was so moulded. He declared a vendetta[16] against all dogs. And so terribly did he live this vendetta that Grey Beaver, fierce savage himself, could not but marvel at White Fang's ferocity. Never, he swore, had there been the like of this animal; and the Indians in strange villages swore likewise when they considered the tale of his killings amongst their dogs.

When White Fang was nearly five years old, Grey Beaver took him on another great journey, and long remembered was the havoc he worked amongst the dogs of the many villages along the Mackenzie, across the Rockies, and down the Porcupine to the Yukon. He revelled in the vengeance he wreaked[17] upon his kind. They were ordinary, unsuspecting dogs. They were not prepared for his swiftness and directness, for his attack without warning. They did not know him for what he was, a lightning-flash of slaughter. They bristled up to him, stiff-legged and challenging, while he, wasting no time on elaborate preliminaries, snapping into action like a steel spring, was at their throats and destroying them before they knew what was happening and while they were yet in the throes[18] of surprise.

He became an adept at fighting. He economized.[19] He never wasted his strength, never tussled.[20] He was in too quickly for that, and, if he missed, was out again too quickly. The dislike of the wolf for close quarters was his to an unusual degree. He could not endure a prolonged contact with another body. It smacked of danger. It made him frantic. He must be away, free,

---

15) implacable: 달래기 어려운, 화해할 수 없는, 용서 없는, 무자비한(relentless)
16) vendetta: 피의 복수(blood feud), 뿌리 깊은 반목, 숙원(宿怨)
17) wreak: (원수를) 갚다, (벌을) 주다
18) throe: 격통, 고민, 산고(産苦), 혼란
19) economize: 효율적으로 이용하다, 낭비를 피하다
20) tussle: ~와 격투하다, 싸우다

on his own legs, touching no living thing. It was the Wild still clinging to him, asserting itself through him. This feeling had been accentuated by the Ishmaelite life[21] he had led from his puppyhood. Danger lurked in contacts. It was the trap, ever the trap, the fear of it lurking deep in the life of him, woven into the fibre of him.

In consequence, the strange dogs he encountered had no chance against him. He eluded their fangs. He got them, or got away, himself untouched in either event. In the natural course of things there were exceptions to this. There were times when several dogs, pitching on to him, punished him before he could get away; and there were times when a single dog scored deeply on him. But these were accidents. In the main, so efficient a fighter had he become, he went his way unscathed.[22]

Another advantage he possessed was that of correctly judging time and distance. Not that he did this consciously, however. He did not calculate such things. It was all automatic. His eyes saw correctly, and the nerves carried the vision correctly to his brain. The parts of him were better adjusted than those of the average dog. They worked together more smoothly and steadily. His was a better, far better, nervous, mental, and muscular co-ordination. When his eyes conveyed to his brain the moving image of an action, his brain without conscious effort, knew the space that limited that action and the time required for its completion. Thus, he could avoid the leap of another dog, or the drive of its fangs, and at the same moment could seize the infinitesimal[23] fraction of time in which to deliver his own attack. Body and brain, his was a more perfected mechanism. Not that he was to

21) Ishmaelite life: 방랑자, 버림받은 자 같은 삶

22) unscathed: 상처가 없는, 다치지 않은, 상처를 입지 않은

23) infinitesimal: 극소의, 극미의

be praised for it. Nature had been more generous to him than to the average animal, that was all.

It was in the summer that White Fang arrived at Fort Yukon. Grey Beaver had crossed the great watershed between Mackenzie and the Yukon in the late winter, and spent the spring in hunting among the western outlying spurs of the Rockies. Then, after the break-up of the ice on the Porcupine, he had built a canoe and paddled down that stream to where it effected its junction with the Yukon just under the Artic circle. Here stood the old Hudson's Bay Company fort;[24] and here were many Indians, much food, and unprecedented excitement. It was the summer of 1898, and thousands of gold-hunters were going up the Yukon to Dawson and the Klondike.[25] Still hundreds of miles from their goal, nevertheless many of them had been on the way[26] for a year, and the least any of them had travelled to get that far was five thousand miles, while some had come from the other side of the world.

Here Grey Beaver stopped. A whisper of the gold-rush had reached his ears, and he had come with several bales of furs, and another of gut-sewn mittens and moccasins. He would not have ventured so long a trip had he not expected generous profits. But what he had expected was nothing to what he realized. His wildest dreams had not exceeded a hundred per cent. profit; he made a thousand per cent. And like a true Indian, he settled down to trade carefully and slowly, even if it took all summer and the rest of the winter to dispose of his goods.

It was at Fort Yukon that White Fang saw his first white men.

---

24) Company fort: 회사 교역소

25) Klondike: 클론다이크(※ 캐나다 Yukon강 유역, 골드러시(1897-98)의 중심으로 금 생산지, Jack London은 자신이 방문한 지역들을 사실적으로 언급하고 있으며 직접 경험한 사실들을 허구로 재현하고 있음)

26) be on the way: 계속 다가오는

As compared with the Indians he had known, they were to him another race of beings, a race of superior gods. They impressed him as possessing superior power, and it is on power that godhead rests. White Fang did not reason it out, did not in his mind make the sharp generalization that the white gods were more powerful. It was a feeling, nothing more, and yet none the less potent. As, in his puppyhood, the looming bulks of the tepees, man-reared, had affected him as manifestations of power, so was he affected now by the houses and the huge fort all of massive logs. Here was power. Those white gods were strong. They possessed greater mastery over matter than the gods he had known, most powerful among which was Grey Beaver. And yet Grey Beaver was as a child-god among these white-skinned ones.[27)]

To be sure, White Fang only felt these things. He was not conscious of them. Yet it is upon feeling, more often than thinking, that animals act; and every act White Fang now performed was based upon the feeling that the white men were the superior gods. In the first place he was very suspicious of them. There was no telling what unknown terrors were theirs, what unknown hurts they could administer. He was curious to observe them, fearful of being noticed by them. For the first few hours he was content with slinking around and watching them from a safe distance. Then he saw that no harm befell the dogs that were near to them, and he came in closer.

In turn he was an object of great curiosity to them. His wolfish appearance caught their eyes at once, and they pointed him out to one another. This act of pointing put White Fang on his

---

27) And yet Grey Beaver was as a child-god among these white-skinned ones.: 그럼에도 불구하고 그레이 비버는 흰 피부의 신들 사이에서는 어린애 신이었다. (※ 작가의 백인과 인디언에 대한 비교묘사에는 인종차별적인 요소가 다분히 보임)

guard, and when they tried to approach him he showed his teeth and backed away. Not one succeeded in laying a hand on him, and it was well that they did not.

White Fang soon learned that very few of these gods — not more than a dozen — lived at this place. Every two or three days a steamer[28)] (another and colossal manifestation of power) came into the bank and stopped for several hours. The white men came from off these steamers and went away on them again. There seemed untold numbers of these white men. In the first day or so, he saw more of them than he had seen Indians in all his life; and as the days went by they continued to come up the river, stop, and then go on up the river out of sight.

But if the white gods were all-powerful, their dogs did not amount to much.[29)] This White Fang quickly discovered by mixing with those that came ashore with their masters. They were irregular shapes and sizes. Some were short-legged — too short; others were long-legged — too long. They had hair instead of fur, and a few had very little hair at that. And none of them knew how to fight.

As an enemy of his kind, it was in White Fang's province to fight with them. This he did, and he quickly achieved for them a mighty contempt. They were soft and helpless, made much noise, and floundered around clumsily trying to accomplish by main strength what he accomplished by dexterity[30)] and cunning. They rushed bellowing at him. He sprang to the side. They did not know what had become of him; and in that moment he struck them on the shoulder, rolling them off their feet and delivering his stroke at the throat.

---

28) steamer: 증기선

29) their dogs did not amount to much: 그들의 개는 대단하지 못했다

30) dexterity: 솜씨 좋음, 기민함, 빈틈없음, 오른손잡이

Sometimes this stroke was successful, and a stricken dog rolled in the dirt, to be pounced upon and torn to pieces by the pack of Indian dogs that waited. White Fang was wise. He had long since learned that the gods were made angry when their dogs were killed. The white men were no exception to this. So he was content, when he had overthrown and slashed wide the throat of one of their dogs, to drop back and let the pack go in and do the cruel finishing work. It was then that the white men rushed in, visiting their wrath heavily on the pack, while White Fang went free. He would stand off at a little distance and look on, while stones, clubs, axes, and all sorts of weapons fell upon his fellows. White Fang was very wise.

But his fellows grew wise in their own way; and in this White Fang grew wise with them. They learned that it was when a steamer first tied to the bank that they had their fun. After the first two or three strange dogs had been downed and destroyed, the white men hustled their own animals back on board and wrecked savage vengeance on the offenders. One white man, having seen his dog, a setter, torn to pieces before his eyes, drew a revolver. He fired rapidly, six times, and six of the pack lay dead or dying — another manifestation of power that sank deep into White Fang's consciousness.

White Fang enjoyed it all. He did not love his kind, and he was shrewd enough to escape hurt himself. At first, the killing of the white men's dogs had been a diversion. After a time it became his occupation. There was no work for him to do. Grey Beaver was busy trading and getting wealthy. So White Fang hung around the landing with the disreputable[31)] gang of Indian dogs, waiting for steamers. With the arrival of a steamer the fun began. After a few minutes, by the time the white men had got

---

31) disreputable: 평판이 나쁜, 보기 흉한, 추레한

over their surprise, the gang scattered. The fun was over until the next steamer should arrive.

But it can scarcely be said that White Fang was a member of the gang. He did not mingle with it, but remained aloof, always himself, and was even feared by it. It is true, he worked with it. He picked the quarrel with the strange dog while the gang waited. And when he had overthrown the strange dog the gang went in to finish it. But it is equally true that he then withdrew, leaving the gang to receive the punishment of the outraged gods.

It did not require much exertion to pick these quarrels. All he had to do, when the strange dogs came ashore, was to show himself. When they saw him they rushed for him. It was their instinct. He was the Wild — the unknown, the terrible, the ever-menacing, the thing that prowled in the darkness around the fires of the primeval world when they, cowering close to the fires, were reshaping their instincts, learning to fear the Wild out of which they had come, and which they had deserted and betrayed. Generation by generation, down all the generations, had this fear of the Wild been stamped into their natures. For centuries the Wild had stood for terror and destruction. And during all this time free licence had been theirs, from their masters, to kill the things of the Wild. In doing this they had protected both themselves and the gods whose companionship they shared.

And so, fresh from the soft southern world, these dogs, trotting down the gang-plank[32] and out upon the Yukon shore had but to see White Fang to experience the irresistible impulse to rush upon him and destroy him. They might be town-reared dogs, but the instinctive fear of the Wild was theirs just the same. Not alone with their own eyes did they see the wolfish creature in the clear light of day, standing before them. They

32) gang-plank: 트랩, 널판자

saw him with the eyes of their ancestors, and by their inherited memory they knew White Fang for the wolf, and they remembered the ancient feud.

All of which served to make White Fang's days enjoyable. If the sight of him drove these strange dogs upon him, so much the better for him, so much the worse for them. They looked upon him as legitimate prey, and as legitimate prey he looked upon them.

Not for nothing[33)] had he first seen the light of day in a lonely lair and fought his first fights with the ptarmigan, the weasel, and the lynx. And not for nothing had his puppyhood been made bitter by the persecution of Lip-lip and the whole puppy pack. It might have been otherwise, and he would then have been otherwise. Had Lip-lip not existed, he would have passed his puppyhood with the other puppies and grown up more dog-like and with more liking for dogs. Had Grey Beaver possessed the plummet of affection and love, he might have sounded the deeps of White Fang's nature and brought up to the surface all manner of kindly qualities. But these things had not been so. The clay of White Fang had been moulded until he became what he was, morose and lonely, unloving and ferocious, the enemy of all his kind.

---

33) Not for nothing: 충분한 이유가 있다, 헛되지 않다

CHAPTER II
THE MAD GOD

A small number of white men lived in Fort Yukon. These men had been long in the country. They called themselves Sour-doughs,[1] and took great pride in so classifying themselves. For other men, new in the land, they felt nothing but disdain. The men who came ashore from the steamers were newcomers. They were known as chechaquos,[2] and they always wilted at the application of the name. They made their bread with baking-powder. This was the invidious distinction between them and the Sour-doughs, who, forsooth,[3] made their bread from sour-dough because they had no baking-powder.

All of which is neither here nor there. The men in the fort disdained the newcomers and enjoyed seeing them come to grief. Especially did they enjoy the havoc worked amongst the newcomers' dogs by White Fang and his disreputable gang. When a steamer arrived, the men of the fort made it a point always to come down to the bank and see the fun. They looked forward to it with as much anticipation as did the Indian dogs, while they were not slow to appreciate the savage and crafty part played by White Fang.

But there was one man amongst them who particularly enjoyed the sport. He would come running at the first sound of a steamboat's whistle; and when the last fight was over and White Fang and the pack had scattered, he would return slowly to the fort, his face heavy with regret. Sometimes, when a soft south-

1) Sour-dough: 이스트로 발효시킨 밀가루 반죽, 그 빵, 개척자

2) chechaquo: Chinook, 인디언 말로 chechako, 신참자, 신출내기, 새로 온 사람

3) forsooth: 참으로, 확실히, 정말이지

land dog went down, shrieking its death-cry under the fangs of the pack, this man would be unable to contain himself, and would leap into the air and cry out with delight. And always he had a sharp and covetous eye for White Fang.

This man was called "Beauty" by the other men of the fort. No one knew his first name, and in general he was known in the country as Beauty Smith. But he was anything save a beauty. To antithesis was due his naming. He was pre-eminently unbeautiful. Nature had been niggardly[4] with him. He was a small man to begin with; and upon his meagre[5] frame was deposited an even more strikingly meagre head. Its apex might be likened to a point. In fact, in his boyhood, before he had been named Beauty by his fellows, he had been called "Pinhead."

Backward, from the apex, his head slanted down to his neck and forward it slanted uncompromisingly to meet a low and remarkably wide forehead. Beginning here, as though regretting her parsimony, Nature had spread his features with a lavish hand. His eyes were large, and between them was the distance of two eyes. His face, in relation to the rest of him, was prodigious.[6] In order to discover the necessary area, Nature had given him an enormous prognathous[7] jaw. It was wide and heavy, and protruded outward and down until it seemed to rest on his chest. Possibly this appearance was due to the weariness of the slender neck, unable properly to support so great a burden.

This jaw gave the impression of ferocious determination. But something lacked. Perhaps it was from excess. Perhaps the jaw was too large. At any rate, it was a lie. Beauty Smith was

---

4) niggardly: 인색하게

5) meagre: 빈약한(poor), 야윈(thin), 불충분한(scanty)

6) prodigious: 거대한

7) prognathous: 턱이 튀어나온

known far and wide as the weakest of weak-kneed and snivelling cowards. To complete his description, his teeth were large and yellow, while the two eye-teeth, larger than their fellows, showed under his lean lips like fangs. His eyes were yellow and muddy, as though Nature had run short on pigments and squeezed together the dregs of all her tubes. It was the same with his hair, sparse and irregular of growth, muddy-yellow and dirty-yellow, rising on his head and sprouting out of his face in unexpected tufts[8] and bunches, in appearance like clumped and wind-blown grain.

In short, Beauty Smith was a monstrosity, and the blame of it lay elsewhere. He was not responsible. The clay of him had been so moulded in the making. He did the cooking for the other men in the fort, the dish-washing and the drudgery.[9] They did not despise him. Rather did they tolerate him in a broad human way, as one tolerates any creature evilly treated in the making. Also, they feared him. His cowardly rages made them dread a shot in the back or poison in their coffee. But somebody had to do the cooking, and whatever else his shortcomings, Beauty Smith could cook.

This was the man that looked at White Fang, delighted in his ferocious prowess, and desired to possess him. He made overtures to White Fang from the first. White Fang began by ignoring him. Later on, when the overtures became more insistent, White Fang bristled and bared his teeth and backed away. He did not like the man. The feel of him was bad. He sensed the evil in him, and feared the extended hand and the attempts at soft-spoken speech. Because of all this, he hated the man.

With the simpler creatures, good and bad are things simply

---

8) tuft: (머리칼 · 깃털 · 실 따위의) 술, 타래

9) drudgery: 고된 일

understood. The good stands for all things that bring easement and satisfaction and surcease from pain. Therefore, the good is liked. The bad stands for all things that are fraught with discomfort, menace, and hurt, and is hated accordingly. White Fang's feel of Beauty Smith was bad. From the man's distorted body and twisted mind, in occult[10] ways, like mists rising from malarial marshes, came emanations[11] of the unhealth within. Not by reasoning, not by the five senses alone, but by other and remoter and uncharted senses, came the feeling to White Fang that the man was ominous with evil, pregnant with hurtfulness, and therefore a thing bad, and wisely to be hated.

White Fang was in Grey Beaver's camp when Beauty Smith first visited it. At the faint sound of his distant feet, before he came in sight, White Fang knew who was coming and began to bristle. He had been lying down in an abandon of comfort, but he arose quickly, and, as the man arrived, slid away in true wolf-fashion to the edge of the camp. He did not know what they said, but he could see the man and Grey Beaver talking together. Once, the man pointed at him, and White Fang snarled back as though the hand were just descending upon him instead of being, as it was, fifty feet away. The man laughed at this; and White Fang slunk away to the sheltering woods, his head turned to observe as he glided softly over the ground.

Grey Beaver refused to sell the dog. He had grown rich with his trading and stood in need of nothing. Besides, White Fang was a valuable animal, the strongest sled-dog he had ever owned, and the best leader. Furthermore, there was no dog like him on the Mackenzie nor the Yukon. He could fight. He killed other dogs as easily as men killed mosquitoes. (Beauty Smith's

10) occult: 신비로운, 불가사의의, 오묘한

11) emanation: 방사, 발산, 방사

eyes lighted up at this, and he licked his thin lips with an eager tongue).[12] No, White Fang was not for sale at any price.

But Beauty Smith knew the ways of Indians. He visited Grey Beaver's camp often, and hidden under his coat was always a black bottle or so. One of the potencies of whisky is the breeding of thirst.[13] Grey Beaver got the thirst. His fevered membranes and burnt stomach began to clamour for more and more of the scorching fluid; while his brain, thrust all awry by the unwonted stimulant, permitted him to go any length to obtain it. The money he had received for his furs and mittens and moccasins began to go. It went faster and faster, and the shorter his money-sack grew, the shorter grew his temper.

In the end his money and goods and temper were all gone. Nothing remained to him but his thirst, a prodigious possession in itself that grew more prodigious with every sober breath he drew. Then it was that Beauty Smith had talk with him again about the sale of White Fang; but this time the price offered was in bottles, not dollars, and Grey Beaver's ears were more eager to hear.

"You ketch um dog you take um all right," was his last word.

The bottles were delivered, but after two days. "You ketch um dog," were Beauty Smith's words to Grey Beaver.

White Fang slunk into camp one evening and dropped down with a sigh of content. The dreaded white god was not there.

---

12) (Beauty Smith's eyes lighted up at this, and he licked his thin lips with an eager tongue): (※ 뷰티 스미스가 화이트 팽을 사서 투견으로 만들어 돈을 벌려는 의도가 복선으로 나타나는 부분임)

13) One of the potencies of whisky is the breeding of thirst.: 위스키의 효능 중에 하나는 갈증을 증폭시키는 것이다. (※ 뷰티 스미스가 그레이 비버를 위스키로 유혹하여 화이트 팽을 강탈하는 파렴치한 수법에서 백인이 식민지 시대에 인디언을 독주로 유혹하여 알코올 중독자로 만들어 정신적으로 파멸시키는 과정이 상징적으로 드러남)

For days his manifestations of desire to lay hands on him had been growing more insistent, and during that time White Fang had been compelled to avoid the camp. He did not know what evil was threatened by those insistent hands. He knew only that they did threaten evil of some sort, and that it was best for him to keep out of their reach.

But scarcely had he lain down when Grey Beaver staggered over to him and tied a leather thong[14)] around his neck. He sat down beside White Fang, holding the end of the thong in his hand. In the other hand he held a bottle, which, from time to time, was inverted above his head to the accompaniment of gurgling noises.

An hour of this passed, when the vibrations of feet in contact with the ground foreran[15)] the one who approached. White Fang heard it first, and he was bristling with recognition while Grey Beaver still nodded stupidly. White Fang tried to draw the thong softly out of his master's hand; but the relaxed fingers closed tightly and Grey Beaver roused himself.

Beauty Smith strode into camp and stood over White Fang. He snarled softly up at the thing of fear, watching keenly the deportment of the hands. One hand extended outward and began to descend upon his head. His soft snarl grew tense and harsh. The hand continued slowly to descend, while he crouched beneath it, eyeing it malignantly, his snarl growing shorter and shorter as, with quickening breath, it approached its culmination. Suddenly he snapped, striking with his fangs like a snake. The hand was jerked back, and the teeth came together emptily with a sharp click. Beauty Smith was frightened and angry. Grey Beaver clouted White Fang alongside the head, so that he

14) leather thong: 가죽 끈

15) forerun: ~에 앞서다, ~의 전조가 되다, ~을 예상하다

cowered down close to the earth in respectful obedience.

White Fang's suspicious eyes followed every movement. He saw Beauty Smith go away and return with a stout club. Then the end of the thong was given over to him by Grey Beaver. Beauty Smith started to walk away. The thong grew taut. White Fang resisted it. Grey Beaver clouted him right and left to make him get up and follow. He obeyed, but with a rush, hurling himself upon the stranger who was dragging him away. Beauty Smith did not jump away. He had been waiting for this. He swung the club smartly, stopping the rush midway and smashing White Fang down upon the ground. Grey Beaver laughed and nodded approval. Beauty Smith tightened the thong again, and White Fang crawled limply and dizzily to his feet.

He did not rush a second time. One smash from the club was sufficient to convince him that the white god knew how to handle it, and he was too wise to fight the inevitable. So he followed morosely at Beauty Smith's heels, his tail between his legs, yet snarling softly under his breath. But Beauty Smith kept a wary eye on him, and the club was held always ready to strike.

At the fort Beauty Smith left him securely tied and went in to bed. White Fang waited an hour. Then he applied his teeth to the thong, and in the space of ten seconds was free. He had wasted no time with his teeth. There had been no useless gnawing. The thong was cut across, diagonally, almost as clean as though done by a knife. White Fang looked up at the fort, at the same time bristling and growling. Then he turned and trotted back to Grey Beaver's camp. He owed no allegiance to this strange and terrible god. He had given himself to Grey Beaver, and to Grey Beaver he considered he still belonged.

But what had occurred before was repeated — with a difference. Grey Beaver again made him fast with a thong, and in the morning turned him over to Beauty Smith. And here was where the difference came in. Beauty Smith gave him a beating. Tied securely, White Fang could only rage futilely and endure the punishment. Club and whip were both used upon him, and he experienced the worst beating he had ever received in his life. Even the big beating given him in his puppyhood by Grey Beaver was mild compared with this.

Beauty Smith enjoyed the task. He delighted in it.[16] He gloated over his victim, and his eyes flamed dully, as he swung the whip or club and listened to White Fang's cries of pain and to his helpless bellows and snarls. For Beauty Smith was cruel in the way that cowards are cruel. Cringing and snivelling himself before the blows or angry speech of a man, he revenged himself, in turn, upon creatures weaker than he. All life likes power, and Beauty Smith was no exception. Denied the expression of power amongst his own kind, he fell back upon the lesser creatures and there vindicated the life that was in him. But Beauty Smith had not created himself, and no blame was to be attached to him. He had come into the world with a twisted body and a brute intelligence. This had constituted the clay of him, and it had not been kindly moulded by the world.

White Fang knew why he was being beaten. When Grey Beaver tied the thong around his neck, and passed the end of the thong into Beauty Smith's keeping, White Fang knew that it was his god's will for him to go with Beauty Smith. And when Beauty Smith left him tied outside the fort, he knew that it was Beauty Smith's will that he should remain there. Therefore, he had disobeyed the will of both the gods, and earned the consequent punishment. He had seen dogs change owners in the past,

---

16) Beauty Smith enjoyed the task. He delighted in it.: 뷰티 스미스는 그 일을 즐겼다. 그는 그것에서 기쁨을 느꼈다. (※ 뷰티 스미스의 잔인한 폭력적인 성격을 엿볼 수 있음)

and he had seen the runaways beaten as he was being beaten. He was wise, and yet in the nature of him there were forces greater than wisdom. One of these was fidelity. He did not love Grey Beaver, yet, even in the face of his will and his anger, he was faithful to him. He could not help it. This faithfulness was a quality of the clay that composed him. It was the quality that was peculiarly the possession of his kind; the quality that set apart his species from all other species; the quality that has enabled the wolf and the wild dog to come in from the open and be the companions of man.

After the beating, White Fang was dragged back to the fort. But this time Beauty Smith left him tied with a stick. One does not give up a god easily, and so with White Fang. Grey Beaver was his own particular god, and, in spite of Grey Beaver's will, White Fang still clung to him and would not give him up. Grey Beaver had betrayed and forsaken him, but that had no effect upon him. Not for nothing had he surrendered himself body and soul to Grey Beaver. There had been no reservation[17] on White Fang's part, and the bond was not to be broken easily.

So, in the night, when the men in the fort were asleep, White Fang applied his teeth to the stick that held him. The wood was seasoned and dry, and it was tied so closely to his neck that he could scarcely get his teeth to it. It was only by the severest muscular exertion and neck-arching that he succeeded in getting the wood between his teeth, and barely between his teeth at that; and it was only by the exercise of an immense patience, extending through many hours, that he succeeded in gnawing through the stick. This was something that dogs were not supposed to do. It was unprecedented. But White Fang did it, trotting away from the fort in the early morning, with the end of

17) reservation: (보류된) 조건, 의심, 걱정

the stick hanging to his neck.

He was wise. But had he been merely wise he would not have gone back to Grey Beaver who had already twice betrayed him. But there was his faithfulness, and he went back to be betrayed yet a third time. Again he yielded to the tying of a thong around his neck by Grey Beaver, and again Beauty Smith came to claim him. And this time he was beaten even more severely than before.

Grey Beaver looked on stolidly[18)] while the white man wielded the whip. He gave no protection. It was no longer his dog. When the beating was over White Fang was sick. A soft southland dog would have died under it, but not he. His school of life had been sterner, and he was himself of sterner stuff. He had too great vitality. His clutch on life was too strong. But he was very sick. At first he was unable to drag himself along, and Beauty Smith had to wait half-an-hour for him. And then, blind and reeling, he followed at Beauty Smith's heels back to the fort.

But now he was tied with a chain that defied his teeth, and he strove in vain, by lunging, to draw the staple from the timber into which it was driven. After a few days, sober and bankrupt, Grey Beaver departed up the Porcupine on his long journey to the Mackenzie. White Fang remained on the Yukon, the property of a man more than half mad and all brute. But what is a dog to know in its consciousness of madness? To White Fang, Beauty Smith was a veritable, if terrible, god.[19)] He was a mad god at best, but White Fang knew nothing of madness; he knew only that he must submit to the will of this new master, obey his every whim and fancy.

---

18) stolidly: 둔감하게, 신경이 무디게

19) To White Fang, Beauty Smith was a veritable, if terrible, god.: 화이트 팽에게 뷰티 스미스는 지독하기는 하지만 틀림없는 신이었다.

CHAPTER III
THE REIGN OF HATE

Under the tutelage[1)] of the mad god, White Fang became a fiend.[2)] He was kept chained in a pen at the rear of the fort, and here Beauty Smith teased and irritated and drove him wild with petty torments. The man early discovered White Fang's susceptibility[3)] to laughter, and made it a point after painfully tricking him, to laugh at him. This laughter was uproarious and scornful, and at the same time the god pointed his finger derisively at White Fang. At such times reason fled from White Fang, and in his transports of rage he was even more mad than Beauty Smith.

Formerly, White Fang had been merely the enemy of his kind, withal a ferocious enemy. He now became the enemy of all things, and more ferocious than ever. To such an extent was he tormented, that he hated blindly and without the faintest spark of reason. He hated the chain that bound him, the men who peered in at him through the slats of the pen, the dogs that accompanied the men and that snarled malignantly at him in his helplessness. He hated the very wood of the pen that confined him. And, first, last, and most of all, he hated Beauty Smith.[4)]

But Beauty Smith had a purpose in all that he did to White Fang. One day a number of men gathered about the pen. Beauty Smith entered, club in hand, and took the chain off from White

---

1) tutelage: 보호, 보호 감독, 후견

2) fiend: 악마

3) susceptibility: 민감성

4) And, first, last, and most of all, he hated Beauty Smith.: 그리고 시종일관 무엇보다도 그는 뷰티 스미스를 증오했다. (※ 폭력적인 환경으로 인하여 증오의 화신으로 변해가는 화이트 팽)

Fang's neck. When his master had gone out, White Fang turned loose and tore around the pen, trying to get at the men outside. He was magnificently terrible. Fully five feet in length, and standing two and one-half feet at the shoulder, he far outweighed a wolf of corresponding size. From his mother he had inherited the heavier proportions of the dog, so that he weighed, without any fat and without an ounce of superfluous flesh, over ninety pounds. It was all muscle, bone, and sinew-fighting flesh in the finest condition.

The door of the pen was being opened again. White Fang paused. Something unusual was happening. He waited. The door was opened wider. Then a huge dog was thrust inside, and the door was slammed shut behind him. White Fang had never seen such a dog (it was a mastiff[5]); but the size and fierce aspect of the intruder did not deter[6] him. Here was some thing, not wood nor iron, upon which to wreak his hate. He leaped in with a flash of fangs that ripped down the side of the mastiff's neck. The mastiff shook his head, growled hoarsely, and plunged at White Fang. But White Fang was here, there, and everywhere, always evading and eluding, and always leaping in and slashing with his fangs and leaping out again in time to escape punishment.

The men outside shouted and applauded, while Beauty Smith, in an ecstasy of delight, gloated over the ripping and mangling performed by White Fang. There was no hope for the mastiff from the first. He was too ponderous and slow. In the end, while Beauty Smith beat White Fang back with a club, the mastiff was dragged out by its owner. Then there was a payment of bets, and money clinked in Beauty Smith's hand.

White Fang came to look forward eagerly to the gathering of

---

5) mastiff: 큰 맹견(猛犬)의 일종

6) deter: 단념시키다, 방해하다, 저지하다

the men around his pen. It meant a fight; and this was the only way that was now vouchsafed him of expressing the life that was in him. Tormented, incited to hate, he was kept a prisoner so that there was no way of satisfying that hate except at the times his master saw fit to put another dog against him. Beauty Smith had estimated his powers well, for he was invariably the victor. One day, three dogs were turned in upon him in succession. Another day a full-grown wolf, fresh-caught from the Wild, was shoved in through the door of the pen. And on still another day two dogs were set against him at the same time. This was his severest fight, and though in the end he killed them both he was himself half killed in doing it.

In the fall of the year, when the first snows were falling and mush-ice was running in the river, Beauty Smith took passage for himself and White Fang on a steamboat bound up the Yukon to Dawson. White Fang had now achieved a reputation in the land. As "the Fighting Wolf"[7] he was known far and wide, and the cage in which he was kept on the steam-boat's deck was usually surrounded by curious men. He raged and snarled at them, or lay quietly and studied them with cold hatred. Why should he not hate them? He never asked himself the question. He knew only hate and lost himself in the passion of it. Life had become a hell to him. He had not been made for the close confinement wild beasts endure at the hands of men. And yet it was in precisely this way that he was treated. Men stared at him, poked sticks between the bars to make him snarl, and then laughed at him.

They were his environment, these men, and they were moulding the clay of him into a more ferocious thing than had been

7) "the Fighting Wolf": 싸우는 늑대 (※ 오로지 돈을 벌려는 뷰티 스미스로 인하여 화이트 팽은 여기저기 끌려 다니면서 어쩔 수 없이 생지옥 같은 투견의 삶을 살게 됨)

intended by Nature. Nevertheless, Nature had given him plasticity. Where many another animal would have died or had its spirit broken, he adjusted himself and lived, and at no expense of the spirit. Possibly Beauty Smith, arch-fiend and tormentor, was capable of breaking White Fang's spirit, but as yet there were no signs of his succeeding.

If Beauty Smith had in him a devil, White Fang had another; and the two of them raged against each other unceasingly. In the days before, White Fang had had the wisdom to cower down and submit to a man with a club in his hand; but this wisdom now left him. The mere sight of Beauty Smith was sufficient to send him into transports of fury. And when they came to close quarters, and he had been beaten back by the club, he went on growling and snarling, and showing his fangs. The last growl could never be extracted from him. No matter how terribly he was beaten, he had always another growl; and when Beauty Smith gave up and withdrew, the defiant growl followed after him, or White Fang sprang at the bars of the cage bellowing his hatred.

When the steamboat arrived at Dawson, White Fang went ashore. But he still lived a public life, in a cage, surrounded by curious men. He was exhibited as "the Fighting Wolf," and men paid fifty cents in gold dust to see him. He was given no rest. Did he lie down to sleep, he was stirred up by a sharp stick — so that the audience might get its money's worth. In order to make the exhibition interesting, he was kept in a rage most of the time. But worse than all this, was the atmosphere in which he lived. He was regarded as the most fearful of wild beasts, and this was borne in to him through the bars of the cage. Every word, every cautious action, on the part of the men, impressed upon him his own terrible ferocity. It was so much added fuel to the flame of his fierceness. There could be but one result, and that was that his ferocity fed upon itself and increased. It was another instance of the plasticity[8] of his clay, of his capacity for being moulded by the pressure of environment.

In addition to being exhibited he was a professional fighting animal. At irregular intervals, whenever a fight could be arranged, he was taken out of his cage and led off into the woods a few miles from town. Usually this occurred at night, so as to avoid interference from the mounted police of the Territory. After a few hours of waiting, when daylight had come, the audience and the dog with which he was to fight arrived. In this manner it came about that he fought all sizes and breeds of dogs. It was a savage land, the men were savage, and the fights were usually to the death.

Since White Fang continued to fight, it is obvious that it was the other dogs that died. He never knew defeat. His early training, when he fought with Lip-lip and the whole puppy-pack, stood him in good stead. There was the tenacity with which he clung to the earth. No dog could make him lose his footing. This was the favourite trick of the wolf breeds—to rush in upon him, either directly or with an unexpected swerve, in the hope of striking his shoulder and overthrowing him. Mackenzie hounds, Eskimo and Labrador dogs, huskies and Malemutes—all tried it on him, and all failed. He was never known to lose his footing. Men told this to one another, and looked each time to see it happen; but White Fang always disappointed them.

Then there was his lightning quickness. It gave him a tremendous advantage over his antagonists. No matter what their fighting experience, they had never encountered a dog that moved so swiftly as he. Also to be reckoned with, was the immediateness[9] of his attack. The average dog was accustomed to the preliminaries of snarling and bristling and growling, and the average

8) plasticity: 유연성, 적응성(adaptability), 가소성(可塑性), 성형력(成形力)

9) immediateness: 즉시성

dog was knocked off his feet and finished before he had begun to fight or recovered from his surprise. So often did this happen, that it became the custom to hold White Fang until the other dog went through its preliminaries, was good and ready, and even made the first attack.

But greatest of all the advantages in White Fang's favour, was his experience. He knew more about fighting than did any of the dogs that faced him. He had fought more fights, knew how to meet more tricks and methods, and had more tricks himself, while his own method was scarcely to be improved upon.

As the time went by, he had fewer and fewer fights. Men despaired of matching him with an equal, and Beauty Smith was compelled to pit wolves against him. These were trapped by the Indians for the purpose, and a fight between White Fang and a wolf was always sure to draw a crowd. Once, a full-grown female lynx was secured, and this time White Fang fought for his life. Her quickness matched his; her ferocity equalled his; while he fought with his fangs alone, and she fought with her sharp-clawed feet as well.

But after the lynx, all fighting ceased for White Fang. There were no more animals with which to fight — at least, there was none considered worthy of fighting with him. So he remained on exhibition until spring, when one Tim Keenan, a faro-dealer,[10)] arrived in the land. With him came the first bull-dog that had ever entered the Klondike. That this dog and White Fang should come together was inevitable, and for a week the anticipated fight was the mainspring[11)] of conversation in certain quarters of the town.

---

10) faro-dealer: 파로(카드놀이 일종)의 딜러, 물주가 내는 한 쌍의 카드의 숫자에 거는 내기 트럼프

11) mainspring: 주요동기

CHAPTER IV
THE CLINGING DEATH

Beauty Smith slipped the chain from his neck and stepped back.

For once White Fang did not make an immediate attack. He stood still, ears pricked forward, alert and curious, surveying the strange animal that faced him. He had never seen such a dog before. Tim Keenan shoved the bull-dog forward with a muttered "Go to it." The animal waddled toward the centre of the circle, short and squat and ungainly. He came to a stop and blinked across at White Fang.

There were cries from the crowd of, "Go to him, Cherokee! Sick 'm,[1] Cherokee! Eat 'm up!"

But Cherokee did not seem anxious to fight. He turned his head and blinked at the men who shouted, at the same time wagging his stump of a tail good-naturedly. He was not afraid, but merely lazy. Besides, it did not seem to him that it was intended he should fight with the dog he saw before him. He was not used to fighting with that kind of dog, and he was waiting for them to bring on the real dog.

Tim Keenan stepped in and bent over Cherokee, fondling him on both sides of the shoulders with hands that rubbed against the grain of the hair and that made slight, pushing-forward movements. These were so many suggestions. Also, their effect was irritating, for Cherokee began to growl, very softly, deep down in his throat. There was a correspondence in rhythm between the growls and the movements of the man's hands. The growl rose in the throat with the culmination of each forward-

1) Sick 'm: sick him, 그를 공격해

pushing movement, and ebbed down to start up afresh with the beginning of the next movement. The end of each movement was the accent of the rhythm, the movement ending abruptly and the growling rising with a jerk.

This was not without its effect on White Fang. The hair began to rise on his neck and across the shoulders. Tim Keenan gave a final shove forward and stepped back again. As the impetus that carried Cherokee forward died down, he continued to go forward of his own volition, in a swift, bow-legged run. Then White Fang struck. A cry of startled admiration went up. He had covered the distance and gone in more like a cat than a dog; and with the same cat-like swiftness he had slashed with his fangs and leaped clear.

The bull-dog was bleeding back of one ear from a rip in his thick neck. He gave no sign, did not even snarl, but turned and followed after White Fang. The display on both sides, the quickness of the one and the steadiness of the other, had excited the partisan spirit of the crowd, and the men were making new bets and increasing original bets. Again, and yet again, White Fang sprang in, slashed, and got away untouched, and still his strange foe followed after him, without too great haste, not slowly, but deliberately and determinedly, in a businesslike sort of way. There was purpose in his method — something for him to do that he was intent upon doing and from which nothing could distract him.

His whole demeanour,[2] every action, was stamped with this purpose. It puzzled White Fang. Never had he seen such a dog. It had no hair protection. It was soft, and bled easily. There was no thick mat of fur to baffle[3] White Fang's teeth as they were

---

2) demeanour: 태도

3) baffle: 저지시키다

often baffled by dogs of his own breed. Each time that his teeth struck they sank easily into the yielding flesh, while the animal did not seem able to defend itself. Another disconcerting thing was that it made no outcry, such as he had been accustomed to with the other dogs he had fought. Beyond a growl or a grunt, the dog took its punishment silently. And never did it flag in its pursuit of him.

Not that Cherokee was slow. He could turn and whirl swiftly enough, but White Fang was never there. Cherokee was puzzled, too. He had never fought before with a dog with which he could not close. The desire to close had always been mutual. But here was a dog that kept at a distance, dancing and dodging here and there and all about. And when it did get its teeth into him, it did not hold on but let go instantly and darted away again.

But White Fang could not get at the soft underside of the throat. The bull-dog stood too short, while its massive jaws were an added protection. White Fang darted in and out unscathed, while Cherokee's wounds increased. Both sides of his neck and head were ripped and slashed. He bled freely, but showed no signs of being disconcerted. He continued his plodding pursuit, though once, for the moment baffled, he came to a full stop and blinked at the men who looked on, at the same time wagging his stump of a tail as an expression of his willingness to fight.

In that moment White Fang was in upon him and out, in passing ripping his trimmed remnant of an ear. With a slight manifestation of anger, Cherokee took up the pursuit again, running on the inside of the circle White Fang was making, and striving to fasten his deadly grip on White Fang's throat. The bull-dog missed by a hair's-breadth, and cries of praise went up as White Fang doubled suddenly out of danger in the opposite direction.

The time went by. White Fang still danced on, dodging and

doubling,[4] leaping in and out, and ever inflicting damage. And still the bull-dog, with grim certitude, toiled after him. Sooner or later he would accomplish his purpose, get the grip that would win the battle. In the meantime, he accepted all the punishment the other could deal him. His tufts of ears had become tassels,[5] his neck and shoulders were slashed in a score of places, and his very lips were cut and bleeding — all from these lightning snaps that were beyond his foreseeing and guarding.

Time and again White Fang had attempted to knock Cherokee off his feet; but the difference in their height was too great. Cherokee was too squat, too close to the ground. White Fang tried the trick once too often. The chance came in one of his quick doublings and counter-circlings. He caught Cherokee with head turned away as he whirled more slowly. His shoulder was exposed. White Fang drove in upon it: but his own shoulder was high above, while he struck with such force that his momentum carried him on across over the other's body. For the first time in his fighting history, men saw White Fang lose his footing. His body turned a half-somersault[6] in the air, and he would have landed on his back had he not twisted, catlike, still in the air, in the effort to bring his feet to the earth. As it was, he struck heavily on his side. The next instant he was on his feet, but in that instant Cherokee's teeth closed on his throat.

It was not a good grip, being too low down toward the chest; but Cherokee held on. White Fang sprang to his feet and tore wildly around, trying to shake off the bull-dog's body. It made him frantic, this clinging, dragging weight. It bound his movements, restricted his freedom. It was like the trap, and all his

4) double: (쫓기는 짐승 등이) 급각도로 몸을 돌리다, 갑자기 되돌아 뛰다

5) tassel: 술, 장식술, 수염

6) somersault: 공중제비

instinct resented it and revolted against it. It was a mad revolt. For several minutes he was to all intents insane. The basic life that was in him took charge of him. The will to exist of his body surged over him. He was dominated by this mere flesh-love of life. All intelligence was gone. It was as though he had no brain. His reason was unseated by the blind yearning of the flesh to exist and move, at all hazards to move, to continue to move, for movement was the expression of its existence.

Round and round he went, whirling and turning and reversing, trying to shake off the fifty-pound weight that dragged at his throat. The bull-dog did little but keep his grip. Sometimes, and rarely, he managed to get his feet to the earth and for a moment to brace himself against White Fang. But the next moment his footing would be lost and he would be dragging around in the whirl of one of White Fang's mad gyrations. Cherokee identified himself with his instinct. He knew that he was doing the right thing by holding on, and there came to him certain blissful thrills of satisfaction. At such moments he even closed his eyes and allowed his body to be hurled hither and thither,[7] willy-nilly,[8] careless of any hurt that might thereby come to it. That did not count. The grip was the thing, and the grip he kept.

White Fang ceased only when he had tired himself out. He could do nothing, and he could not understand. Never, in all his fighting, had this thing happened. The dogs he had fought with did not fight that way. With them it was snap and slash and get away, snap and slash and get away. He lay partly on his side, panting for breath. Cherokee still holding his grip, urged against him, trying to get him over entirely on his side. White Fang

7) hither and thither: 이쪽저쪽으로

8) willy-nilly: 싫든 좋든 간에, 좋아하든 말든, 다짜고짜로, 닥치는 대로, 마구잡이로

resisted, and he could feel the jaws shifting their grip, slightly relaxing and coming together again in a chewing movement. Each shift brought the grip closer to his throat. The bull-dog's method was to hold what he had, and when opportunity favoured to work in for more. Opportunity favoured when White Fang remained quiet. When White Fang struggled, Cherokee was content merely to hold on.

The bulging back of Cherokee's neck was the only portion of his body that White Fang's teeth could reach. He got hold toward the base where the neck comes out from the shoulders; but he did not know the chewing method of fighting, nor were his jaws adapted to it. He spasmodically ripped and tore with his fangs for a space. Then a change in their position diverted him. The bull-dog had managed to roll him over on his back, and still hanging on to his throat, was on top of him. Like a cat, White Fang bowed his hind-quarters in, and, with the feet digging into his enemy's abdomen above him, he began to claw with long tearing-strokes. Cherokee might well have been disembowelled[9] had he not quickly pivoted on his grip and got his body off of White Fang's and at right angles to it.

There was no escaping that grip. It was like Fate itself, and as inexorable. Slowly it shifted up along the jugular. All that saved White Fang from death was the loose skin of his neck and the thick fur that covered it. This served to form a large roll in Cherokee's mouth, the fur of which well-nigh defied his teeth. But bit by bit, whenever the chance offered, he was getting more of the loose skin and fur in his mouth. The result was that he was slowly throttling[10] White Fang. The latter's breath was drawn with greater and greater difficulty as the moments went by.

---

9) disembowelled: ~의 창자를 빼내다, (창자를 빼내기 위해) 배를 가르다

10) throttle: ~의 목을 조르다, 질식시키다

It began to look as though the battle were over. The backers of Cherokee waxed jubilant and offered ridiculous odds.[11] White Fang's backers were correspondingly depressed, and refused bets of ten to one and twenty to one, though one man was rash enough to close a wager of fifty to one. This man was Beauty Smith. He took a step into the ring and pointed his finger at White Fang. Then he began to laugh derisively and scornfully. This produced the desired effect. White Fang went wild with rage. He called up his reserves of strength, and gained his feet. As he struggled around the ring, the fifty pounds of his foe ever dragging on his throat, his anger passed on into panic. The basic life of him dominated him again, and his intelligence fled before the will of his flesh to live. Round and round and back again, stumbling and falling and rising, even uprearing at times on his hind-legs and lifting his foe clear of the earth, he struggled vainly to shake off the clinging death.

At last he fell, toppling backward, exhausted; and the bull-dog promptly shifted his grip, getting in closer, mangling more and more of the fur-folded flesh, throttling White Fang more severely than ever. Shouts of applause went up for the victor, and there were many cries of "Cherokee!" "Cherokee!" To this Cherokee responded by vigorous wagging of the stump of his tail. But the clamour of approval did not distract him. There was no sympathetic relation between his tail and his massive jaws. The one might wag, but the others held their terrible grip on White Fang's throat.

It was at this time that a diversion[12] came to the spectators. There was a jingle of bells. Dog-mushers'[13] cries were heard.

---

11) odds: 내기의 배당률

12) diversion: 관심의 전환

13) Dog-musher: 개썰매 여행가(몰이꾼)

Everybody, save Beauty Smith, looked apprehensively,[14] the fear of the police strong upon them. But they saw, up the trail, and not down, two men running with sled and dogs. They were evidently coming down the creek from some prospecting trip. At sight of the crowd they stopped their dogs and came over and joined it, curious to see the cause of the excitement. The dog-musher wore a moustache, but the other, a taller and younger man, was smooth-shaven, his skin rosy from the pounding of his blood and the running in the frosty air.

White Fang had practically ceased struggling. Now and again he resisted spasmodically and to no purpose. He could get little air, and that little grew less and less under the merciless grip that ever tightened. In spite of his armour of fur, the great vein of his throat would have long since been torn open, had not the first grip of the bull-dog been so low down as to be practically on the chest. It had taken Cherokee a long time to shift that grip upward, and this had also tended further to clog his jaws with fur and skin-fold.

In the meantime, the abysmal[15] brute in Beauty Smith had been rising into his brain and mastering the small bit of sanity that he possessed at best. When he saw White Fang's eyes beginning to glaze, he knew beyond doubt that the fight was lost. Then he broke loose. He sprang upon White Fang and began savagely to kick him. There were hisses from the crowd and cries of protest, but that was all. While this went on, and Beauty Smith continued to kick White Fang, there was a commotion in the crowd. The tall young newcomer was forcing his way through, shouldering men right and left without ceremony or gentleness. When he broke through into the ring, Beauty Smith

14) apprehensively: 불안하게

15) abysmal: 심연의

was just in the act of delivering another kick. All his weight was on one foot, and he was in a state of unstable equilibrium. At that moment the newcomer's fist landed a smashing blow full in his face. Beauty Smith's remaining leg left the ground, and his whole body seemed to lift into the air as he turned over backward and struck the snow. The newcomer turned upon the crowd.

"You cowards!" he cried. "You beasts!"

He was in a rage himself—a sane rage. His grey eyes seemed metallic and steel-like as they flashed upon the crowd. Beauty Smith regained his feet and came toward him, sniffling and cowardly. The new-comer did not understand. He did not know how abject a coward the other was, and thought he was coming back intent on fighting. So, with a "You beast!" he smashed Beauty Smith over backward with a second blow in the face. Beauty Smith decided that the snow was the safest place for him, and lay where he had fallen, making no effort to get up.

"Come on, Matt, lend a hand," the newcomer called the dog-musher, who had followed him into the ring.

Both men bent over the dogs. Matt took hold of White Fang, ready to pull when Cherokee's jaws should be loosened. This the younger man endeavoured to accomplish by clutching the bulldog's jaws in his hands and trying to spread them. It was a vain undertaking. As he pulled and tugged and wrenched, he kept exclaiming with every expulsion of breath, "Beasts!"

The crowd began to grow unruly, and some of the men were protesting against the spoiling of the sport; but they were silenced when the newcomer lifted his head from his work for a moment and glared at them.

"You damn beasts!" he finally exploded, and went back to his task.

"It's no use, Mr. Scott, you can't break 'm apart that way,"

Matt said at last.

The pair paused and surveyed the locked dogs.

"Ain't bleedin' much," Matt announced. "Ain't got all the way in yet."

"But he's liable to any moment," Scott answered. "There, did you see that! He shifted his grip in a bit."

The younger man's excitement and apprehension for White Fang was growing. He struck Cherokee about the head savagely again and again. But that did not loosen the jaws. Cherokee wagged the stump of his tail in advertisement that he understood the meaning of the blows, but that he knew he was himself in the right and only doing his duty by keeping his grip.

"Won't some of you help?" Scott cried desperately at the crowd.

But no help was offered. Instead, the crowd began sarcastically to cheer him on and showered him with facetious[16] advice.

"You'll have to get a pry,"[17] Matt counselled.

The other reached into the holster at his hip, drew his revolver, and tried to thrust its muzzle between the bull-dog's jaws. He shoved, and shoved hard, till the grating of the steel against the locked teeth could be distinctly heard. Both men were on their knees, bending over the dogs. Tim Keenan strode into the ring. He paused beside Scott and touched him on the shoulder, saying ominously:

"Don't break them teeth, stranger."

"Then I'll break his neck," Scott retorted, continuing his shoving and wedging with the revolver muzzle.

"I said don't break them teeth," the faro-dealer repeated more ominously than before.

---

16) facetious: 익살맞은, 우스운, 농담의

17) pry: 지렛대, 지레의 작용

But if it was a bluff he intended, it did not work. Scott never desisted from his efforts, though he looked up coolly and asked:

"Your dog?"

The faro-dealer grunted.

"Then get in here and break this grip."

"Well, stranger," the other drawled[18] irritatingly, "I don't mind telling you that's something I ain't worked out for myself. I don't know how to turn the trick."

"Then get out of the way," was the reply, "and don't bother me. I'm busy."

Tim Keenan continued standing over him, but Scott took no further notice of his presence. He had managed to get the muzzle in between the jaws on one side, and was trying to get it out between the jaws on the other side. This accomplished, he pried gently and carefully, loosening the jaws a bit at a time, while Matt, a bit at a time, extricated White Fang's mangled neck.

"Stand by to receive your dog," was Scott's peremptory order to Cherokee's owner.

The faro-dealer stooped down obediently and got a firm hold on Cherokee.

"Now!" Scott warned, giving the final pry.

The dogs were drawn apart, the bull-dog struggling vigorously.

"Take him away," Scott commanded, and Tim Keenan dragged Cherokee back into the crowd.

White Fang made several ineffectual efforts to get up. Once he gained his feet, but his legs were too weak to sustain him, and he slowly wilted and sank back into the snow. His eyes were half closed, and the surface of them was glassy. His jaws were apart, and through them the tongue protruded, draggled

---

18) drawl: (내키지 않는 듯이) 느리게 말하다, 점잔빼며 천천히 말하다

and limp. To all appearances he looked like a dog that had been strangled to death. Matt examined him.

"Just about all in,"[19] he announced; "but he's breathin' all right."

Beauty Smith had regained his feet and come over to look at White Fang.

"Matt, how much is a good sled-dog worth?" Scott asked.

The dog-musher, still on his knees and stooped over White Fang, calculated for a moment.

"Three hundred dollars," he answered.

"And how much for one that's all chewed up[20] like this one?" Scott asked, nudging White Fang with his foot.

"Half of that," was the dog-musher's judgment. Scott turned upon Beauty Smith.

"Did you hear, Mr. Beast? I'm going to take your dog from you, and I'm going to give you a hundred and fifty for him."

He opened his pocket-book and counted out the bills.

Beauty Smith put his hands behind his back, refusing to touch the proffered money.

"I ain't a-sellin'," he said.

"Oh, yes you are," the other assured him. "Because I'm buying. Here's your money. The dog's mine."

Beauty Smith, his hands still behind him, began to back away.

Scott sprang toward him, drawing his fist back to strike. Beauty Smith cowered down in anticipation of the blow.

"I've got my rights," he whimpered.

"You've forfeited your rights to own that dog," was the rejoinder.[21] "Are you going to take the money? or do I have to hit

---

19) Just about all in: 거의 지쳐빠진, 기진맥진한

20) chewed up: (미 속어) 무참하게 당했다, 기가 죽어 있다

21) rejoinder: 대답, 답변

you again?"

"All right," Beauty Smith spoke up with the alacrity of fear. "But I take the money under protest," he added. "The dog's a mint. I ain't a-goin' to be robbed. A man's got his rights."

"Correct," Scott answered, passing the money over to him. "A man's got his rights. But you're not a man. You're a beast."

"Wait till I get back to Dawson," Beauty Smith threatened. "I'll have the law on you."[22]

"If you open your mouth when you get back to Dawson, I'll have you run out of town. Understand?"

Beauty Smith replied with a grunt.

"Understand?" the other thundered with abrupt fierceness.

"Yes," Beauty Smith grunted, shrinking away.

"Yes what?"

"Yes, sir," Beauty Smith snarled.

"Look out! He'll bite!" some one shouted, and a guffaw[23] of laughter went up.

Scott turned his back on him, and returned to help the dog-musher, who was working over White Fang.

Some of the men were already departing; others stood in groups, looking on and talking. Tim Keenan joined one of the groups.

"Who's that mug?"[24] he asked.

"Weedon Scott," some one answered.

"And who in hell is Weedon Scott?" the faro-dealer demanded.

"Oh, one of them crackerjack minin' experts.[25] He's in with

---

22) "I'll have the law on you." : "당신에게 소송을 걸겠다."

23) guffaw: 너털웃음

24) mug: 얼간이, 바보

25) crackerjack minin' experts: 우수한 광산 전문가

all the big bugs.[26)] If you want to keep out of trouble, you'll steer clear of[27)] him, that's my talk. He's all hunky with[28)] the officials. The Gold Commissioner's[29)] a special pal of his."

"I thought he must be somebody,"[30)] was the faro-dealer's comment. "That's why I kept my hands offen[31)] him at the start."

26) big bugs: 거물들

27) steer clear of: 가까이 가지 않다, 비키다

28) hunky with: 잘 지내는

29) Gold Commissioner: 금광 감독관

30) somebody: 상당한 인물, 대단한 사람

31) kept my hands offen: keep one's hands off, ~에서 떨어져 있다, ~에 손을 대지 않다, ~에 간섭하지 않다

CHAPTER V
THE INDOMITABLE

"It's hopeless," Weedon Scott confessed.

He sat on the step of his cabin and stared at the dog-musher, who responded with a shrug that was equally hopeless.

Together they looked at White Fang at the end of his stretched chain, bristling, snarling, ferocious, straining to get at the sled-dogs. Having received sundry lessons from Matt, said lessons being imparted by means of a club, the sled-dogs had learned to leave White Fang alone; and even then they were lying down at a distance, apparently oblivious of his existence.

"It's a wolf and there's no taming it," Weedon Scott announced.

"Oh, I don't know about that," Matt objected. "Might be a lot of dog in 'm, for all you can tell. But there's one thing I know sure, an' that there's no gettin' away from."

The dog-musher paused and nodded his head confidentially at Moosehide Mountain.

"Well, don't be a miser with what you know," Scott said sharply, after waiting a suitable length of time. "Spit it out. What is it?"

The dog-musher indicated White Fang with a backward thrust of his thumb.

"Wolf or dog, it's all the same—he's ben tamed 'ready."

"No!"

"I tell you yes, an' broke to harness.[1] Look close there. D'ye see them marks across the chest?"

"You're right, Matt. He was a sled-dog before Beauty Smith

1) broke to harness: 썰매 장비(마구)를 매본

got hold of him."

"And there's not much reason against his bein' a sled-dog again."

"What d'ye think?" Scott queried eagerly. Then the hope died down as he added, shaking his head, "We've had him two weeks now, and if anything he's wilder than ever at the present moment."

"Give 'm a chance," Matt counselled. "Turn 'm loose for a spell."[2)]

The other looked at him incredulously.

"Yes," Matt went on, "I know you've tried to, but you didn't take a club."

"You try it then."

The dog-musher secured a club and went over to the chained animal. White Fang watched the club after the manner of a caged lion watching the whip of its trainer.

"See 'm keep his eye on that club," Matt said. "That's a good sign. He's no fool. Don't dast[3)] tackle me so long as I got that club handy. He's not clean crazy, sure."

As the man's hand approached his neck, White Fang bristled and snarled and crouched down. But while he eyed the approaching hand, he at the same time contrived to keep track of the club in the other hand, suspended threateningly above him. Matt unsnapped the chain from the collar and stepped back.

White Fang could scarcely realize that he was free. Many months had gone by since he passed into the possession of Beauty Smith, and in all that period he had never known a moment of freedom except at the times he had been loosed to fight with other dogs. Immediately after such fights he had always

---

2) for a spell: 잠시, 한바탕

3) dast: just

been imprisoned again.

He did not know what to make of it. Perhaps some new devilry of the gods was about to be perpetrated on him. He walked slowly and cautiously, prepared to be assailed at any moment. He did not know what to do, it was all so unprecedented. He took the precaution to sheer off from the two watching gods, and walked carefully to the corner of the cabin. Nothing happened. He was plainly perplexed, and he came back again, pausing a dozen feet away and regarding the two men intently.

"Won't he run away?" his new owner asked.

Matt shrugged his shoulders. "Got to take a gamble. Only way to find out is to find out."

"Poor devil," Scott murmured pityingly. "What he needs is some show of human kindness," he added, turning and going into the cabin.

He came out with a piece of meat, which he tossed to White Fang. He sprang away from it, and from a distance studied it suspiciously.

"Hi-yu, Major!" Matt shouted warningly, but too late.

Major had made a spring for the meat. At the instant his jaws closed on it, White Fang struck him. He was overthrown. Matt rushed in, but quicker than he was White Fang. Major staggered to his feet, but the blood spouting from his throat reddened the snow in a widening path.

"It's too bad, but it served him right,"[4] Scott said hastily.

But Matt's foot had already started on its way to kick White Fang. There was a leap, a flash of teeth, a sharp exclamation. White Fang, snarling fiercely, scrambled backward for several yards, while Matt stooped and investigated his leg.

---

4) it served him right: 그것 쌤통이다. 그래도 싸다

"He got me all right,"[5] he announced, pointing to the torn trousers and undercloths, and the growing stain of red.

"I told you it was hopeless, Matt," Scott said in a discouraged voice. "I've thought about it off and on,[6] while not wanting to think of it. But we've come to it now. It's the only thing to do."

As he talked, with reluctant movements he drew his revolver, threw open the cylinder,[7] and assured himself of its contents.

"Look here, Mr. Scott," Matt objected; "that dog's ben through hell. You can't expect 'm to come out a white an' shinin' angel. Give 'm time."

"Look at Major," the other rejoined.

The dog-musher surveyed the stricken dog. He had sunk down on the snow in the circle of his blood and was plainly in the last gasp.

"Served 'm right. You said so yourself, Mr. Scott. He tried to take White Fang's meat, an' he's dead-O. That was to be expected. I wouldn't give two whoops in hell for a dog that wouldn't fight for his own meat."

"But look at yourself, Matt. It's all right about the dogs, but we must draw the line somewhere."

"Served me right," Matt argued stubbornly. "What'd I want to kick 'm for? You said yourself that he'd done right. Then I had no right to kick 'm."

"It would be a mercy to kill him," Scott insisted. "He's untamable."

"Now look here, Mr. Scott, give the poor devil a fightin' chance. He ain't had no chance yet. He's just come through hell, an' this is the first time he's ben loose. Give 'm a fair chance,

---

5) "He got me all right,": "그가 나를 확실히 물었다."

6) off and on: 때때로, 불규칙하게, 단속적으로

7) cylinder: 탄창

an' if he don't deliver the goods, I'll kill 'm myself. There!"

"God knows I don't want to kill him or have him killed," Scott answered, putting away the revolver. "We'll let him run loose and see what kindness can do for him. And here's a try at it."

He walked over to White Fang and began talking to him gently and soothingly.

"Better have a club handy," Matt warned.

Scott shook his head and went on trying to win White Fang's confidence.

White Fang was suspicious. Something was impending. He had killed this god's dog, bitten his companion god, and what else was to be expected than some terrible punishment? But in the face of it he was indomitable. He bristled and showed his teeth, his eyes vigilant, his whole body wary and prepared for anything. The god had no club, so he suffered him to approach quite near. The god's hand had come out and was descending upon his head. White Fang shrank together and grew tense as he crouched under it. Here was danger, some treachery or something. He knew the hands of the gods, their proved mastery, their cunning to hurt. Besides, there was his old antipathy to being touched. He snarled more menacingly, crouched still lower, and still the hand descended. He did not want to bite the hand, and he endured the peril of it until his instinct surged up in him, mastering him with its insatiable yearning[8] for life.

Weedon Scott had believed that he was quick enough to avoid any snap or slash. But he had yet to learn the remarkable quickness of White Fang, who struck with the certainty and swiftness of a coiled snake.

Scott cried out sharply with surprise, catching his torn hand

8) insatiable yearning: 만족을 모르는, 탐욕스러운 열망

and holding it tightly in his other hand. Matt uttered a great oath and sprang to his side. White Fang crouched down, and backed away, bristling, showing his fangs, his eyes malignant with menace. Now he could expect a beating as fearful as any he had received from Beauty Smith.

"Here! What are you doing?" Scott cried suddenly.

Matt had dashed into the cabin and come out with a rifle.

"Nothin'," he said slowly, with a careless calmness that was assumed, "only goin' to keep that promise I made. I reckon it's up to me to kill 'm as I said I'd do."

"No you don't!"

"Yes I do. Watch me."

As Matt had pleaded for White Fang when he had been bitten, it was now Weedon Scott's turn to plead.

"You said to give him a chance. Well, give it to him. We've only just started, and we can't quit at the beginning. It served me right, this time. And — look at him!"

White Fang, near the corner of the cabin and forty feet away, was snarling with blood-curdling viciousness, not at Scott, but at the dog-musher.

"Well, I'll be everlastingly gosh-swoggled!" was the dog-musher's expression of astonishment.

"Look at the intelligence of him," Scott went on hastily. "He knows the meaning of firearms as well as you do. He's got intelligence and we've got to give that intelligence a chance. Put up the gun."

"All right, I'm willin'," Matt agreed, leaning the rifle against the woodpile.

"But will you look at that!" he exclaimed the next moment.

White Fang had quieted down and ceased snarling. "This is worth investigatin'. Watch."

Matt, reached for the rifle, and at the same moment White

Fang snarled. He stepped away from the rifle, and White Fang's lifted lips descended, covering his teeth.

"Now, just for fun."

Matt took the rifle and began slowly to raise it to his shoulder. White Fang's snarling began with the movement, and increased as the movement approached its culmination. But the moment before the rifle came to a level on him, he leaped sidewise behind the corner of the cabin. Matt stood staring along the sights at the empty space of snow which had been occupied by White Fang.

The dog-musher put the rifle down solemnly, then turned and looked at his employer.

"I agree with you, Mr. Scott. That dog's too intelligent to kill."[9]

9) That dog's too intelligent to kill.: 저 개는 죽이기에는 너무 영리(똑똑)하다.

CHAPTER VI
THE LOVE-MASTER

As White Fang watched Weedon Scott approach, he bristled and snarled to advertise that he would not submit to punishment. Twenty-four hours had passed since he had slashed open the hand that was now bandaged and held up by a sling to keep the blood out of it. In the past White Fang had experienced delayed punishments, and he apprehended that such a one was about to befall him. How could it be otherwise? He had committed what was to him sacrilege, sunk his fangs into the holy flesh of a god, and of a white-skinned superior god at that. In the nature of things, and of intercourse with gods, something terrible awaited him.

The god sat down several feet away. White Fang could see nothing dangerous in that. When the gods administered punishment they stood on their legs. Besides, this god had no club, no whip, no firearm. And furthermore, he himself was free. No chain nor stick bound him. He could escape into safety while the god was scrambling to his feet. In the meantime he would wait and see.

The god remained quiet, made no movement; and White Fang's snarl slowly dwindled to a growl that ebbed down in his throat and ceased. Then the god spoke, and at the first sound of his voice, the hair rose on White Fang's neck and the growl rushed up in his throat. But the god made no hostile movement, and went on calmly talking. For a time White Fang growled in unison with[1)] him, a correspondence of rhythm being established between growl and voice. But the god talked on interminably.

---

1) in unison with: ~와 조화를 이뤄

He talked to White Fang as White Fang had never been talked to before. He talked softly and soothingly, with a gentleness that somehow, somewhere, touched White Fang. In spite of himself and all the pricking[2)] warnings of his instinct, White Fang began to have confidence in this god. He had a feeling of security that was belied by[3)] all his experience with men.

After a long time, the god got up and went into the cabin. White Fang scanned him apprehensively when he came out. He had neither whip nor club nor weapon. Nor was his uninjured hand behind his back hiding something. He sat down as before, in the same spot, several feet away. He held out a small piece of meat. White Fang pricked his ears and investigated it suspiciously, managing to look at the same time both at the meat and the god, alert for any overt act, his body tense and ready to spring away at the first sign of hostility.

Still the punishment delayed.[4)] The god merely held near to his nose a piece of meat. And about the meat there seemed nothing wrong. Still White Fang suspected; and though the meat was proffered to him with short inviting thrusts of the hand, he refused to touch it. The gods were all-wise, and there was no telling what masterful treachery lurked behind that apparently harmless piece of meat. In past experience, especially in dealing with squaws, meat and punishment had often been disastrously related.

---

2) pricking: 뜨끔뜨끔 쑤시는

3) belied by: 일치하지 않는, 어긋나는, 맞지 않는

4) Still the punishment delayed.: 아직도 처벌이 미루어지고 있었다. (※ 화이트팽은 예전의 인간들과의 경험으로 미루어 볼 때 자신이 신과 같은 존재인 인간의 손을 물어서 찢어버린 것은 큰 잘못이고 이에 합당한 가혹한 폭력의 벌이 일어나야 하는데 위든 스콧한테서는 그런 형벌이 보이지 않자 불안해하고 적응을 못하는 모습을 보임. 작가는 이 부분에서도 환경의 중요성을 강조하고 있다.)

In the end, the god tossed the meat on the snow at White Fang's feet. He smelled the meat carefully; but he did not look at it. While he smelled it he kept his eyes on the god. Nothing happened. He took the meat into his mouth and swallowed it. Still nothing happened. The god was actually offering him another piece of meat. Again he refused to take it from the hand, and again it was tossed to him. This was repeated a number of times. But there came a time when the god refused to toss it. He kept it in his hand and steadfastly proffered it.

The meat was good meat, and White Fang was hungry. Bit by bit, infinitely cautious, he approached the hand. At last the time came that he decided to eat the meat from the hand. He never took his eyes from the god, thrusting his head forward with ears flattened back and hair involuntarily rising and cresting on his neck. Also a low growl rumbled in his throat as warning that he was not to be trifled with. He ate the meat, and nothing happened. Piece by piece, he ate all the meat, and nothing happened. Still the punishment delayed.

He licked his chops and waited. The god went on talking. In his voice was kindness — something of which White Fang had no experience whatever. And within him it aroused feelings which he had likewise never experienced before. He was aware of a certain strange satisfaction, as though some need were being gratified, as though some void in his being were being filled. Then again came the prod of his instinct and the warning of past experience. The gods were ever crafty, and they had unguessed ways of attaining their ends.

Ah, he had thought so! There it came now, the god's hand, cunning to hurt, thrusting out at him, descending upon his head. But the god went on talking. His voice was soft and soothing. In spite of the menacing hand, the voice inspired confidence. And in spite of the assuring voice, the hand inspired distrust. White

Fang was torn by conflicting feelings, impulses. It seemed he would fly to pieces, so terrible was the control he was exerting, holding together by an unwonted indecision[5] the counter-forces that struggled within him for mastery.

He compromised. He snarled and bristled and flattened his ears. But he neither snapped nor sprang away. The hand descended. Nearer and nearer it came. It touched the ends of his upstanding hair. He shrank down under it. It followed down after him, pressing more closely against him. Shrinking, almost shivering, he still managed to hold himself together. It was a torment, this hand that touched him and violated his instinct. He could not forget in a day all the evil that had been wrought him at the hands of men. But it was the will of the god, and he strove to submit.

The hand lifted and descended again in a patting, caressing movement. This continued, but every time the hand lifted, the hair lifted under it. And every time the hand descended, the ears flattened down and a cavernous growl surged in his throat. White Fang growled and growled with insistent warning. By this means he announced that he was prepared to retaliate for any hurt he might receive. There was no telling when the god's ulterior[6] motive might be disclosed. At any moment that soft, confidence-inspiring voice might break forth in a roar of wrath, that gentle and caressing hand transform itself into a vice-like grip to hold him helpless and administer punishment.

But the god talked on softly, and ever the hand rose and fell with non-hostile pats. White Fang experienced dual feelings. It was distasteful to his instinct. It restrained him, opposed the will of him toward personal liberty. And yet it was not physically

---

5) unwonted indecision: 이례적인 망설임

6) ulterior: 숨은, 나타나지 않는

painful. On the contrary, it was even pleasant, in a physical way. The patting movement slowly and carefully changed to a rubbing of the ears about their bases, and the physical pleasure even increased a little. Yet he continued to fear, and he stood on guard, expectant of unguessed evil, alternately suffering and enjoying as one feeling or the other came uppermost and swayed him.

"Well, I'll be gosh-swoggled!"[7)]

So spoke Matt, coming out of the cabin, his sleeves rolled up, a pan of dirty dish-water in his hands, arrested in the act of emptying the pan by the sight of Weedon Scott patting White Fang.

At the instant his voice broke the silence, White Fang leaped back, snarling savagely at him.

Matt regarded his employer with grieved disapproval.

"If you don't mind my expressin' my feelin's, Mr. Scott, I'll make free to say you're seventeen kinds of a damn fool[8)] an' all of 'em different, an' then some."

Weedon Scott smiled with a superior air, gained his feet, and walked over to White Fang. He talked soothingly to him, but not for long, then slowly put out his hand, rested it on White Fang's head, and resumed the interrupted patting. White Fang endured it, keeping his eyes fixed suspiciously, not upon the man that patted him, but upon the man that stood in the doorway.

"You may be a number one, tip-top minin' expert,[9)] all right all right," the dog-musher delivered himself oracularly,[10)] "but

7) "Well, I'll be gosh-swoggled!": 이런, 정말 놀랐어(Well, I'll be[I'm] damned.)

8) seventeen kinds of a damn fool: 여러 가지 멍청한 바보 같은

9) tip-top minin' expert: 최고의 광산 전문가

10) oracularly: 예언자적으로, 젠체하며

you missed the chance of your life when you was a boy an' didn't run off an' join a circus."

White Fang snarled at the sound of his voice, but this time did not leap away from under the hand that was caressing his head and the back of his neck with long, soothing strokes.

It was the beginning of the end for White Fang — the ending of the old life and the reign of hate. A new and incomprehensibly fairer life was dawning. It required much thinking and endless patience on the part of Weedon Scott to accomplish this. And on the part of White Fang it required nothing less than a revolution.[11] He had to ignore the urges and promptings of instinct and reason, defy experience, give the lie to life itself.

Life, as he had known it, not only had had no place in it for much that he now did; but all the currents had gone counter to those to which he now abandoned himself. In short, when all things were considered, he had to achieve an orientation far vaster than the one he had achieved at the time he came voluntarily in from the Wild and accepted Grey Beaver as his lord. At that time he was a mere puppy, soft from the making, without form, ready for the thumb of circumstance to begin its work upon him. But now it was different. The thumb of circumstance[12] had done its work only too well. By it he had been formed and hardened into the Fighting Wolf, fierce and implacable, unloving and unlovable. To accomplish the change was like a reflux of being,[13] and this when the plasticity of youth was no longer his; when the fibre of him had become tough and

---

11) nothing less than a revolution: 다름 아닌 혁명을

12) The thumb of circumstance: 환경의 엄지손가락(※ 작가는 계속적으로 환경의 중요성을 강조하고 있음)

13) To accomplish the change was like a reflux of being: 그 변화를 달성하는 것은 존재의 역행과 같은 것이었다.

knotty;[14] when the warp and the woof of him had made of him an adamantine[15] texture, harsh and unyielding; when the face of his spirit had become iron and all his instincts and axioms[16] had crystallised into set rules, cautions, dislikes, and desires.

Yet again, in this new orientation, it was the thumb of circumstance that pressed and prodded him, softening that which had become hard and remoulding it into fairer form. Weedon Scott was in truth this thumb. He had gone to the roots of White Fang's nature, and with kindness touched to life potencies that had languished and well-nigh perished. One such potency was love. It took the place of like, which latter had been the highest feeling that thrilled him in his intercourse with the gods.

But this love did not come in a day. It began with like and out of it slowly developed. White Fang did not run away, though he was allowed to remain loose, because he liked this new god. This was certainly better than the life he had lived in the cage of Beauty Smith, and it was necessary that he should have some god. The lordship of man was a need of his nature. The seal of his dependence on man had been set upon him in that early day when he turned his back on the Wild and crawled to Grey Beaver's feet to receive the expected beating. This seal had been stamped upon him again, and ineradicably,[17] on his second return from the Wild, when the long famine was over and there was fish once more in the village of Grey Beaver.

And so, because he needed a god and because he preferred Weedon Scott to Beauty Smith, White Fang remained. In acknowledgment of fealty, he proceeded to take upon himself

14) knotty: 매듭이 있는, 마디가 많은, 얽힌, 엉클어진, 해결이 곤란한

15) adamantine: 다이아몬드 같은, 견고한, 견고한, 단호한

16) axiom: 자명한 이치, 원리, 원칙

17) ineradicably: 뿌리 깊게, 근절할 수 없게

the guardianship of his master's property. He prowled about the cabin while the sled-dogs slept, and the first night-visitor to the cabin fought him off with a club until Weedon Scott came to the rescue. But White Fang soon learned to differentiate between thieves and honest men, to appraise the true value of step and carriage. The man who travelled, loud-stepping, the direct line to the cabin door, he let alone — though he watched him vigilantly until the door opened and he received the endorsement of the master. But the man who went softly, by circuitous ways, peering with caution, seeking after secrecy — that was the man who received no suspension of judgment from White Fang, and who went away abruptly, hurriedly, and without dignity.

Weedon Scott had set himself the task of redeeming[18] White Fang — or rather, of redeeming mankind from the wrong it had done White Fang. It was a matter of principle and conscience. He felt that the ill done White Fang was a debt incurred by man and that it must be paid. So he went out of his way to be especially kind to the Fighting Wolf. Each day he made it a point to[19] caress and pet White Fang, and to do it at length.

At first suspicious and hostile, White Fang grew to like this petting. But there was one thing that he never outgrew — his growling. Growl he would, from the moment the petting began till it ended. But it was a growl with a new note in it. A stranger could not hear this note, and to such a stranger the growling of White Fang was an exhibition of primordial savagery, nerve-racking and blood-curdling. But White Fang's throat had become harsh-fibred from the making of ferocious sounds through the many years since his first little rasp of anger in the lair of

---

18) redeeming: 벌충하는, 명예 회복의, 결점을 보완하는

19) made it a point to: make it a point to do, ~을 규칙적으로 하다, ~하는 것을 잊지 않다

his cubhood, and he could not soften the sounds of that throat now to express the gentleness he felt. Nevertheless, Weedon Scott's ear and sympathy were fine enough to catch the new note all but drowned in the fierceness — the note that was the faintest hint of a croon of content and that none but he could hear.

As the days went by, the evolution of like into love was accelerated. White Fang himself began to grow aware of it, though in his consciousness he knew not what love was. It manifested itself to him as a void in his being — a hungry, aching, yearning void that clamoured to be filled. It was a pain and an unrest; and it received easement only by the touch of the new god's presence. At such times love was joy to him, a wild, keen-thrilling satisfaction. But when away from his god, the pain and the unrest returned; the void in him sprang up and pressed against him with its emptiness, and the hunger gnawed and gnawed unceasingly.

White Fang was in the process of finding himself. In spite of the maturity of his years and of the savage rigidity of the mould that had formed him, his nature was undergoing an expansion. There was a burgeoning within him of strange feelings and unwonted impulses. His old code of conduct was changing. In the past he had liked comfort and surcease from pain, disliked discomfort and pain, and he had adjusted his actions accordingly. But now it was different. Because of this new feeling within him, he ofttimes elected discomfort and pain for the sake of his god. Thus, in the early morning, instead of roaming and foraging, or lying in a sheltered nook, he would wait for hours on the cheerless cabin-stoop[20] for a sight of the god's face. At night, when the god returned home, White Fang would leave

20) cabin-stoop: 오두막집의 현관(계단)

the warm sleeping-place he had burrowed in the snow in order to receive the friendly snap of fingers and the word of greeting. Meat, even meat itself, he would forego to be with his god, to receive a caress from him or to accompany him down into the town.

Like had been replaced by love. And love was the plummet dropped down into the deeps of him where like had never gone. And responsive out of his deeps had come the new thing — love. That which was given unto him did he return. This was a god indeed, a love-god,[21)] a warm and radiant god, in whose light White Fang's nature expanded as a flower expands under the sun.

But White Fang was not demonstrative. He was too old, too firmly moulded, to become adept at expressing himself in new ways. He was too self-possessed, too strongly poised in his own isolation. Too long had he cultivated reticence, aloofness, and moroseness. He had never barked in his life, and he could not now learn to bark a welcome when his god approached. He was never in the way, never extravagant nor foolish in the expression of his love. He never ran to meet his god. He waited at a distance; but he always waited, was always there. His love partook of the nature of worship, dumb, inarticulate, a silent adoration. Only by the steady regard of his eyes did he express his love, and by the unceasing following with his eyes of his god's every movement. Also, at times, when his god looked at him and spoke to him, he betrayed an awkward self-consciousness, caused by the struggle of his love to express itself and his physical inability to express it.

---

21) a love-god: 사랑의 신 (※ 위든 스콧이 화이트 팽에게 사랑의 신이 됨. 위든 스콧의 사랑의 힘으로 화이트 팽은 지금까지 경험해보지 못했던 사랑의 감정을 느낌으로써 위든 스콧에게 자발적으로 충성하게 되고 위든 스콧과 화이트 팽의 관계는 어떤 관계보다도 결속력이 단단해진다.)

He learned to adjust himself in many ways to his new mode of life. It was borne in upon him that he must let his master's dogs alone. Yet his dominant nature asserted itself, and he had first to thrash them into an acknowledgment of his superiority and leadership. This accomplished, he had little trouble with them. They gave trail to him when he came and went or walked among them, and when he asserted his will they obeyed.

In the same way, he came to tolerate Matt — as a possession of his master. His master rarely fed him. Matt did that, it was his business; yet White Fang divined that it was his master's food he ate and that it was his master who thus fed him vicariously. Matt it was who tried to put him into the harness and make him haul sled with the other dogs. But Matt failed. It was not until Weedon Scott put the harness on White Fang and worked him, that he understood. He took it as his master's will that Matt should drive him and work him just as he drove and worked his master's other dogs.

Different from the Mackenzie toboggans were the Klondike sleds with runners under them. And different was the method of driving the dogs. There was no fan-formation of the team. The dogs worked in single file, one behind another, hauling on double traces. And here, in the Klondike, the leader was indeed the leader. The wisest as well as strongest dog was the leader, and the team obeyed him and feared him. That White Fang should quickly gain this post was inevitable. He could not be satisfied with less, as Matt learned after much inconvenience and trouble. White Fang picked out the post for himself, and Matt backed his judgment with strong language after the experiment had been tried. But, though he worked in the sled in the day, White Fang did not forego the guarding of his master's property in the night. Thus he was on duty all the time, ever vigilant and faithful, the most valuable of all the dogs.

"Makin' free to spit out what's in me," Matt said one day, "I beg to state that you was a wise guy all right when you paid the price you did for that dog. You clean swindled Beauty Smith on top of pushin' his face in with your fist."

A recrudescence of anger glinted in Weedon Scott's grey eyes, and he muttered savagely, "The beast!"

In the late spring a great trouble came to White Fang. Without warning, the love-master disappeared. There had been warning, but White Fang was unversed in such things and did not understand the packing of a grip. He remembered afterwards that his packing had preceded the master's disappearance; but at the time he suspected nothing. That night he waited for the master to return. At midnight the chill wind that blew drove him to shelter at the rear of the cabin. There he drowsed, only half asleep, his ears keyed for the first sound of the familiar step. But, at two in the morning, his anxiety drove him out to the cold front stoop, where he crouched, and waited.

But no master came. In the morning the door opened and Matt stepped outside. White Fang gazed at him wistfully. There was no common speech by which he might learn what he wanted to know. The days came and went, but never the master. White Fang, who had never known sickness in his life, became sick. He became very sick, so sick that Matt was finally compelled to bring him inside the cabin. Also, in writing to his employer, Matt devoted a postscript to White Fang.

Weedon Scott reading the letter down in Circle City, came upon the following:

"That dam wolf won't work. Won't eat. Aint got no spunk left. All the dogs is licking him. Wants to know what has become of you, and I don't know how to tell him. Mebbe he is going to die."

It was as Matt had said. White Fang had ceased eating, lost

heart, and allowed every dog of the team to thrash him. In the cabin he lay on the floor near the stove, without interest in food, in Matt, nor in life. Matt might talk gently to him or swear at him, it was all the same; he never did more than turn his dull eyes upon the man, then drop his head back to its customary position on his fore-paws.

And then, one night, Matt, reading to himself with moving lips and mumbled sounds, was startled by a low whine from White Fang. He had got upon his feet, his ears cocked towards the door, and he was listening intently. A moment later, Matt heard a footstep. The door opened, and Weedon Scott stepped in. The two men shook hands. Then Scott looked around the room.

"Where's the wolf?" he asked.

Then he discovered him, standing where he had been lying, near to the stove. He had not rushed forward after the manner of other dogs. He stood, watching and waiting.

"Holy smoke!"[22] Matt exclaimed. "Look at 'm wag his tail!"

Weedon Scott strode half across the room toward him, at the same time calling him. White Fang came to him, not with a great bound, yet quickly. He was awakened from self-consciousness, but as he drew near, his eyes took on a strange expression. Something, an incommunicable vastness of feeling, rose up into his eyes as a light and shone forth.

"He never looked at me that way all the time you was gone!" Matt commented.

Weedon Scott did not hear. He was squatting down on his heels, face to face with White Fang and petting him — rubbing at the roots of the ears, making long caressing strokes down the neck to the shoulders, tapping the spine gently with the balls

22) Holy smoke!: 오 이런!, 감탄이나 놀람의 표현

of his fingers. And White Fang was growling responsively, the crooning[23] note of the growl more pronounced than ever.

But that was not all. What of his joy, the great love in him, ever surging and struggling to express itself, succeeded in finding a new mode of expression. He suddenly thrust his head forward and nudged his way in between the master's arm and body. And here, confined, hidden from view all except his ears, no longer growling, he continued to nudge and snuggle.[24]

The two men looked at each other. Scott's eyes were shining.

"Gosh!" said Matt in an awe-stricken voice.

A moment later, when he had recovered himself, he said, "I always insisted that wolf was a dog. Look at 'm!"

With the return of the love-master, White Fang's recovery was rapid. Two nights and a day he spent in the cabin. Then he sallied forth. The sled-dogs had forgotten his prowess. They remembered only the latest, which was his weakness and sickness. At the sight of him as he came out of the cabin, they sprang upon him.

"Talk about your rough-houses,"[25] Matt murmured gleefully, standing in the doorway and looking on.

"Give 'm hell,[26] you wolf! Give 'm hell! — an' then some!"

White Fang did not need the encouragement. The return of the love-master was enough. Life was flowing through him again, splendid and indomitable. He fought from sheer joy, finding in it an expression of much that he felt and that otherwise was without speech. There could be but one ending. The team dispersed in ignominious defeat, and it was not until after dark

23) croon: 작은 소리로 노래하다, 중얼대다, 읊조리다

24) snuggle: 다가들다, 다가붙다

25) rough-house: (옥내에서의) 난장판, 야단법석, 큰 싸움

26) Give 'm hell: 그들에게 본때를 보여줘, 그들을 혼내줘라

that the dogs came sneaking back, one by one, by meekness and humility signifying their fealty to White Fang.

Having learned to snuggle, White Fang was guilty of it often. It was the final word. He could not go beyond it. The one thing of which he had always been particularly jealous was his head. He had always disliked to have it touched. It was the Wild in him, the fear of hurt and of the trap, that had given rise to the panicky impulses to avoid contacts. It was the mandate of his instinct that that head must be free. And now, with the love-master, his snuggling was the deliberate act of putting himself into a position of hopeless helplessness. It was an expression of perfect confidence, of absolute self-surrender, as though he said: "I put myself into thy hands. Work thou thy will with me."

One night, not long after the return, Scott and Matt sat at a game of cribbage preliminary to going to bed. "Fifteen-two, fifteen-four an' a pair makes six," Mat was pegging up, when there was an outcry and sound of snarling without. They looked at each other as they started to rise to their feet.

"The wolf's nailed[27)] somebody," Matt said.

A wild scream of fear and anguish hastened them.

"Bring a light!" Scott shouted, as he sprang outside.

Matt followed with the lamp, and by its light they saw a man lying on his back in the snow. His arms were folded, one above the other, across his face and throat. Thus he was trying to shield himself from White Fang's teeth. And there was need for it. White Fang was in a rage, wickedly making his attack on the most vulnerable spot. From shoulder to wrist of the crossed arms, the coat-sleeve, blue flannel shirt and undershirt were ripped in rags, while the arms themselves were terribly slashed and streaming blood.

---

27) nail: 붙잡다

All this the two men saw in the first instant. The next instant Weedon Scott had White Fang by the throat and was dragging him clear. White Fang struggled and snarled, but made no attempt to bite, while he quickly quieted down at a sharp word from the master.

Matt helped the man to his feet. As he arose he lowered his crossed arms, exposing the bestial face of Beauty Smith. The dog-musher let go of him precipitately, with action similar to that of a man who has picked up live fire. Beauty Smith blinked in the lamplight and looked about him. He caught sight of White Fang and terror rushed into his face.

At the same moment Matt noticed two objects lying in the snow. He held the lamp close to them, indicating them with his toe for his employer's benefit — a steel dog-chain and a stout club.

Weedon Scott saw and nodded. Not a word was spoken. The dog-musher laid his hand on Beauty Smith's shoulder and faced him to the right about. No word needed to be spoken. Beauty Smith started.

In the meantime the love-master was patting White Fang and talking to him.

"Tried to steal you, eh? And you wouldn't have it! Well, well, he made a mistake, didn't he?"

"Must 'a' thought he had hold of seventeen devils," the dog-musher sniggered.[28)]

White Fang, still wrought up and bristling, growled and growled, the hair slowly lying down, the crooning note remote and dim, but growing in his throat.

---

28) snigger: snicker, 낄낄 웃다

PART FIVE: THE TAME

CHAPTER I
THE LONG TRAIL

It was in the air. White Fang sensed the coming calamity,[1] even before there was tangible evidence of it. In vague ways it was borne in upon him that a change was impending. He knew not how nor why, yet he got his feel of the oncoming event from the gods themselves. In ways subtler than they knew, they betrayed their intentions to the wolf-dog that haunted the cabin-stoop, and that, though he never came inside the cabin, knew what went on inside their brains.

"Listen to that, will you!" the dog-musher exclaimed at supper one night.

Weedon Scott listened. Through the door came a low, anxious whine, like a sobbing under the breath that had just grown audible. Then came the long sniff, as White Fang reassured himself that his god was still inside and had not yet taken himself off in mysterious and solitary flight.

"I do believe that wolf's on to you,"[2] the dog-musher said.

Weedon Scott looked across at his companion with eyes that almost pleaded, though this was given the lie by his words.

"What the devil can I do with a wolf in California?" he demanded.

"That's what I say," Matt answered. "What the devil can you

---

1) calamity: 재난, 참화, 재해(misery), 불행

2) that wolf's on to you: 저 늑대가 낌새를 채고 있다. be on to: 잘 알고 있다, 눈치 채고 있다, 기분을 이해하고 있다

do with a wolf in California?"

But this did not satisfy Weedon Scott. The other seemed to be judging him in a non-committal sort of way.

"White man's dogs would have no show against him," Scott went on. "He'd kill them on sight. If he didn't bankrupt me with damaged suits, the authorities would take him away from me and electrocute[3] him."

"He's a downright[4] murderer, I know," was the dog-musher's comment.

Weedon Scott looked at him suspiciously.

"It would never do," he said decisively.

"It would never do!" Matt concurred. "Why you'd have to hire a man 'specially to take care of 'm."

The other suspicion was allayed. He nodded cheerfully. In the silence that followed, the low, half-sobbing whine was heard at the door and then the long, questing sniff.

"There's no denyin' he thinks a hell of a lot of you,"[5] Matt said.

The other glared at him in sudden wrath. "Damn it all, man! I know my own mind and what's best!"

"I'm agreein' with you, only … "

"Only what?" Scott snapped out.

"Only … " the dog-musher began softly, then changed his mind and betrayed a rising anger of his own. "Well, you needn' t get so all-fired het up about it. Judgin' by your actions one'd think you didn't know your own mind."

Weedon Scott debated with himself for a while, and then said

3) electrocute: 전기충격으로 죽이다, 감전시켜 죽이다

4) downright: 완전한, 솔직한

5) There's no denyin' he thinks a hell of a lot of you: 그가 당신을 지독히 많이 생각한다는 것은 부정할 수 없죠.

more gently: "You are right, Matt. I don't know my own mind, and that's what's the trouble."

"Why, it would be rank ridiculousness for me to take that dog along," he broke out after another pause.

"I'm agreein' with you," was Matt's answer, and again his employer was not quite satisfied with him.

"But how in the name of the great Sardanapolis[6] he knows you're goin' is what gets me,"[7] the dog-musher continued innocently.

"It's beyond me, Matt," Scott answered, with a mournful shake of the head.

Then came the day when, through the open cabin door, White Fang saw the fatal grip on the floor and the love-master packing things into it. Also, there were comings and goings, and the erstwhile placid atmosphere of the cabin was vexed with strange perturbations and unrest. Here was indubitable evidence. White Fang had already scented it. He now reasoned it. His god was preparing for another flight. And since he had not taken him with him before, so, now, he could look to be left behind.

That night he lifted the long wolf-howl. As he had howled, in his puppy days, when he fled back from the Wild to the village to find it vanished and naught but a rubbish-heap to mark the site of Grey Beaver's tepee, so now he pointed his muzzle to the cold stars and told to them his woe.

Inside the cabin the two men had just gone to bed.

"He's gone off his food again," Matt remarked from his bunk.

There was a grunt from Weedon Scott's bunk, and a stir of blankets.

---

6) Sardanapolis: Sardanapalus, 사르다나팔로스, 아시리아 최후의 왕으로 유약하고 방탕하며 호사한 생활을 누림

7) what gets me: 나를 난처하게 하는 것이다

"From the way he cut up the other time you went away, I wouldn't wonder this time but what he died."

The blankets in the other bunk stirred irritably.

"Oh, shut up!" Scott cried out through the darkness. "You nag worse than a woman."

"I'm agreein' with you," the dog-musher answered, and Weedon Scott was not quite sure whether or not the other had snickered.

The next day White Fang's anxiety and restlessness were even more pronounced. He dogged his master's heels whenever he left the cabin, and haunted the front stoop when he remained inside. Through the open door he could catch glimpses of the luggage on the floor. The grip had been joined by two large canvas bags and a box. Matt was rolling the master's blankets and fur robe inside a small tarpaulin.[8] White Fang whined as he watched the operation.

Later on two Indians arrived. He watched them closely as they shouldered the luggage and were led off down the hill by Matt, who carried the bedding and the grip. But White Fang did not follow them. The master was still in the cabin. After a time, Matt returned. The master came to the door and called White Fang inside.

"You poor devil," he said gently, rubbing White Fang's ears and tapping his spine. "I'm hitting the long trail, old man, where you cannot follow. Now give me a growl — the last, good, good-bye growl."

But White Fang refused to growl. Instead, and after a wistful, searching look, he snuggled in, burrowing his head out of sight between the master's arm and body.

---

8) tarpaulin: 타르 칠한 방수포

"There she blows!"[9] Matt cried. From the Yukon arose the hoarse bellowing of a river steamboat. "You've got to cut it short. Be sure and lock the front door. I'll go out the back. Get a move on!"

The two doors slammed at the same moment, and Weedon Scott waited for Matt to come around to the front. From inside the door came a low whining and sobbing. Then there were long, deep-drawn sniffs.

"You must take good care of him, Matt," Scott said, as they started down the hill. "Write and let me know how he gets along."

"Sure," the dog-musher answered. "But listen to that, will you!"

Both men stopped. White Fang was howling as dogs howl when their masters lie dead. He was voicing an utter woe, his cry bursting upward in great heart-breaking rushes, dying down into quavering misery, and bursting upward again with a rush upon rush of grief.

The Aurora was the first steamboat of the year for the Outside, and her decks were jammed with prosperous adventurers and broken gold seekers, all equally as mad to get to the Outside as they had been originally to get to the Inside. Near the gang-plank,[10] Scott was shaking hands with Matt, who was preparing to go ashore. But Matt's hand went limp in the other's grasp as his gaze shot past and remained fixed on something behind him. Scott turned to see. Sitting on the deck several feet away and watching wistfully was White Fang.

The dog-musher swore softly, in awe-stricken accents. Scott could only look in wonder.

---

9) There she blows!: 증기선의 기적이 울립니다!

10) gang-plank: 트랩(배에서 부두에 걸쳐 놓는 이동식 다리), 건널판자

"Did you lock the front door?" Matt demanded. The other nodded, and asked, "How about the back?"

"You just bet I did," was the fervent reply.

White Fang flattened his ears ingratiatingly, but remained where he was, making no attempt to approach.

"I'll have to take 'm ashore with me."

Matt made a couple of steps toward White Fang, but the latter slid away from him. The dog-musher made a rush of it, and White Fang dodged between the legs of a group of men. Ducking, turning, doubling, he slid about the deck, eluding the other's efforts to capture him.

But when the love-master spoke, White Fang came to him with prompt obedience.

"Won't come to the hand that's fed 'm all these months," the dog-musher muttered resentfully. "And you — you ain't never fed 'm after them first days of gettin' acquainted. I'm blamed if I can see how he works it out that you're the boss."

Scott, who had been patting White Fang, suddenly bent closer and pointed out fresh-made cuts on his muzzle, and a gash between the eyes.

Matt bent over and passed his hand along White Fang's belly.

"We plump forgot the window. He's all cut an' gouged underneath. Must 'a' butted clean through it, b'gosh!"

But Weedon Scott was not listening. He was thinking rapidly. The Aurora's whistle hooted a final announcement of departure. Men were scurrying down the gang-plank to the shore. Matt loosened the bandana[11] from his own neck and started to put it around White Fang's. Scott grasped the dog-musher's hand.

"Good-bye, Matt, old man. About the wolf — you needn't write. You see, I've … !"

11) bandana: 홀치기 염색한 대형 손수건

"What!" the dog-musher exploded. "You don't mean to say ...?"

"The very thing I mean. Here's your bandana. I'll write to you about him."

Matt paused halfway down the gang-plank.

"He'll never stand the climate!" he shouted back. "Unless you clip 'm in warm weather!"

The gang-plank was hauled in, and the Aurora swung out from the bank. Weedon Scott waved a last good-bye. Then he turned and bent over White Fang, standing by his side.

"Now growl, damn you, growl," he said, as he patted the responsive head and rubbed the flattening ears.

CHAPTER II
THE SOUTHLAND

White Fang landed from the steamer in San Francisco. He was appalled. Deep in him, below any reasoning process or act of consciousness, he had associated power with godhead. And never had the white men seemed such marvellous gods as now, when he trod the slimy pavement of San Francisco. The log cabins he had known were replaced by towering buildings. The streets were crowded with perils — waggons,[1] carts,[2] automobiles; great, straining horses pulling huge trucks; and monstrous cable and electric cars hooting and clanging through the midst, screeching their insistent menace after the manner of the lynxes he had known in the northern woods.

All this was the manifestation of power. Through it all, behind it all, was man, governing and controlling, expressing himself, as of old, by his mastery over matter. It was colossal, stunning. White Fang was awed. Fear sat upon him. As in his cubhood he had been made to feel his smallness and puniness on the day he first came in from the Wild to the village of Grey Beaver, so now, in his full-grown stature and pride of strength, he was made to feel small and puny. And there were so many gods! He was made dizzy by the swarming of them. The thunder of the streets smote upon his ears. He was bewildered by the tremendous and endless rush and movement of things. As never before, he felt his dependence on the love-master, close at whose heels he followed, no matter what happened never losing sight of him.

1) waggon: 4륜 마차

2) cart: 2륜 마차

But White Fang was to have no more than a nightmare vision of the city—an experience that was like a bad dream, unreal and terrible, that haunted him for long after in his dreams. He was put into a baggage-car by the master, chained in a corner in the midst of heaped trunks and valises. Here a squat and brawny god held sway, with much noise, hurling trunks and boxes about, dragging them in through the door and tossing them into the piles, or flinging them out of the door, smashing and crashing, to other gods who awaited them.

And here, in this inferno of luggage, was White Fang deserted by the master. Or at least White Fang thought he was deserted, until he smelled out the master's canvas clothes-bags alongside of him, and proceeded to mount guard over them.

"'Bout time you come," growled the god of the car, an hour later, when Weedon Scott appeared at the door. "That dog of yourn[3] won't let me lay a finger on your stuff."

White Fang emerged from the car. He was astonished. The nightmare city was gone. The car had been to him no more than a room in a house, and when he had entered it the city had been all around him. In the interval the city had disappeared. The roar of it no longer dinned upon his ears. Before him was smiling country, streaming with sunshine, lazy with quietude. But he had little time to marvel at the transformation. He accepted it as he accepted all the unaccountable doings and manifestations of the gods. It was their way.

There was a carriage waiting. A man and a woman approached the master. The woman's arms went out and clutched the master around the neck—a hostile act! The next moment Weedon Scott had torn loose from the embrace and closed with White Fang, who had become a snarling, raging demon.

---

3) yourn: yours

"It's all right, mother," Scott was saying as he kept tight hold of White Fang and placated him. "He thought you were going to injure me, and he wouldn't stand for it. It's all right. It's all right. He'll learn soon enough."

"And in the meantime I may be permitted to love my son when his dog is not around," she laughed, though she was pale and weak from the fright.

She looked at White Fang, who snarled and bristled and glared malevolently.

"He'll have to learn, and he shall, without postponement," Scott said.

He spoke softly to White Fang until he had quieted him, then his voice became firm.

"Down, sir! Down with you!"

This had been one of the things taught him by the master, and White Fang obeyed, though he lay down reluctantly and sullenly.

"Now, mother."

Scott opened his arms to her, but kept his eyes on White Fang.

"Down!" he warned. "Down!"

White Fang, bristling silently, half-crouching as he rose, sank back and watched the hostile act repeated. But no harm came of it, nor of the embrace from the strange man-god that followed. Then the clothes-bags were taken into the carriage, the strange gods and the love-master followed, and White Fang pursued, now running vigilantly behind, now bristling up to the running horses and warning them that he was there to see that no harm befell the god they dragged so swiftly across the earth.

At the end of fifteen minutes, the carriage swung in through a stone gateway and on between a double row of arched and interlacing[4] walnut trees. On either side stretched lawns, their

4) interlacing: 섞여있는, 얽혀있는

broad sweep broken here and there by great sturdy-limbed[5)] oaks. In the near distance, in contrast with the young-green of the tended grass, sunburnt hay-fields showed tan and gold; while beyond were the tawny hills and upland pastures. From the head of the lawn, on the first soft swell from the valley-level, looked down the deep-porched, many-windowed house.

Little opportunity was given White Fang to see all this. Hardly had the carriage entered the grounds, when he was set upon by a sheep-dog, bright-eyed, sharp-muzzled, righteously indignant and angry. It was between him and the master, cutting him off. White Fang snarled no warning, but his hair bristled as he made his silent and deadly rush. This rush was never completed. He halted with awkward abruptness, with stiff fore-legs bracing himself against his momentum, almost sitting down on his haunches, so desirous was he of avoiding contact with the dog he was in the act of attacking. It was a female, and the law of his kind thrust a barrier between. For him to attack her would require nothing less than a violation of his instinct.

But with the sheep-dog it was otherwise. Being a female, she possessed no such instinct. On the other hand, being a sheep-dog, her instinctive fear of the Wild, and especially of the wolf, was unusually keen. White Fang was to her a wolf, the hereditary marauder who had preyed upon her flocks from the time sheep were first herded and guarded by some dim ancestor of hers. And so, as he abandoned his rush at her and braced himself to avoid the contact, she sprang upon him. He snarled involuntarily as he felt her teeth in his shoulder, but beyond this made no offer to hurt her. He backed away, stiff-legged with self-consciousness, and tried to go around her. He dodged this way and that, and curved and turned, but to no purpose. She re-

5) sturdy-limbed: 억센 가지의

mained always between him and the way he wanted to go.

"Here, Collie!" called the strange man in the carriage.

Weedon Scott laughed.

"Never mind, father. It is good discipline. White Fang will have to learn many things, and it's just as well that he begins now. He'll adjust himself all right."

The carriage drove on, and still Collie blocked White Fang's way. He tried to outrun her by leaving the drive and circling across the lawn but she ran on the inner and smaller circle, and was always there, facing him with her two rows of gleaming teeth. Back he circled, across the drive to the other lawn, and again she headed him off.

The carriage was bearing the master away. White Fang caught glimpses of it disappearing amongst the trees. The situation was desperate. He essayed another circle. She followed, running swiftly. And then, suddenly, he turned upon her. It was his old fighting trick. Shoulder to shoulder, he struck her squarely. Not only was she overthrown. So fast had she been running that she rolled along, now on her back, now on her side, as she struggled to stop, clawing gravel with her feet and crying shrilly her hurt pride and indignation.

White Fang did not wait. The way was clear, and that was all he had wanted. She took after him, never ceasing her outcry. It was the straightaway now, and when it came to real running, White Fang could teach her things. She ran frantically, hysterically, straining to the utmost, advertising the effort she was making with every leap: and all the time White Fang slid smoothly away from her silently, without effort, gliding like a ghost over the ground.

As he rounded the house to the porte-cochère,[6] he came upon

6) porte-cochère: 마차 출입구

the carriage. It had stopped, and the master was alighting. At this moment, still running at top speed, White Fang became suddenly aware of an attack from the side. It was a deer-hound[7] rushing upon him. White Fang tried to face it. But he was going too fast, and the hound was too close. It struck him on the side; and such was his forward momentum and the unexpectedness of it, White Fang was hurled to the ground and rolled clear over. He came out of the tangle a spectacle of malignancy, ears flattened back, lips writhing, nose wrinkling, his teeth clipping together as the fangs barely missed the hound's soft throat.

The master was running up, but was too far away; and it was Collie that saved the hound's life. Before White Fang could spring in and deliver the fatal stroke, and just as he was in the act of springing in, Collie arrived. She had been out-manoeuvred and out-run, to say nothing of her having been unceremoniously tumbled in the gravel, and her arrival was like that of a tornado — made up of offended dignity, justifiable wrath, and instinctive hatred for this marauder from the Wild. She struck White Fang at right angles in the midst of his spring, and again he was knocked off his feet and rolled over.

The next moment the master arrived, and with one hand held White Fang, while the father called off the dogs.

"I say, this is a pretty warm reception for a poor lone wolf from the Arctic," the master said, while White Fang calmed down under his caressing hand. "In all his life he's only been known once to go off his feet, and here he's been rolled twice in thirty seconds."

The carriage had driven away, and other strange gods had appeared from out the house. Some of these stood respectfully at a distance; but two of them, women, perpetrated the hostile act of

7) deer-hound: greyhound 비슷한 개(스코틀랜드 원산, 원래 사슴 사냥개)

clutching the master around the neck. White Fang, however, was beginning to tolerate this act. No harm seemed to come of it, while the noises the gods made were certainly not threatening. These gods also made overtures to White Fang, but he warned them off with a snarl, and the master did likewise with word of mouth. At such times White Fang leaned in close against the master's legs and received reassuring pats on the head.

The hound, under the command, "Dick! Lie down, sir!" had gone up the steps and lain down to one side of the porch, still growling and keeping a sullen watch on the intruder. Collie had been taken in charge by one of the woman-gods, who held arms around her neck and petted and caressed her; but Collie was very much perplexed and worried, whining and restless, outraged by the permitted presence of this wolf and confident that the gods were making a mistake.

All the gods started up the steps to enter the house. White Fang followed closely at the master's heels. Dick, on the porch, growled, and White Fang, on the steps, bristled and growled back.

"Take Collie inside and leave the two of them to fight it out," suggested Scott's father. "After that they'll bc friends."

"Then White Fang, to show his friendship, will have to be chief mourner at the funeral," laughed the master.

The elder Scott looked incredulously, first at White Fang, then at Dick, and finally at his son.

"You mean …?"

Weedon nodded his head. "I mean just that. You'd have a dead Dick inside one minute—two minutes at the farthest."

He turned to White Fang. "Come on, you wolf. It's you that' ll have to come inside."

White Fang walked stiff-legged up the steps and across the porch, with tail rigidly erect, keeping his eyes on Dick to guard against a flank attack, and at the same time prepared for whatever fierce manifestation of the unknown that might pounce out upon him from the interior of the house. But no thing of fear pounced out, and when he had gained the inside he scouted carefully around, looking at it and finding it not. Then he lay down with a contented grunt at the master's feet, observing all that went on, ever ready to spring to his feet and fight for life with the terrors he felt must lurk under the trap-roof of the dwelling.

CHAPTER III
THE GOD'S DOMAIN

Not only was White Fang adaptable by nature,[1] but he had travelled much, and knew the meaning and necessity of adjustment. Here, in Sierra Vista,[2] which was the name of Judge Scott's place, White Fang quickly began to make himself at home. He had no further serious trouble with the dogs. They knew more about the ways of the Southland gods than did he, and in their eyes he had qualified when he accompanied the gods inside the house. Wolf that he was, and unprecedented as it was, the gods had sanctioned his presence, and they, the dogs of the gods, could only recognize this sanction.[3]

Dick, perforce, had to go through a few stiff formalities at first, after which he calmly accepted White Fang as an addition to the premises. Had Dick had his way, they would have been good friends. All but White Fang was averse to friendship. All he asked of other dogs was to be let alone. His whole life he had kept aloof from his kind, and he still desired to keep aloof. Dick's overtures bothered him, so he snarled Dick away. In the north he had learned the lesson that he must let the master's dogs alone, and he did not forget that lesson now. But he insisted on his own privacy and self-seclusion, and so thoroughly

---

1) adaptable by nature: 선천적으로 적응력이 탁월한

2) Sierra Vista: *The Call of the Wild*에서 주인공인 Buck의 원래 주인인 Miller 판사의 집이 있는 캘리포니아의 Santa Clara Valley에 있는 장소와 동일(※ 저자는 *White Fang*을 *The Call of the Wild*의 공간적인 배경과 비슷하게 설정하고 Buck이 문명에서 자연으로 가는 과정을 White Fang은 자연에서 문명으로 거꾸로 이동하는 방식의 구조를 보여줌으로써 자연환경과 인간관계의 변화에 따라 개체의 성격이 달라지는 과정을 강조하고 있다.)

3) sanction: 인가, 승인, 제재

ignored Dick that that good-natured creature finally gave him up and scarcely took as much interest in him as in the hitching-post[4] near the stable.

Not so with Collie. While she accepted him because it was the mandate of the gods, that was no reason that she should leave him in peace. Woven into her being was the memory of countless crimes he and his had perpetrated against her ancestry. Not in a day nor a generation were the ravaged sheepfolds to be forgotten. All this was a spur to her, pricking her to retaliation. She could not fly in the face of the gods who permitted him, but that did not prevent her from making life miserable for him in petty ways. A feud, ages old, was between them, and she, for one,[5] would see to it that he was reminded.

So Collie took advantage of her sex to pick upon White Fang and maltreat him. His instinct would not permit him to attack her, while her persistence would not permit him to ignore her. When she rushed at him he turned his fur-protected shoulder to her sharp teeth and walked away stiff-legged and stately. When she forced him too hard, he was compelled to go about in a circle, his shoulder presented to her, his head turned from her, and on his face and in his eyes a patient and bored expression. Sometimes, however, a nip on his hind-quarters hastened his retreat and made it anything but stately. But as a rule he managed to maintain a dignity that was almost solemnity. He ignored her existence whenever it was possible, and made it a point to keep out of her way. When he saw or heard her coming, he got up and walked off.

There was much in other matters for White Fang to learn. Life in the Northland was simplicity itself when compared with the complicated affairs of Sierra Vista. First of all, he had to

4) hitching-post: 말 · 노새 등을 매는 말뚝

5) for one: 우선, 적어도, 자기로서는

learn the family of the master. In a way he was prepared to do this. As Mit-sah and Kloo-kooch had belonged to Grey Beaver, sharing his food, his fire, and his blankets, so now, at Sierra Vista, belonged to the love-master all the denizens[6)] of the house.

But in this matter there was a difference, and many differences. Sierra Vista was a far vaster affair than the tepee of Grey Beaver. There were many persons to be considered. There was Judge Scott, and there was his wife. There were the master's two sisters, Beth and Mary. There was his wife, Alice, and then there were his children, Weedon and Maud, toddlers of four and six. There was no way for anybody to tell him about all these people, and of blood-ties and relationship he knew nothing whatever and never would be capable of knowing. Yet he quickly worked it out that all of them belonged to the master. Then, by observation, whenever opportunity offered, by study of action, speech, and the very intonations of the voice, he slowly learned the intimacy and the degree of favour they enjoyed with the master. And by this ascertained standard, White Fang treated them accordingly. What was of value to the master he valued; what was dear to the master was to be cherished by White Fang and guarded carefully.

Thus it was with the two children. All his life he had disliked children. He hated and feared their hands. The lessons were not tender that he had learned of their tyranny and cruelty in the days of the Indian villages. When Weedon and Maud had first approached him, he growled warningly and looked malignant. A cuff from the master and a sharp word had then compelled him to permit their caresses, though he growled and growled under their tiny hands, and in the growl there was no crooning note. Later, he observed that the boy and girl were of great value in

---

6) denizen: 주민, 거주자

the master's eyes. Then it was that no cuff nor sharp word was necessary before they could pat him.

Yet White Fang was never effusively[7)] affectionate. He yielded to the master's children with an ill but honest grace, and endured their fooling as one would endure a painful operation. When he could no longer endure, he would get up and stalk determinedly away from them. But after a time, he grew even to like the children. Still he was not demonstrative. He would not go up to them. On the other hand, instead of walking away at sight of them, he waited for them to come to him. And still later, it was noticed that a pleased light came into his eyes when he saw them approaching, and that he looked after them with an appearance of curious regret when they left him for other amusements.

All this was a matter of development, and took time. Next in his regard, after the children, was Judge Scott. There were two reasons, possibly, for this. First, he was evidently a valuable possession of the master's, and next, he was undemonstrative. White Fang liked to lie at his feet on the wide porch when he read the newspaper, from time to time favouring White Fang with a look or a word — untroublesome tokens that he recognized White Fang's presence and existence. But this was only when the master was not around. When the master appeared, all other beings ceased to exist so far as White Fang was concerned.

White Fang allowed all the members of the family to pet him and make much of him; but he never gave to them what he gave to the master. No caress of theirs could put the love-croon into his throat, and, try as they would, they could never persuade him into snuggling against them. This expression of abandon and surrender, of absolute trust, he reserved for the master alone. In fact, he never regarded the members of the family in

7) effusively: 과도하게, 넘칠 정도로

any other light than possessions of the love-master.

Also White Fang had early come to differentiate between the family and the servants of the household. The latter were afraid of him, while he merely refrained from attacking them. This because he considered that they were likewise possessions of the master. Between White Fang and them existed a neutrality and no more. They cooked for the master and washed the dishes and did other things just as Matt had done up in the Klondike. They were, in short, appurtenances[8] of the household.

Outside the household there was even more for White Fang to learn. The master's domain was wide and complex, yet it had its metes and bounds.[9] The land itself ceased at the county road. Outside was the common domain of all gods — the roads and streets. Then inside other fences were the particular domains of other gods. A myriad laws governed all these things and determined conduct; yet he did not know the speech of the gods, nor was there any way for him to learn save by experience. He obeyed his natural impulses until they ran him counter to some law. When this had been done a few times, he learned the law and after that observed it.

But most potent in his education was the cuff[10] of the master's hand, the censure of the master's voice. Because of White Fang's very great love, a cuff from the master hurt him far more than any beating Grey Beaver or Beauty Smith had ever given him. They had hurt only the flesh of him; beneath the flesh the spirit had still raged, splendid and invincible. But with the master the cuff was always too light to hurt the flesh. Yet it went deeper. It was an expression of the master's disapproval, and White Fang's

8) appurtenance: 부속물, 종속물, 장치

9) metes and bounds: 토지 경계, 한계

10) cuff: 손바닥으로 때리기(slap)

spirit wilted[11] under it.

In point of fact, the cuff was rarely administered. The master's voice was sufficient. By it White Fang knew whether he did right or not. By it he trimmed his conduct and adjusted his actions. It was the compass by which he steered and learned to chart the manners of a new land and life.

In the Northland, the only domesticated animal was the dog. All other animals lived in the Wild, and were, when not too formidable, lawful spoil for any dog. All his days White Fang had foraged among the live things for food. It did not enter his head that in the Southland it was otherwise. But this he was to learn early in his residence in Santa Clara Valley. Sauntering around the corner of the house in the early morning, he came upon a chicken that had escaped from the chicken-yard. White Fang's natural impulse was to eat it. A couple of bounds, a flash of teeth and a frightened squawk, and he had scooped in the adventurous fowl. It was farm-bred and fat and tender; and White Fang licked his chops and decided that such fare was good.

Later in the day, he chanced upon another stray chicken near the stables. One of the grooms ran to the rescue. He did not know White Fang's breed, so for weapon he took a light buggy-whip.[12] At the first cut of the whip, White Fang left the chicken for the man. A club might have stopped White Fang, but not a whip. Silently, without flinching, he took a second cut in his forward rush, and as he leaped for the throat the groom cried out, "My God!" and staggered backward. He dropped the whip and shielded his throat with his arms. In consequence, his forearm was ripped open to the bone.

The man was badly frightened. It was not so much White

---

11) wilt: 시들다, 이울다, (사람이) 풀이 죽다, 약해지다

12) buggy-whip: 마차 채찍, (미국속어) 가늘고 긴 자동차용 안테나

Fang's ferocity as it was his silence that unnerved the groom. Still protecting his throat and face with his torn and bleeding arm, he tried to retreat to the barn. And it would have gone hard with him had not Collie appeared on the scene. As she had saved Dick's life, she now saved the groom's. She rushed upon White Fang in frenzied wrath. She had been right. She had known better than the blundering gods. All her suspicions were justified. Here was the ancient marauder up to his old tricks again.

The groom escaped into the stables, and White Fang backed away before Collie's wicked teeth, or presented his shoulder to them and circled round and round. But Collie did not give over, as was her wont, after a decent interval of chastisement. On the contrary, she grew more excited and angry every moment, until, in the end, White Fang flung dignity to the winds and frankly fled away from her across the fields.

"He'll learn to leave chickens alone," the master said. "But I can't give him the lesson until I catch him in the act."

Two nights later came the act, but on a more generous scale than the master had anticipated. White Fang had observed closely the chicken-yards and the habits of the chickens. In the night-time, after they had gone to roost, he climbed to the top of a pile of newly hauled lumber. From there he gained the roof of a chicken-house, passed over the ridgepole[13)] and dropped to the ground inside. A moment later he was inside the house, and the slaughter began.

In the morning, when the master came out on to the porch, fifty white Leghorn[14)] hens, laid out in a row by the groom, greeted his eyes. He whistled to himself, softly, first with surprise, and then, at the end, with admiration. His eyes were likewise greeted

---

13) ridgepole: 마룻대, 천막의 들보, 재목

14) Leghorn: 레그혼 (닭의 한 품종)

by White Fang, but about the latter there were no signs of shame nor guilt. He carried himself with pride, as though, forsooth, he had achieved a deed praiseworthy and meritorious.[15] There was about him no consciousness of sin. The master's lips tightened as he faced the disagreeable task. Then he talked harshly to the unwitting culprit, and in his voice there was nothing but godlike wrath. Also, he held White Fang's nose down to the slain hens, and at the same time cuffed him soundly.

White Fang never raided a chicken-roost again. It was against the law, and he had learned it. Then the master took him into the chicken-yards. White Fang's natural impulse, when he saw the live food fluttering about him and under his very nose, was to spring upon it. He obeyed the impulse, but was checked by the master's voice. They continued in the yards for half an hour. Time and again the impulse surged over White Fang, and each time, as he yielded to it, he was checked by the master's voice. Thus it was he learned the law, and ere he left the domain of the chickens, he had learned to ignore their existence.

"You can never cure a chicken-killer." Judge Scott shook his head sadly at luncheon table, when his son narrated the lesson he had given White Fang. "Once they've got the habit and the taste of blood ..." Again he shook his head sadly.

But Weedon Scott did not agree with his father. "I'll tell you what I'll do," he challenged finally. "I'll lock White Fang in with the chickens all afternoon."

"But think of the chickens," objected the judge.

"And furthermore," the son went on, "for every chicken he kills, I'll pay you one dollar gold coin of the realm."[16]

"But you should penalize father, too," interpose Beth.

---

15) meritorious: 공적 있는, 가치 있는, 칭찬할 만한, 기특한

16) coin of the realm: 법정화폐

Her sister seconded her, and a chorus of approval arose from around the table. Judge Scott nodded his head in agreement.

"All right." Weedon Scott pondered for a moment. "And if, at the end of the afternoon White Fang hasn't harmed a chicken, for every ten minutes of the time he has spent in the yard, you will have to say to him, gravely and with deliberation, just as if you were sitting on the bench and solemnly passing judgment, 'White Fang, you are smarter than I thought.'"

From hidden points of vantage the family watched the performance. But it was a fizzle. Locked in the yard and there deserted by the master, White Fang lay down and went to sleep. Once he got up and walked over to the trough for a drink of water. The chickens he calmly ignored. So far as he was concerned they did not exist. At four o'clock he executed a running jump, gained the roof of the chicken-house and leaped to the ground outside, whence he sauntered gravely to the house. He had learned the law. And on the porch, before the delighted family, Judge Scott, face to face with White Fang, said slowly and solemnly, sixteen times, "White Fang, you are smarter than I thought."

But it was the multiplicity of laws that befuddled[17] White Fang and often brought him into disgrace. He had to learn that he must not touch the chickens that belonged to other gods. Then there were cats, and rabbits, and turkeys; all these he must let alone. In fact, when he had but partly learned the law, his impression was that he must leave all live things alone. Out in the back-pasture, a quail[18] could flutter up under his nose unharmed. All tense and trembling with eagerness and desire, he mastered his instinct and stood still. He was obeying the will of the gods.

And then, one day, again out in the back-pasture, he saw

---

17) befuddle: 어리둥절하게 하다

18) quail: 메추라기

Dick start a jackrabbit[19] and run it. The master himself was looking on and did not interfere. Nay, he encouraged White Fang to join in the chase. And thus he learned that there was no taboo on jackrabbits. In the end he worked out the complete law. Between him and all domestic animals there must be no hostilities. If not amity, at least neutrality must obtain. But the other animals — the squirrels, and quail, and cottontails,[20] were creatures of the Wild who had never yielded allegiance to man. They were the lawful prey of any dog. It was only the tame that the gods protected, and between the tame deadly strife was not permitted. The gods held the power of life and death over their subjects, and the gods were jealous of their power.

Life was complex in the Santa Clara Valley after the simplicities of the Northland. And the chief thing demanded by these intricacies of civilisation was control, restraint — a poise of self that was as delicate as the fluttering of gossamer[21] wings and at the same time as rigid as steel. Life had a thousand faces, and White Fang found he must meet them all — thus, when he went to town, in to San Jose, running behind the carriage or loafing about the streets when the carriage stopped. Life flowed past him, deep and wide and varied, continually impinging upon his senses, demanding of him instant and endless adjustments and correspondences, and compelling him, almost always, to suppress his natural impulses.

There were butcher-shops where meat hung within reach. This meat he must not touch. There were cats at the houses the master visited that must be let alone. And there were dogs everywhere that snarled at him and that he must not attack. And

19) jackrabbit: 귀와 뒷다리가 특히 긴 북아메리카의 산토끼
20) cottontail: (부풀부풀한 흰 꼬리가 있는) 북아메리카의 야생 토끼의 일종
21) gossamer: 가볍고 약한 것, 섬세한 것, 얇은 방수포

then, on the crowded sidewalks there were persons innumerable whose attention he attracted. They would stop and look at him, point him out to one another, examine him, talk of him, and, worst of all, pat him. And these perilous contacts from all these strange hands he must endure. Yet this endurance he achieved. Furthermore, he got over being awkward and self-conscious. In a lofty way he received the attentions of the multitudes of strange gods. With condescension he accepted their condescension. On the other hand, there was something about him that prevented great familiarity. They patted him on the head and passed on, contented and pleased with their own daring.

But it was not all easy for White Fang. Running behind the carriage in the outskirts of San Jose, he encountered certain small boys who made a practice of flinging stones at him. Yet he knew that it was not permitted him to pursue and drag them down. Here he was compelled to violate his instinct of self-preservation, and violate it he did, for he was becoming tame and qualifying himself for civilization.

Nevertheless, White Fang was not quite satisfied with the arrangement. He had no abstract ideas about justice and fair play. But there is a certain sense of equity that resides in life, and it was this sense in him that resented the unfairness of his being permitted no defence against the stone-throwers. He forgot that in the covenant entered into between him and the gods they were pledged to care for him and defend him. But one day the master sprang from the carriage, whip in hand, and gave the stone-throwers a thrashing. After that they threw stones no more, and White Fang understood and was satisfied.

One other experience of similar nature was his. On the way to town, hanging around the saloon at the cross-roads, were three dogs that made a practice of rushing out upon him when he went by. Knowing his deadly method of fighting, the master had never ceased impressing upon White Fang the law that he must not fight. As a result, having learned the lesson well, White Fang was hard put whenever he passed the cross-roads saloon. After the first rush, each time, his snarl kept the three dogs at a distance but they trailed along behind, yelping and bickering and insulting him. This endured for some time. The men at the saloon even urged the dogs on to attack White Fang. One day they openly sicked the dogs on him. The master stopped the carriage.

"Go to it," he said to White Fang.

But White Fang could not believe. He looked at the master, and he looked at the dogs. Then he looked back eagerly and questioningly at the master.

The master nodded his head. "Go to them, old fellow. Eat them up."

White Fang no longer hesitated. He turned and leaped silently among his enemies. All three faced him. There was a great snarling and growling, a clashing of teeth and a flurry of bodies. The dust of the road arose in a cloud and screened the battle. But at the end of several minutes two dogs were struggling in the dirt and the third was in full flight. He leaped a ditch, went through a rail fence, and fled across a field. White Fang followed, sliding over the ground in wolf fashion and with wolf speed, swiftly and without noise, and in the centre of the field he dragged down and slew the dog.

With this triple killing his main troubles with dogs ceased. The word went up and down the valley, and men saw to it that their dogs did not molest[22] the Fighting Wolf.

---

22) molest: 괴롭히다, 성가시게 굴다, 간섭하다

CHAPTER IV
THE CALL OF KIND

The months came and went. There was plenty of food and no work in the Southland, and White Fang lived fat and prosperous and happy. Not alone was he in the geographical Southland, for he was in the Southland of life. Human kindness was like a sun shining upon him, and he flourished like a flower planted in good soil.

And yet he remained somehow different from other dogs. He knew the law even better than did the dogs that had known no other life, and he observed the law more punctiliously; but still there was about him a suggestion of lurking ferocity, as though the Wild still lingered in him and the wolf in him merely slept.[1)]

He never chummed with other dogs. Lonely he had lived, so far as his kind was concerned, and lonely he would continue to live. In his puppyhood, under the persecution of Lip-lip and the puppy-pack, and in his fighting days with Beauty Smith, he had acquired a fixed aversion for dogs. The natural course of his life had been diverted, and, recoiling from his kind,[2)] he had clung to the human.

Besides, all Southland dogs looked upon him with suspicion. He aroused in them their instinctive fear of the Wild, and they greeted him always with snarl and growl and belligerent hatred. He, on the other hand, learned that it was not necessary to use his teeth upon them. His naked fangs and writhing lips were

---

1) as though the Wild still lingered in him and the wolf in him merely slept: 마치 야성은 아직도 그 안에서 머물러 있고 늑대의 속성은 그 안에서 잠들어 있는 것처럼 보였다

2) recoiling from his kind: 그의 동족으로부터 뒤로 물러나서

uniformly efficacious, rarely failing to send a bellowing onrushing dog back on its haunches.

But there was one trial in White Fang's life — Collie. She never gave him a moment's peace. She was not so amenable to the law as he. She defied all efforts of the master to make her become friends with White Fang. Ever in his ears was sounding her sharp and nervous snarl. She had never forgiven him the chicken-killing episode, and persistently held to the belief that his intentions were bad. She found him guilty before the act, and treated him accordingly. She became a pest to him, like a policeman following him around the stable and the hounds, and, if he even so much as glanced curiously at a pigeon or chicken, bursting into an outcry of indignation and wrath. His favourite way of ignoring her was to lie down, with his head on his forepaws, and pretend sleep. This always dumfounded[3] and silenced her.

With the exception of Collie, all things went well with White Fang. He had learned control and poise, and he knew the law. He achieved a staidness,[4] and calmness, and philosophic tolerance. He no longer lived in a hostile environment. Danger and hurt and death did not lurk everywhere about him. In time, the unknown, as a thing of terror and menace ever impending, faded away. Life was soft and easy. It flowed along smoothly, and neither fear nor foe lurked by the way.

He missed the snow without being aware of it. "An unduly long summer," would have been his thought had he thought about it; as it was, he merely missed the snow in a vague, subconscious way. In the same fashion, especially in the heat of summer when he suffered from the sun, he experienced faint

3) dumfound: dumbfound, ~을 말이 안 나올 정도로 깜짝 놀라게 하다

4) staidness: 차분함, 성실함

longings for the Northland. Their only effect upon him, however, was to make him uneasy and restless without his knowing what was the matter.

White Fang had never been very demonstrative. Beyond his snuggling and the throwing of a crooning note into his love-growl, he had no way of expressing his love. Yet it was given him to discover a third way. He had always been susceptible to the laughter of the gods. Laughter had affected him with madness, made him frantic with rage. But he did not have it in him to be angry with the love-master, and when that god elected to laugh at him in a good-natured, bantering way, he was nonplussed. He could feel the pricking and stinging of the old anger as it strove to rise up in him, but it strove against love. He could not be angry; yet he had to do something. At first he was dignified, and the master laughed the harder. Then he tried to be more dignified, and the master laughed harder than before. In the end, the master laughed him out of his dignity. His jaws slightly parted, his lips lifted a little, and a quizzical[5)] expression that was more love than humour came into his eyes. He had learned to laugh.[6)]

Likewise he learned to romp[7)] with the master, to be tumbled down and rolled over, and be the victim of innumerable rough tricks. In return he feigned anger, bristling and growling ferociously, and clipping his teeth together in snaps that had all the seeming of deadly intention. But he never forgot himself. Those snaps were always delivered on the empty air. At the end of

---

5) quizzical: 놀리는(bantering), 조롱하는(chaffing), 놀리기 좋아하는, 야릇한 (odd)

6) He had learned to laugh.: 그는 웃는 법을 배우게 되었다. (※ 인간들의 웃음을 가장 싫어하는 화이트 팽이 웃는 법을 배움으로써 환경에 의해 그의 달라진 모습을 보여주고 있다.)

7) romp: 쾌주하다, 떠들썩하게 뛰놀다

such a romp, when blow and cuff and snap and snarl were fast and furious, they would break off suddenly and stand several feet apart, glaring at each other. And then, just as suddenly, like the sun rising on a stormy sea, they would begin to laugh. This would always culminate with the master's arms going around White Fang's neck and shoulders while the latter crooned and growled his love-song.

But nobody else ever romped with White Fang. He did not permit it. He stood on his dignity, and when they attempted it, his warning snarl and bristling mane were anything but playful. That he allowed the master these liberties was no reason that he should be a common dog, loving here and loving there, everybody's property for a romp and good time. He loved with single heart and refused to cheapen himself or his love.

The master went out on horseback a great deal, and to accompany him was one of White Fang's chief duties in life. In the Northland he had evidenced his fealty by toiling in the harness; but there were no sleds in the Southland, nor did dogs pack burdens on their backs. So he rendered fealty in the new way, by running with the master's horse. The longest day never played White Fang out. His was the gait of the wolf, smooth, tireless and effortless, and at the end of fifty miles he would come in jauntily ahead of the horse.

It was in connection with the riding, that White Fang achieved one other mode of expression—remarkable in that he did it but twice in all his life. The first time occurred when the master was trying to teach a spirited thoroughbred the method of opening and closing gates without the rider's dismounting. Time and again and many times he ranged the horse up to the gate in the effort to close it and each time the horse became frightened and backed and plunged away. It grew more nervous and excited every moment. When it reared, the master put the spurs to it and made it drop its fore-legs back to earth, whereupon it would begin kicking with its hind-legs. White Fang watched the performance with increasing anxiety until he could contain himself no longer, when he sprang in front of the horse and barked savagely and warningly.

Though he often tried to bark thereafter, and the master encouraged him, he succeeded only once, and then it was not in the master's presence. A scamper across the pasture, a jackrabbit rising suddenly under the horse's feet, a violent sheer, a stumble, a fall to earth, and a broken leg for the master, was the cause of it. White Fang sprang in a rage at the throat of the offending horse, but was checked by the master's voice.

"Home! Go home!" the master commanded when he had ascertained his injury.

White Fang was disinclined to desert him. The master thought of writing a note, but searched his pockets vainly for pencil and paper. Again he commanded White Fang to go home.

The latter regarded him wistfully, started away, then returned and whined softly. The master talked to him gently but seriously, and he cocked[8)] his ears, and listened with painful intentness.

"That's all right, old fellow, you just run along home," ran the talk. "Go on home and tell them what's happened to me. Home with you, you wolf. Get along home!"

White Fang knew the meaning of "home," and though he did not understand the remainder of the master's language, he knew it was his will that he should go home. He turned and trotted reluctantly away. Then he stopped, undecided, and looked back over his shoulder.

"Go home!" came the sharp command, and this time he obeyed.

8) cock: (귀, 꼬리)를 쫑긋 세우다

The family was on the porch, taking the cool of the afternoon, when White Fang arrived. He came in among them, panting, covered with dust.

"Weedon's back," Weedon's mother announced.

The children welcomed White Fang with glad cries and ran to meet him. He avoided them and passed down the porch, but they cornered him against a rocking-chair and the railing. He growled and tried to push by them. Their mother looked apprehensively in their direction.

"I confess, he makes me nervous around the children," she said. "I have a dread that he will turn upon them unexpectedly some day."

Growling savagely, White Fang sprang out of the corner, overturning the boy and the girl. The mother called them to her and comforted them, telling them not to bother White Fang.

"A wolf is a wolf!" commented Judge Scott. "There is no trusting one."

"But he is not all wolf," interposed Beth, standing for her brother in his absence.

"You have only Weedon's opinion for that," rejoined the judge. "He merely surmises that there is some strain of dog in White Fang; but as he will tell you himself, he knows nothing about it. As for his appearance— "

He did not finish his sentence. White Fang stood before him, growling fiercely.

"Go away! Lie down, sir!" Judge Scott commanded.

White Fang turned to the love-master's wife. She screamed with fright as he seized her dress in his teeth and dragged on it till the frail fabric tore away. By this time he had become the centre of interest.

He had ceased from his growling and stood, head up, looking into their faces. His throat worked spasmodically, but made no sound, while he struggled with all his body, convulsed with the effort to rid himself of the incommunicable something that strained for utterance.

"I hope he is not going mad," said Weedon's mother. "I told Weedon that I was afraid the warm climate would not agree with an Arctic animal."

"He's trying to speak, I do believe," Beth announced.

At this moment speech came to White Fang, rushing up in a great burst of barking.

"Something has happened to Weedon," his wife said decisively.

They were all on their feet now, and White Fang ran down the steps, looking back for them to follow. For the second and last time in his life he had barked and made himself understood.

After this event he found a warmer place in the hearts of the Sierra Vista people, and even the groom whose arm he had slashed admitted that he was a wise dog even if he was a wolf. Judge Scott still held to the same opinion, and proved it to everybody's dissatisfaction by measurements and descriptions taken from the encyclopaedia and various works on natural history.

The days came and went, streaming their unbroken sunshine over the Santa Clara Valley. But as they grew shorter and White Fang's second winter in the Southland came on, he made a strange discovery. Collie's teeth were no longer sharp. There was a playfulness about her nips and a gentleness that prevented them from really hurting him. He forgot that she had made life a burden to him, and when she disported herself around him he responded solemnly, striving to be playful and becoming no more than ridiculous.

One day she led him off on a long chase through the back-pasture land into the woods. It was the afternoon that the master was to ride, and White Fang knew it. The horse stood saddled and waiting at the door. White Fang hesitated. But there was that in him deeper than all the law he had learned, than the customs that had moulded him, than his love for the master, than the very will to live of himself; and when, in the moment of his indecision, Collie nipped him and scampered off, he turned and followed after. The master rode alone that day; and in the woods, side by side, White Fang ran with Collie, as his mother, Kiche, and old One Eye had run long years before in the silent Northland forest.[9)]

---

9) and in the woods, side by side, White Fang ran with Collie, as his mother, Kiche, and old One Eye had run long years before in the silent Northland forest: 그리고 화이트 팽과 콜리는 그의 어미 키체와 애꾸눈 늑대가 오래 전에 그 침묵의 북쪽 숲속을 달렸던 것처럼 숲속을 나란히 달렸다. (※ 화이트 팽과 콜리가 서로 사랑하는 사이가 되었음을 암시한다.)

CHAPTER V
THE SLEEPING WOLF

It was about this time that the newspapers were full of the daring escape of a convict from San Quentin prison. He was a ferocious man. He had been ill-made in the making. He had not been born right, and he had not been helped any by the moulding he had received at the hands of society. The hands of society are harsh, and this man was a striking sample of its handiwork. He was a beast — a human beast, it is true, but nevertheless so terrible a beast that he can best be characterized as carnivorous.[1)]

In San Quentin prison he had proved incorrigible.[2)] Punishment failed to break his spirit. He could die dumb-mad and fighting to the last, but he could not live and be beaten. The more fiercely he fought, the more harshly society handled him, and the only effect of harshness was to make him fiercer. Strait-jackets,[3)] starvation, and beatings and clubbings were the wrong treatment for Jim Hall; but it was the treatment he received. It was the treatment he had received from the time he was a little pulpy boy in a San Francisco slum — soft clay in the hands of society and ready to be formed into something.[4)]

It was during Jim Hall's third term in prison that he encountered a guard[5)] that was almost as great a beast as he. The guard

---

1) carnivorous: 육식(성)의, 육식류의

2) incorrigible: 교정(矯正)할 수 없는, 어쩔 도리 없는, 제멋대로의

3) Strait-jacket: (미친 사람, 광포한 죄수에게 입히는) 구속의복, 구속, 속박

4) soft clay in the hands of society and ready to be formed into something: 사회의 손안에서 부드러운 진흙으로서 어떤 형태로 쉽게 만들어질 시기(※ 작가는 죄수인 인간 짐승으로 불리는 Jim Hall이 어린 시절부터 잘못된 환경에 노출되어 엇나간 잘못된 인간이 되었음을 강조한다.)

5) guard: 간수

treated him unfairly, lied about him to the warden, lost his credits, persecuted him. The difference between them was that the guard carried a bunch of keys and a revolver. Jim Hall had only his naked hands and his teeth. But he sprang upon the guard one day and used his teeth on the other's throat just like any jungle animal.

After this, Jim Hall went to live in the incorrigible cell. He lived there three years. The cell was of iron, the floor, the walls, the roof. He never left this cell. He never saw the sky nor the sunshine. Day was a twilight and night was a black silence. He was in an iron tomb, buried alive. He saw no human face, spoke to no human thing. When his food was shoved in to him, he growled like a wild animal. He hated all things. For days and nights he bellowed his rage at the universe. For weeks and months he never made a sound, in the black silence eating his very soul. He was a man and a monstrosity, as fearful a thing of fear as ever gibbered in the visions of a maddened brain.

And then, one night, he escaped. The warders[6] said it was impossible, but nevertheless the cell was empty, and half in half out of it lay the body of a dead guard. Two other dead guards marked his trail through the prison to the outer walls, and he had killed with his hands to avoid noise.

He was armed with the weapons of the slain guards — a live arsenal that fled through the hills pursued by the organized might of society. A heavy price of gold was upon his head. Avaricious[7] farmers hunted him with shot-guns. His blood might pay off a mortgage or send a son to college. Public-spirited[8] citizens took down their rifles and went out after him. A pack

6) warder: 교도관

7) avaricious: 탐욕스러운, 욕심 사나운

8) public-spirited: 공공심이 있는

of bloodhounds[9] followed the way of his bleeding feet. And the sleuth-hounds[10] of the law, the paid fighting animals of society, with telephone, and telegraph, and special train, clung to his trail night and day.

Sometimes they came upon him, and men faced him like heroes, or stampeded through barbed-wire fences to the delight of the commonwealth reading the account at the breakfast table. It was after such encounters that the dead and wounded were carted back to the towns, and their places filled by men eager for the man-hunt.

And then Jim Hall disappeared. The bloodhounds vainly quested on the lost trail. Inoffensive ranchers in remote valleys were held up by armed men and compelled to identify themselves. While the remains of Jim Hall were discovered on a dozen mountain-sides by greedy claimants for blood-money.

In the meantime the newspapers were read at Sierra Vista, not so much with interest as with anxiety. The women were afraid. Judge Scott pooh-poohed[11] and laughed, but not with reason, for it was in his last days on the bench that Jim Hall had stood before him and received sentence. And in open court-room, before all men, Jim Hall had proclaimed that the day would come when he would wreak vengeance on the Judge that sentenced him.

For once, Jim Hall was right. He was innocent of the crime for which he was sentenced. It was a case, in the parlance of thieves and police, of "rail-roading." Jim Hall was being "railroaded"[12] to prison for a crime he had not committed. Because of the two prior convictions against him, Judge Scott imposed

---

9) bloodhound: 블러드하운드(후각이 예민한 영국산 경찰견), (구어) 집요한 추적자, 탐정, 형사

10) sleuth-hound: 경찰견(犬)의 일종(bloodhound), (구어) 탐정

11) pooh-pooh: ~을 깔보다, 경멸하다, 비웃다, 일소에 부치다

12) rail-road: 죄명을 만들어 투옥하다, ~에 누명을 씌우다

upon him a sentence of fifty years.

Judge Scott did not know all things, and he did not know that he was party to a police conspiracy, that the evidence was hatched[13] and perjured,[14] that Jim Hall was guiltless of the crime charged. And Jim Hall, on the other hand, did not know that Judge Scott was merely ignorant. Jim Hall believed that the judge knew all about it and was hand in glove with[15] the police in the perpetration of the monstrous injustice. So it was, when the doom of fifty years of living death was uttered by Judge Scott, that Jim Hall, hating all things in the society that misused him, rose up and raged in the court-room until dragged down by half a dozen of his blue-coated enemies. To him, Judge Scott was the keystone in the arch of injustice, and upon Judge Scott he emptied the vials of his wrath and hurled the threats of his revenge yet to come. Then Jim Hall went to his living death … and escaped.

Of all this White Fang knew nothing. But between him and Alice, the master's wife, there existed a secret. Each night, after Sierra Vista had gone to bed, she rose and let in White Fang to sleep in the big hall. Now White Fang was not a house-dog, nor was he permitted to sleep in the house; so each morning, early, she slipped down and let him out before the family was awake.

On one such night, while all the house slept, White Fang awoke and lay very quietly. And very quietly he smelled the air and read the message it bore of a strange god's presence. And to his ears came sounds of the strange god's movements. White Fang burst into no furious outcry. It was not his way. The strange god walked softly, but more softly walked White Fang, for he had no clothes to rub against the flesh of his body. He

---

13) hatched: 조작되다

14) perjure: 위증(僞證)하게 하다, 맹세를 저버리게 하다

15) hand in glove with: ~와 한통속이 되어

followed silently. In the Wild he had hunted live meat that was infinitely timid, and he knew the advantage of surprise.

The strange god paused at the foot of the great staircase and listened, and White Fang was as dead, so without movement was he as he watched and waited. Up that staircase the way led to the love-master and to the love-master's dearest possessions. White Fang bristled, but waited. The strange god's foot lifted. He was beginning the ascent.

Then it was that White Fang struck. He gave no warning, with no snarl anticipated his own action. Into the air he lifted his body in the spring that landed him on the strange god's back. White Fang clung with his fore-paws to the man's shoulders, at the same time burying his fangs into the back of the man's neck. He clung on for a moment, long enough to drag the god over backward. Together they crashed to the floor. White Fang leaped clear, and, as the man struggled to rise, was in again with the slashing fangs.

Sierra Vista awoke in alarm. The noise from downstairs was as that of a score of battling fiends.[16] There were revolver shots. A man's voice screamed once in horror and anguish. There was a great snarling and growling, and over all arose a smashing and crashing of furniture and glass.

But almost as quickly as it had arisen, the commotion died away. The struggle had not lasted more than three minutes. The frightened household clustered at the top of the stairway. From below, as from out an abyss of blackness, came up a gurgling sound, as of air bubbling through water. Sometimes this gurgle became sibilant, almost a whistle. But this, too, quickly died down and ceased. Then naught came up out of the blackness save a heavy panting of some creature struggling sorely for air.

---

16) a score of battling fiends: 수많은 악마들이 싸우는

Weedon Scott pressed a button, and the staircase and downstairs hall were flooded with light. Then he and Judge Scott, revolvers in hand, cautiously descended. There was no need for this caution. White Fang had done his work. In the midst of the wreckage of overthrown and smashed furniture, partly on his side, his face hidden by an arm, lay a man. Weedon Scott bent over, removed the arm and turned the man's face upward. A gaping throat explained the manner of his death.

"Jim Hall," said Judge Scott, and father and son looked significantly at each other.

Then they turned to White Fang. He, too, was lying on his side. His eyes were closed, but the lids slightly lifted in an effort to look at them as they bent over him, and the tail was perceptibly agitated in a vain effort to wag. Weedon Scott patted him, and his throat rumbled an acknowledging growl. But it was a weak growl at best, and it quickly ceased. His eyelids drooped and went shut, and his whole body seemed to relax and flatten out upon the floor.

"He's all in,[17] poor devil," muttered the master.

"We'll see about that,"[18] asserted the Judge, as he started for the telephone.

"Frankly, he has one chance in a thousand,"[19] announced the surgeon, after he had worked an hour and a half on White Fang.

Dawn was breaking through the windows and dimming the electric lights. With the exception of the children, the whole family was gathered about the surgeon to hear his verdict.

"One broken hind-leg," he went on. "Three broken ribs, one at least of which has pierced the lungs. He has lost nearly all

---

17) all-in: 녹초가 된(exhausted)

18) We'll see about that: 어떤지 알아보자, 두고 보자

19) one chance in a thousand: 천분의 일의 가능성

the blood in his body. There is a large likelihood of internal injuries. He must have been jumped upon. To say nothing of[20] three bullet holes clear through him. One chance in a thousand is really optimistic. He hasn't a chance in ten thousand."[21]

"But he mustn't lose any chance that might be of help to him," Judge Scott exclaimed. "Never mind expense. Put him under the X-ray — anything. Weedon, telegraph at once to San Francisco for Doctor Nichols. No reflection on you,[22] doctor, you understand; but he must have the advantage of every chance."

The surgeon smiled indulgently. "Of course I understand. He deserves all that can be done for him. He must be nursed as you would nurse a human being, a sick child. And don't forget what I told you about temperature. I'll be back at ten o'clock again."

White Fang received the nursing. Judge Scott's suggestion of a trained nurse was indignantly clamoured down by the girls, who themselves undertook the task. And White Fang won out on the one chance in ten thousand denied him by the surgeon.

The latter was not to be censured for his misjudgment. All his life he had tended and operated on the soft humans of civilization, who lived sheltered[23] lives and had descended out of many sheltered generations. Compared with White Fang, they were frail and flabby, and clutched life without any strength in their grip. White Fang had come straight from the Wild, where the weak perish early and shelter is vouchsafed[24] to none. In neither his father nor his mother was there any weakness, nor in the generations before them. A constitution of iron and the vitality

---

20) to say nothing of: ~은 말할 것도 없이

21) a chance in ten thousand: 만분의 일의 가능성

22) no reflection on you: 당신을 비난하는 것은 아니다

23) sheltered: 보호받고 있는

24) vouchsafe: 허용하다, 주다, 내리다

of the Wild were White Fang's inheritance, and he clung to life, the whole of him and every part of him, in spirit and in flesh, with the tenacity that of old belonged to all creatures.

Bound down a prisoner, denied even movement by the plaster casts[25] and bandages, White Fang lingered out the weeks. He slept long hours and dreamed much, and through his mind passed an unending pageant[26] of Northland visions. All the ghosts of the past arose and were with him. Once again he lived in the lair with Kiche, crept trembling to the knees of Grey Beaver to tender his allegiance, ran for his life before Lip-lip and all the howling bedlam of the puppy-pack.

He ran again through the silence, hunting his living food through the months of famine; and again he ran at the head of the team, the gut-whips of Mit-sah and Grey Beaver snapping behind, their voices crying "Ra! Raa!" when they came to a narrow passage and the team closed together like a fan to go through. He lived again all his days with Beauty Smith and the fights he had fought. At such times he whimpered and snarled in his sleep, and they that looked on said that his dreams were bad.

But there was one particular nightmare from which he suffered — the clanking, clanging monsters of electric cars that were to him colossal screaming lynxes. He would lie in a screen of bushes, watching for a squirrel to venture far enough out on the ground from its tree-refuge. Then, when he sprang out upon it, it would transform itself into an electric car, menacing and terrible, towering over him like a mountain, screaming and clanging and spitting fire at him. It was the same when he challenged the hawk down out of the sky. Down out of the blue it would rush, as it dropped upon him changing itself into

25) plaster cast: 석고상, 석고 모형, 깁스(붕대)

26) pageant: 행렬, 연출, 야외극

the ubiquitous electric car. Or again, he would be in the pen of Beauty Smith. Outside the pen, men would be gathering, and he knew that a fight was on. He watched the door for his antagonist to enter. The door would open, and thrust in upon him would come the awful electric car. A thousand times this occurred, and each time the terror it inspired was as vivid and great as ever.

Then came the day when the last bandage and the last plaster cast were taken off. It was a gala day. All Sierra Vista was gathered around. The master rubbed his ears, and he crooned his love-growl. The master's wife called him the "Blessed Wolf,"[27] which name was taken up with acclaim and all the women called him the Blessed Wolf.

He tried to rise to his feet, and after several attempts fell down from weakness. He had lain so long that his muscles had lost their cunning, and all the strength had gone out of them. He felt a little shame because of his weakness, as though, forsooth, he were failing the gods in the service he owed them. Because of this he made heroic efforts to arise and at last he stood on his four legs, tottering and swaying back and forth.

"The Blessed Wolf!" chorused the women.

Judge Scott surveyed them triumphantly.

"Out of your own mouths be it," he said. "Just as I contended right along. No mere dog could have done what he did. He's a wolf."

"A Blessed Wolf," amended the Judge's wife.

"Yes, Blessed Wolf," agreed the Judge. "And henceforth that shall be my name for him."

"He'll have to learn to walk again," said the surgeon; "so he might as well start in right now. It won't hurt him. Take him

---

27) Blessed Wolf: 축복받은 늑대 (화이트 팽의 새로운 별명)

outside."

And outside he went, like a king, with all Sierra Vista about him and tending on him. He was very weak, and when he reached the lawn he lay down and rested for a while.

Then the procession started on, little spurts of strength coming into White Fang's muscles as he used them and the blood began to surge through them. The stables were reached, and there in the doorway, lay Collie, a half-dozen pudgy[28] puppies playing about her in the sun.

White Fang looked on with a wondering eye. Collie snarled warningly at him, and he was careful to keep his distance. The master with his toe helped one sprawling puppy toward him. He bristled suspiciously, but the master warned him that all was well. Collie, clasped in the arms of one of the women, watched him jealously and with a snarl warned him that all was not well.

The puppy sprawled in front of him. He cocked his ears and watched it curiously. Then their noses touched, and he felt the warm little tongue of the puppy on his jowl. White Fang's tongue went out, he knew not why, and he licked the puppy's face.

Hand-clapping and pleased cries from the gods greeted the performance. He was surprised, and looked at them in a puzzled way. Then his weakness asserted itself, and he lay down, his ears cocked, his head on one side, as he watched the puppy. The other puppies came sprawling toward him, to Collie's great disgust; and he gravely permitted them to clamber and tumble over him. At first, amid the applause of the gods, he betrayed a trifle of his old self-consciousness and awkwardness. This passed away as the puppies' antics and mauling[29] continued, and he lay with half-shut patient eyes, drowsing in the sun.

28) pudgy: 땅딸막한, 포동포동한

29) antics and mauling: 익살맞은 행동과 서로 밀치기

OTHER STORIES

THE SON OF THE WOLF
(1900)

by Jack London

Man rarely places a proper valuation upon his womankind, at least not until deprived of them. He has no conception of the subtle atmosphere exhaled[1] by the sex feminine so long as he bathes in it; but let it be withdrawn, and an ever-growing void begins to manifest itself in his existence, and he becomes hungry, in a vague sort of way, for a something so indefinite that he cannot characterize it. If his comrades have no more experience than himself, they will shake their heads dubiously and dose him with strong physic.[2] But the hunger will continue and become stronger; he will lose interest in the things of his everyday life and wax morbid; and one day, when the emptiness has become unbearable, a revelation[3] will dawn upon him.

In the Yukon country, when this comes to pass,[4] the man usually provisions a poling-boat,[5] if it be summer, and if winter harnesses his dogs, and heads for the Southland. A few months later, supposing him to be possessed of a faith in the country, he returns with a wife to share with him in that faith, and incidentally in his hardships. This but serves to show the innate selfishness of man. It also brings us to the trouble of "Scruff"[6]

1) exhale: 내쉬다, (말을) 내뱉다, 내뿜다(↔ inhale), (냄새 등을) 발산시키다

2) dose him with strong physic: 그에게 강한 약을 투약하다. physic: (구어) 약

3) revelation: 계시, 깨달음

4) come to pass: 일어나다, 생기다, 발생하다

5) poling-boat: 상앗대(긴 막대)로 밀어 나아가는 배

6) Scruff: (구어) 궁상맞은 놈 (작가는 인물의 이름에서 '추레한, 궁상맞은, 더러운'의 의미를 암시하고 있음)

Mackenzie, which occurred in the old days, before the country was stampeded and staked by a tidal-wave of che-cha-quas,[7] and when the Klondike's only claim to notice[8] was its salmon fisheries.[9]

Scruff Mackenzie bore the ear-marks[10] of a frontier birth and a frontier life. His face was stamped with twenty-five years of incessant struggle with nature in her wildest moods,—the last two, the wildest and hardest of all, having been spent in groping for the gold which lies in the shadow of the Arctic Circle.[11] When the yearning sickness came upon him he was not surprised, for he was a practical man[12] and had seen other men thus stricken. But he showed no sign of his malady, save[13] that he worked harder. All summer he fought mosquitoes and washed the sure-thing bars of the Stuart River for a double grub-stake.[14] Then he floated a raft of house-logs down the Yukon to Forty Mile, and put together[15] as comfortable a cabin as any the camp could boast of. In fact, it showed such cosy promise that many men elected to be his partner and to come and live with him. But he crushed their aspirations with rough speech, peculiar for its strength and brevity, and bought a dou-

---

7) che-cha-quas: Chinook 인디언의 말로 chechaquo: chechako, 신참자, 신출내기, 새로 온 사람들, 경험이 부족한 사람들

8) claim to notice: 주목할만한 불하권

9) salmon fishery: 연어 양어장(어업권)

10) ear-marks: 귀표, 특징

11) Arctic Circle: 북극권

12) a practical man: 현실감각을 지닌 사람

13) save: ~외에, ~을 제외하고

14) washed the sure-thing bars of the Stuart River for a double grub-stake: 갑절의 지원 물품을 받기 위해 스튜어트 강의 확실한 모래톱을 세광(사금을 얻기 위해 강바닥을 세척하는 것)하였다. bars: 모래톱, grub-stake: (발견한 이익의 일부를 받는다는 조건으로) 자금·의복·식료 따위를 공급하다

15) put together: 만들다, 합치다

ble supply of grub from the trading-post.

As has been noted, Scruff Mackenzie was a practical man. If he wanted a thing he usually got it, but in doing so, went no farther out of his way than was necessary. Though a son of toil and hardship, he was averse to[16] a journey of six hundred miles on the ice, a second of two thousand miles on the ocean, and still a third thousand miles or so to his last stamping-grounds,[17] — all in the mere quest of a wife. Life was too short. So he rounded up his dogs, lashed a curious freight to his sled, and faced across the divide whose westward slopes were drained by the head-reaches[18] of the Tanana.[19]

He was a sturdy traveler, and his wolf-dogs could work harder and travel farther on less grub than any other team in the Yukon. Three weeks later he strode into a hunting-camp of the Upper Tanana Sticks.[20] They marveled at his temerity;[21] for they had a bad name and had been known to kill white men for as trifling a thing as a sharp axe or a broken rifle. But he went among them single-handed, his bearing being a delicious composite of humility, familiarity, sang-froid,[22] and insolence.[23] It required a deft hand and deep knowledge of the barbaric mind effectually to handle such diverse weapons; but he was a past

16) be averse to: ~을 싫어하다

17) stamping-grounds: (사람 · 짐승이) 잘 가는 곳

18) head-reaches: 배를 바람 불어오는 쪽으로 돌릴 때 바람을 타고 비켜 가다, headreach 하는 거리

19) the Tanana: (the Tanana River): 미국 알라스카 주를 흐르는 Yukon River의 한 지류

20) stick: (the ~s) (구어) 삼림 지대, 궁벽한 곳, 외딴 시골, 벽지

21) temerity: 무모(한 행위), 만용

22) sang-froid: 냉정, 침착

23) insolence: 오만, 무례

master[24] in the art, knowing when to conciliate and when to threaten with Jove-like wrath.[25]

He first made obeisance[26] to the Chief Thling-Tinneh, presenting him with a couple of pounds of black tea and tobacco, and thereby winning his most cordial regard. Then he mingled with the men and maidens, and that night gave potlach.[27] The snow was beaten down in the form of an oblong, perhaps a hundred feet in length and quarter as many across.[28] Down the centre a long fire was built, while either side was carpeted with spruce boughs. The lodges were forsaken, and the fivescore or so members of the tribe gave tongue to their folk-chants in honor of their guest.

Scruff Mackenzie's two years had taught him the not many hundred words of their vocabulary, and he had likewise conquered their deep gutturals,[29] their Japanese idioms, constructions, and honorific and agglutinative[30] particles. So he made oration after their manner, satisfying their instinctive poetry-love with crude flights of eloquence and metaphorical contortions.[31] After Thling-Tinneh and the Shaman had responded in kind, he made trifling presents to the menfolk, joined in their singing, and proved an expert in their fifty-two-stick gambling game.

And they smoked his tobacco and were pleased. But among the younger men there was a defiant attitude, a spirit of

24) past master: 명인, 대가

25) Jove-like wrath: 제우스신과 같은 분노 (Jove: Jupiter, Zeus)

26) obeisance: 경례, 절, 인사, 경의(敬意), 존경, 복종

27) potlach: potlatch, 포틀래치(막대한 선물로 부·권력을 과시하는 북미 인디언들의 의례적인 행사), 그 선물, 잔치, 연회

28) quarter as many across: 직경(폭)이 그 숫자(100)의 4분 1인(=25 피트)

29) guttural: 후음, 연구개음

30) agglutinative: 교착성의, 점착의

31) contortion: 일그러짐, 찡그림, (어구 · 사실 따위의) 왜곡, 곡해

braggadocio,[32] easily understood by the raw insinuations[33] of the toothless squaws[34] and the giggling of the maidens. They had known few white men, "Sons of the Wolf," but from those few they had learned strange lessons.

Nor had Scruff Mackenzie, for all his seeming carelessness,[35] failed to note these phenomena. In truth, rolled in his sleeping-furs, he thought it all over, thought seriously, and emptied many pipes in mapping out a campaign.[36] One maiden only had caught his fancy, none other than[37] Zarinska, daughter to the chief. In features, form, and poise, answering more nearly to the white man's type of beauty, she was almost an anomaly[38] among her tribal sisters. He would possess her, make her his wife, and name her — ah, he would name her Gertrude![39] Having thus decided, he rolled over on his side and dropped off to sleep, a true son of his all-conquering race, a Samson among the Philistines.[40]

It was slow work and a stiff game; but Scruff Mackenzie manœuvred cunningly, with an unconcern which served to puzzle the Sticks. He took great care to impress the men that he was a sure shot[41] and a mighty hunter, and the camp rang with his plaudits when he brought down a moose at six hundred

---

32) braggadocio: 허풍, 허풍선이, 제 자랑

33) raw insinuations: 노골적(조야한)인 암시(빗댐, 넌지시 비춤)

34) squaw: 북아메리카 원주민의 여자

35) for all his seeming carelessness: 겉으로 드러나는 무관심에도 불구하고

36) in mapping out a campaign: 작전을 계획하면서

37) none other than: ~에 지나지 않는, 다름 아닌

38) anomaly: 이례, 이상, 변칙적인 것, 이형

39) Gertrude: 햄릿의 어머니

40) a Samson among the Philistines: 펠리시테인들에 둘러싸인 삼손(펠리시테인: 지중해 동쪽의 고대 팔레스티나 남해안의 필리스티아(Philistia), 블레셋의 사람, 오랫동안 이스라엘인과 적대관계 유지)

41) shot: 사수

yards. Of a night he visited in Chief Thling-Tinneh's lodge of moose and cariboo skins, talking big and dispensing tobacco with a lavish hand. Nor did he fail to likewise honor the Shaman; for he realized the medicine-man's influence with his people, and was anxious to make of him an ally. But that worthy was high and mighty,[42)] refused to be propitiated, and was unerringly marked down as[43)] a prospective enemy.

Though no opening[44)] presented for an interview with Zarinska, Mackenzie stole many a glance to her, giving fair warning of his intent. And well she knew, yet coquettishly[45)] surrounded herself with a ring of women whenever the men were away and he had a chance. But he was in no hurry; besides, he knew she could not help but think of him, and a few days of such thought would only better his suit.[46)]

At last, one night, when he deemed the time to be ripe, he abruptly left the chief's smoky dwelling and hastened to a neighboring lodge. As usual, she sat with squaws and maidens about her, all engaged in sewing moccasins and beadwork. They laughed at his entrance, and badinage,[47)] which linked Zarinska to him, ran high. But one after the other they were unceremoniously[48)] bundled into the outer snow, whence they hurried to spread the tale through all the camp.

His cause was well pleaded, in her tongue, for she did not know his, and at the end of two hours he rose to go.

"So Zarinska will come to the White Man's lodge? Good! I go

---

42) But that worthy was high and mighty: 그러나 그 양반은 거만해서

43) mark down as: ~를 ~로 인식하다

44) opening: 좋은 기회

45) coquettishly: 요염하게, 교태를 부리며

46) better his suit: 그의 구혼이 잘 진척되다

47) badinage: 농담, 놀림, 야유

48) unceremoniously: 격식을 차리지 않고, 마음을 터놓고, 허물없이

now to have talk with thy father, for he may not be so minded. And I will give him many tokens;[49] but he must not ask too much. If he say no? Good! Zarinska shall yet come to the White Man's lodge."

He had already lifted the skin flap to depart, when a low exclamation brought him back to the girl's side. She brought herself to her knees on the bearskin mat, her face aglow with true Eve-light, and shyly unbuckled his heavy belt. He looked down, perplexed, suspicious, his ears alert for the slightest sound without. But her next move disarmed his doubt, and he smiled with pleasure. She took from her sewing-bag a moosehide sheath,[50] brave with bright beadwork, fantastically designed. She drew his great hunting-knife, gazed reverently along the keen edge, half tempted to try it with her thumb, and shot it into place in its new home. Then she slipped the sheath along the belt to its customary resting-place, just above the hip.

For all the world, it was like a scene of olden time, — a lady and her knight. Mackenzie drew her up full height and swept her red lips with his mustache, — the, to her, foreign caress of the Wolf. It was a meeting of the stone age and the steel.

There was a thrill of excitement in the air as Scruff Mackenzie, a bulky bundle under his arm, threw open the flap of Thling-Tinneh's tent. Children were running about in the open, dragging dry wood to the scene of the potlach, a babble of women's voices was growing in intensity, the young men were consulting in sullen groups, while from the Shaman's lodge rose the eerie sounds of an incantation.[51]

The chief was alone with his blear-eyed[52] wife, but a glance

---

49) tokens: 기념품, 선물

50) a moosehide sheath: 무스가죽으로 만든 칼집

51) incantation: 주술, 마술, 마법

52) blear-eyed: 눈이 흐린

sufficed to tell Mackenzie that the news was already old. So he plunged at once into the business, shifting the beaded sheath prominently to the fore as advertisement of the betrothal.[53)]

"O Thling-Tinneh, mighty chief of the Sticks and the land of the Tanana, ruler of the salmon and the bear, the moose and the cariboo! The White Man is before thee with a great purpose. Many moons has his lodge been empty, and he is lonely. And his heart has eaten itself in silence, and grown hungry for a woman to sit beside him in his lodge, to meet him from the hunt with warm fire and good food. He has heard strange things, the patter[54)] of baby moccasins and the sound of children's voices. And one night a vision came upon him, and he beheld the Raven, who is thy father, the great Raven, who is the father of all the Sticks. And the Raven spake to the lonely White Man, saying: 'Bind thou thy moccasins upon thee, and gird thy snowshoes on, and lash thy sled with food for many sleeps and fine tokens for the Chief Thling-Tinneh. For thou shalt turn thy face to where the midspring sun is wont to sink below the land, and journey to this great chief's hunting-grounds. There thou shalt make big presents, and Thling-Tinneh, who is my son, shall become to thee as a father. In his lodge there is a maiden into whom I breathed the breath of life for thee. This maiden shalt thou take to wife.'

"O Chief, thus spake the great Raven; thus do I lay many presents at thy feet; thus am I come to take thy daughter!"

The old man drew his furs about him with crude consciousness of royalty, but delayed reply while a youngster crept in, delivered a quick message to appear before the council, and was gone.

---

53) betrothal: 약혼(engagement)

54) patter: 재잘거림

"O White Man, whom we have named Moose-Killer, also known as the Wolf, and the Son of the Wolf! We know thou comest of a mighty race; we are proud to have thee our potlach-guest; but the king-salmon[55] does not mate with the dog-salmon,[56] nor the Raven with the Wolf."

"Not so!" cried Mackenzie. "The daughters of the Raven have I met in the camps of the Wolf, — the squaw of Mortimer, the squaw of Tregidgo, the squaw of Barnaby, who came two ice-runs back,[57] and I have heard of other squaws, though my eyes beheld them not."

"Son, your words are true; but it were evil mating, like the water with the sand, like the snowflake with the sun. But met you one Mason and his squaw? No? He came ten ice-runs ago, — the first of all the Wolves. And with him there was a mighty man, straight as a willow-shoot,[58] and tall; strong as the bald-faced grizzly,[59] with a heart like the full summer moon; his" —

"Oh!" interrupted Mackenzie, recognizing the well-known Northland figure, — "Malemute Kid!"

"The same, a mighty man. But saw you aught of the squaw? She was full sister[60] to Zarinska."

"Nay, Chief; but I have heard. Mason — far, far to the north, a spruce-tree, heavy with years, crushed out his life beneath. But his love was great, and he had much gold. With this, and her boy, she journeyed countless sleeps toward the winter's noonday sun, and there she yet lives, — no biting frost, no snow,

55) king-salmon: 북태평양산 대형 연어
56) dog-salmon: 연어(※우리가 흔히 보는 종류)
57) two ice-runs: 2년(얼음이 두 번 흐르다)
58) willow-shoot: 버드나무 새싹
59) as the bald-faced grizzly: 얼굴에 흰 반점이 있는 큰 회색곰처럼
60) full sister: 부모가 같은 자매

no summer's midnight sun, no winter's noonday night."

A second messenger interrupted with imperative summons from the council. As Mackenzie threw him into the snow, he caught a glimpse of the swaying forms before the council-fire, heard the deep basses[61)] of the men in rhythmic chant, and knew the Shaman was fanning the anger of his people. Time pressed. He turned upon the chief.

"Come! I wish thy child. And now. See! here are tobacco, tea, many cups of sugar, warm blankets, handkerchiefs, both good and large; and here, a true rifle, with many bullets and much powder."

"Nay," replied the old man, struggling against the great wealth spread before him. "Even now are my people come together. They will not have this marriage."

"But thou art chief."

"Yet do my young men rage because the Wolves have taken their maidens so that they may not marry."

"Listen, Thling-Tinneh! Ere the night has passed into the day, the Wolf shall face his dogs to the Mountains of the East and fare forth to the Country of the Yukon. And Zarinska shall break trail for his dogs."

"And ere the night has gained its middle, my young men may fling to the dogs the flesh of the Wolf, and his bones be scattered in the snow till the springtime lay them bare."

It was threat and counter-threat. Mackenzie's bronzed face flushed darkly. He raised his voice. The old squaw, who till now had sat an impassive spectator, made to creep by him for the door. The song of the men broke suddenly, and there was a hubbub of many voices[62)] as he whirled the old woman roughly to

61) bass: 저음의 소리

62) a hubbub of many voices: 왁자지껄한 많은 목소리

her couch of skins.

"Again I cry — listen, O Thling-Tinneh! The Wolf dies with teeth fast-locked, and with him there shall sleep ten of thy strongest men, — men who are needed, for the hunting is but begun, and the fishing is not many moons away. And again, of what profit should I die? I know the custom of thy people; thy share of my wealth shall be very small. Grant me thy child, and it shall all be thine. And yet again, my brothers will come, and they are many, and their maws[63)] are never filled; and the daughters of the Raven shall bear children in the lodges of the Wolf. My people are greater than thy people. It is destiny.[64)] Grant, and all this wealth is thine."

Moccasins were crunching the snow without. Mackenzie threw his rifle to cock,[65)] and loosened the twin Colts[66)] in his belt.

"Grant, O Chief!"

"And yet will my people say no."

"Grant, and the wealth is thine. Then shall I deal with thy people after."

"The Wolf will have it so. I will take his tokens, — but I would warn him."

Mackenzie passed over the goods, taking care to clog the rifle's ejector,[67)] and capping the bargain[68)] with a kaleidoscopic[69)] silk kerchief.[70)] The Shaman and half a dozen young braves en-

---

63) maw: 위

64) My people are greater than thy people. It is destiny.: 내 민족은 당신 민족보다 더 위대합니다. 그것이 운명입니다. (※ 작가의 인종차별적인 시각이 드러남)

65) cock: 총의 공이치기를 당겨 세우다

66) twin Colts: 콜트식 자동 쌍권총

67) taking care to clog the rifle's ejector: 조심스럽게 소총의 배출기를 막고

68) capping the bargain: 그 거래가 끝난 물건을 덮었다

69) kaleidoscopic: 만화경(萬華鏡), (비유적) 변화무쌍한 것

70) kerchief: 머릿수건, 목도리

tered, but he shouldered boldly among them and passed out.

"Pack!" was his laconic[71] greeting to Zarinska as he passed her lodge and hurried to harness his dogs. A few minutes later he swept into the council at the head of the team, the woman by his side. He took his place at the upper end of the oblong, by the side of the chief. To his left, a step to the rear, he stationed Zarinska, — her proper place. Besides, the time was ripe for mischief, and there was need to guard his back.

On either side, the men crouched to the fire, their voices lifted in a folk-chant out of the forgotten past. Full of strange, halting cadences[72] and haunting recurrences, it was not beautiful. "Fearful" may inadequately express it. At the lower end, under the eye of the Shaman, danced half a score of women. Stern were his reproofs to those who did not wholly abandon themselves to the ecstasy of the rite. Half hidden in their heavy masses of raven hair, all disheveled[73] and falling to their waists, they slowly swayed to and fro, their forms rippling to an ever-changing rhythm.

It was a weird scene; an anachronism.[74] To the south, the nineteenth century was reeling off the few years of its last decade; here flourished man primeval, a shade removed from the prehistoric cave-dweller, a forgotten fragment of the Elder World. The tawny wolf-dogs sat between their skin-clad masters or fought for room, the firelight cast backward from their red eyes and slavered fangs. The woods, in ghostly shroud, slept on unheeding. The White Silence, for the moment driven to the rimming forest, seemed ever crushing inward; the stars danced with great leaps, as is their wont in the time of the Great

71) laconic: 간결한, 간명한, 말수 적은

72) cadence: 박자, 운율

73) all disheveled: 온통 헝클어진

74) anachronism: 시대착오, 시대에 뒤떨어진 사람

Cold; while the Spirits of the Pole trailed their robes of glory athwart[75] the heavens.

Scruff Mackenzie dimly realized the wild grandeur of the setting as his eyes ranged down the fur-fringed sides in quest of missing faces. They rested for a moment on a newborn babe, suckling at its mother's naked breast. It was forty below, — seventy and odd degrees of frost. He thought of the tender women of his own race, and smiled grimly. Yet from the loins of some such tender woman had he sprung with a kingly inheritance, — an inheritance which gave to him and his dominance over the land and sea, over the animals and the peoples of all the zones. Single-handed against fivescore, girt by the Arctic winter, far from his own, he felt the prompting of his heritage, the desire to possess, the wild danger-love, the thrill of battle, the power to conquer or to die.

The singing and the dancing ceased, and the Shaman flared up in rude eloquence. Through the sinuosities[76] of their vast mythology, he worked cunningly upon the credulity of his people. The case was strong. Opposing the creative principles as embodied in the Crow and the Raven, he stigmatized Mackenzie as the Wolf, the fighting and the destructive principle. Not only was the combat of these forces spiritual, but men fought, each to his totem. They were the children of Jelchs, the Raven, the Promethean fire-bringer; Mackenzie was the child of the Wolf, or, in other words, the Devil. For them to bring a truce to this perpetual warfare, to marry their daughters to the arch-enemy, were treason and blasphemy of the highest order. No phrase was harsh, nor figure vile,[77] enough in branding Mackenzie as

75) athwart: 가로질러(서), ~ 거슬러서, (~뜻에) 반(反)하여

76) sinuosity: 꾸불꾸불함, 굴곡, 만곡

77) nor figure vile: 어떤 비유도 비열하지 않았다

a sneaking interloper[78] and emissary of Satan. There was a subdued, savage roar in the deep chests of his listeners as he took the swing of his peroration.[79]

"Ay, my brothers, Jelchs is all-powerful! Did he not bring heaven-born fire that we might be warm? Did he not draw the sun, moon, and stars from their holes that we might see? Did he not teach us that we might fight the Spirits of Famine and of Frost? But now Jelchs is angry with his children, and they are grown to a handful,[80] and he will not help. For they have forgotten him, and done evil things, and trod bad trails, and taken his enemies into their lodges to sit by their fires. And the Raven is sorrowful at the wickedness of his children; but when they shall rise up and show they have come back, he will come out of the darkness to aid them. O brothers! the Fire-Bringer has whispered messages to thy Shaman; the same shall ye hear. Let the young men take the young women to their lodges; let them fly at the throat of the Wolf; let them be undying in their enmity! Then shall their women become fruitful, and they shall multiply into a mighty people! And the Raven shall lead great tribes of their fathers and their fathers' fathers from out of the North; and they shall beat back[81] the Wolves till they are as last year's camp-fires; and they shall again come to rule over all the land! 'Tis the message of Jelchs, the Raven."

This foreshadowing of the Messiah's coming brought a hoarse howl from the Sticks as they leaped to their feet. Mackenzie slipped the thumbs of his mittens, and waited. There was a clamor for the Fox, not to be stilled till one of the young men

78) interloper: 침입자, 주제넘은 사람, 남의 분야를 침범하는 사람

79) peroration: 결론, 장광설

80) a handful: (비격식) 감당하기 어려운 일[사람], 성가신 일[사람], 골칫거리

81) beat back: 끄다, 저지하다, 격퇴하다

stepped forward to speak.

"Brothers! The Shaman has spoken wisely. The Wolves have taken our women, and our men are childless. We are grown to a handful. The Wolves have taken our warm furs, and given for them evil spirits which dwell in bottles, and clothes which come not from the beaver or the lynx, but are made from the grass. And they are not warm, and our men die of strange sicknesses. I, the Fox, have taken no woman to wife; and why? Twice have the maidens which pleased me gone to the camps of the Wolf. Even now have I laid by skins of the beaver, of the moose, of the cariboo, that I might win favor in the eyes of Thling-Tinneh, that I might marry Zarinska, his daughter. Even now are her snowshoes bound to her feet, ready to break trail for the dogs of the Wolf. Nor do I speak for myself alone. As I have done, so has the Bear. He, too, had fain been the father of her children, and many skins has he cured[82)] thereto. I speak for all the young men who know not wives. The Wolves are ever hungry. Always do they take the choice meat at the killing. To the Ravens are left the leavings.[83)]

"There is Gugkla!" he cried, brutally pointing out one of the women, who was a cripple. "Her legs are bent like the ribs of a birch canoe. She cannot gather wood nor carry the meat of the hunters. Did the Wolves choose her?"

"Ai! ai!" vociferated[84)] his tribesmen.

"There is Moyri, whose eyes are crossed by the Evil Spirit. Even the babes are affrighted when they gaze upon her, and it is said the bald-face gives her the trail. Was she chosen?"

Again the cruel applause rang out.

---

82) cure: 가공하다, 건조시키다, 절이다

83) leavings: 나머지, 지스러기, 찌꺼기

84) vociferate: 큰소리를 내다, 고함치다, 소리 지르다

"And there sits Pischet. She does not hearken to my words. Never has she heard the cry of the chit-chat, the voice of her husband, the babble of her child. She lives in the White Silence. Cared the Wolves aught for her? No! Theirs is the choice of the kill; ours is the leavings.

"Brothers, it shall not be! No more shall the Wolves slink among our camp-fires. The time is come."

A great streamer of fire, the aurora borealis,[85)] purple, green, and yellow, shot across the zenith,[86)] bridging horizon to horizon. With head thrown back and arms extended, he swayed to his climax.

"Behold! The spirits of our fathers have arisen and great deeds are afoot[87)] this night!"

He stepped back, and another young man somewhat diffidently came forward, pushed on by his comrades. He towered a full head above them, his broad chest defiantly bared to the frost. He swung tentatively from one foot to the other. Words halted upon his tongue, and he was ill at ease. His face was horrible to look upon, for it had at one time been half torn away by some terrific blow. At last he struck his breast with his clenched fist, drawing sound as from a drum, and his voice rumbled forth as the surf from an ocean cavern.

"I am the Bear, — the Silver-Tip[88)] and the Son of the Silver-Tip! When my voice was yet as a girl's, I slew the lynx, the moose, and the cariboo; when it whistled like the wolverines from under a cache,[89)] I crossed the Mountains of the South and

---

85) aurora borealis: 북극광

86) zenith: 천정(天頂). ↔ nadir, (성공 · 힘 등의) 정점, 절정, 전성기

87) afoot: 진행중에, 일어나, 도보로

88) silver-tip: silvertip, 회색곰

89) cache: 은닉장소

slew three of the White Rivers; when it became as the roar of the Chinook, I met the bald-faced grizzly,[90)] but gave no trail."

At this he paused, his hand significantly sweeping across his hideous scars.

"I am not as the Fox. My tongue is frozen like the river. I cannot make great talk. My words are few. The Fox says great deeds are afoot this night. Good! Talk flows from his tongue like the freshets[91)] of the spring, but he is chary[92)] of deeds. This night shall I do battle with the Wolf. I shall slay him, and Zarinska shall sit by my fire. The Bear has spoken."

Though pandemonium[93)] raged about him, Scruff Mackenzie held his ground. Aware how useless was the rifle at close quarters, he slipped both holsters to the fore,[94)] ready for action, and drew his mittens till his hands were barely shielded by the elbow gauntlets.[95)] He knew there was no hope in attack en masse, but true to his boast, was prepared to die with teeth fast-locked. But the Bear restrained his comrades, beating back the more impetuous with his terrible fist. As the tumult began to die away, Mackenzie shot a glance in the direction of Zarinska. It was a superb picture. She was leaning forward on her snowshoes, lips apart and nostrils quivering, like a tigress about to spring. Her great black eyes were fixed upon her tribesmen, in fear and in defiance. So extreme the tension, she had forgotten to breathe. With one hand pressed spasmodically against her breast and the other as tightly gripped about the dogwhip, she was as turned to

---

90) bald-faced grizzly: 얼굴에 흰 점이 있는 회색 곰

91) freshet: (큰 비·눈 녹은 물로 인한) 큰물, 홍수, (바다로 흘러드는) 민물의 흐름

92) chary: 조심스러운, 신중한, 쉽사리 행동하지 않는

93) pandemonium: 악마전(殿), 복마전, 지옥. 대혼란

94) to the fore: 앞면에, 눈에 띄는 곳에, 준비되어

95) gauntlet: (갑옷의) 손 가리개, (승마·펜싱 등에 쓰는 쇠 혹은 가죽으로 만든) 긴 장갑

stone. Even as he looked, relief came to her. Her muscles loosened; with a heavy sigh she settled back, giving him a look of more than love.

Thling-Tinneh was trying to speak, but his people drowned his voice. Then Mackenzie strode forward. The Fox opened mouth to a piercing yell, but so savagely did Mackenzie whirl upon him that he shrank back, his larynx all a-gurgle with[96] suppressed sound. His discomfiture[97] was greeted with roars of laughter, and served to soothe his fellows to a listening mood.

"Brothers! The White Man, whom ye have chosen to call the Wolf, came among you with fair words. He was not like the Innuit;[98] he spoke not lies. He came as a friend, as one who would be a brother. But your men have had their say, and the time for soft words is past. First, I will tell you that the Shaman has an evil tongue and is a false prophet, that the messages he spake are not those of the Fire-Bringer. His ears are locked to the voice of the Raven, and out of his own head he weaves cunning fancies, and he has made fools of you. He has no power. When the dogs were killed and eaten, and your stomachs were heavy with untanned hide and strips of moccasins; when the old men died, and the old women died, and the babes at the dry dugs of the mothers died; when the land was dark, and ye perished as do the salmon in the fall; ay, when the famine was upon you, did the Shaman bring reward to your hunters? did the Shaman put meat in your bellies? Again I say, the Shaman is without power. Thus! I spit upon his face!"

Though taken aback by the sacrilege,[99] there was no uproar.

---

96) his larynx all a-gurgle: 그의 목구멍은 꼴록꼴록 소리를 내다

97) discomfiture: 실패, 패배, 당황

98) Innuit: 이뉴잇(북아메리카 · 그린란드의 에스키모, 캐나다에서의 에스키모족에 대한 공식 호칭)

99) sacrilege: 힘, (신성) 모독(죄), 벌 받을 행위

Some of the women were even frightened, but among the men there was an uplifting, as though in preparation or anticipation of the miracle. All eyes were turned upon the two central figures. The priest realized the crucial moment, felt his power tottering, opened his mouth in denunciation,[100)] but fled backward before the truculent[101)] advance, upraised fist, and flashing eyes of Mackenzie. He sneered and resumed.

"Was I stricken dead? Did the lightning burn me? Did the stars fall from the sky and crush me? Pish! I have done with the dog. Now will I tell you of my people, who are the mightiest of all the peoples, who rule in all the lands. At first we hunt as I hunt, alone. After that we hunt in packs; and at last, like the cariboo-run, we sweep across all the land. Those whom we take into our lodges live; those who will not come die. Zarinska is a comely maiden, full and strong, fit to become the mother of Wolves. Though I die, such shall she become; for my brothers are many, and they will follow the scent of my dogs. Listen to the Law of the Wolf: Whoso taketh the life of one Wolf, the forfeit[102)] shall ten of his people pay. In many lands has the price been paid; in many lands shall it yet be paid.

"Now will I deal with the Fox and the Bear. It seems they have cast eyes upon the maiden. So? Behold, I have bought her! Thling-Tinneh leans upon the rifle; the goods of purchase are by his fire. Yet will I be fair to the young men. To the Fox, whose tongue is dry with many words, will I give of tobacco five long plugs.[103)] Thus will his mouth be wetted that he may make much noise in the council. But to the Bear, of whom I am well proud,

---

100) denunciation: 탄핵, 공공연한 비난, (죄의) 고발

101) truculent: 공격〔호전〕적인, 반항적인, 사나운, 가혹한, 신랄한

102) forfeit: 벌금, 과료(fine), 추징금, 몰수 (※ 매켄지의 백인우월의식이 내포된 부분으로 인종차별적인 시각이 강조됨)

103) plug: 씹는 고형(固形) 담배

will I give of blankets two; of flour, twenty cups; of tobacco, double that of the Fox; and if he fare with me over the Mountains of the East, then will I give him a rifle, mate to Thling-Tinneh's. If not? Good! The Wolf is weary of speech. Yet once again will he say the Law: Whoso taketh the life of one Wolf, the forfeit shall ten of his people pay."

Mackenzie smiled as he stepped back to his old position, but at heart he was full of trouble. The night was yet dark. The girl came to his side, and he listened closely as she told of the Bear's battle-tricks with the knife.

The decision was for war. In a trice,[104)] scores of moccasins were widening the space of beaten snow by the fire. There was much chatter about the seeming defeat of the Shaman; some averred he had but withheld his power, while others conned past events and agreed with the Wolf. The Bear came to the centre of the battle-ground, a long naked hunting-knife of Russian make in his hand. The Fox called attention to Mackenzie's revolvers; so he stripped his belt, buckling it about Zarinska, into whose hands he also intrusted his rifle. She shook her head that she could not shoot, — small chance had a woman to handle such precious things.

"Then, if danger come by my back, cry aloud, 'My husband!' No; thus, 'My husband!'"

He laughed as she repeated it, pinched her cheek, and reëntered the circle. Not only in reach and stature had the Bear the advantage of him, but his blade was longer by a good two inches. Scruff Mackenzie had looked into the eyes of men before, and he knew it was a man who stood against him; yet he quickened to the glint of light on the steel, to the dominant pulse of his race.

---

104) In a trice: 즉시, 순식간에, 곧

Time and again he was forced to the edge of the fire or the deep snow, and time and again, with the foot tactics of the pugilist,[105)] he worked back to the centre. Not a voice was lifted in encouragement, while his antagonist was heartened with applause, suggestions, and warnings. But his teeth only shut the tighter as the knives clashed together, and he thrust or eluded with a coolness born of conscious strength. At first he felt compassion for his enemy; but this fled before the primal instinct of life, which in turn gave way to the lust of slaughter.[106)] The ten thousand years of culture fell from him, and he was a cave-dweller, doing battle for his female.

Twice he pricked the Bear, getting away unscathed;[107)] but the third time caught, and to save himself, free hands closed on fighting hands, and they came together. Then did he realize the tremendous strength of his opponent. His muscles were knotted in painful lumps, and cords and tendons threatened to snap with the strain; yet nearer and nearer came the Russian steel. He tried to break away, but only weakened himself. The fur-clad circle closed in, certain of and anxious to see the final stroke. But with wrestler's trick, swinging partly to the side, he struck at his adversary[108)] with his head. Involuntarily the Bear leaned back, disturbing his centre of gravity. Simultaneous with this, Mackenzie tripped[109)] properly and threw his whole weight forward, hurling him clear through the circle into the deep snow. The Bear floundered out and came back full tilt.[110)]

"O my husband!" Zarinska's voice rang out, vibrant with dan-

105) pugilist: 권투 선수(boxer), 프로 복서

106) slaughter: 도살(butchering), 살인, 살육, 학살

107) unscathed: 상처가 없는, 다치지 않은, 상처를 입지 않은

108) adversary: 적, 상대, 대항자

109) trip: 곱드러지게 하다, 걸려서 넘어지게 하다

110) full tilt: 전력을 기울여, 전속력으로

ger.

To the twang of a bow-string, Mackenzie swept low to the ground, and a bone-barbed arrow passed over him into the breast of the Bear, whose momentum carried him over his crouching foe. The next instant Mackenzie was up and about. The Bear lay motionless, but across the fire was the Shaman, drawing a second arrow.

Mackenzie's knife leaped short in the air. He caught the heavy blade by the point. There was a flash of light as it spanned the fire. Then the Shaman, the hilt[111)] alone appearing without his throat, swayed a moment and pitched forward into the glowing embers.

Click! click! — the Fox had possessed himself of Thling-Tinneh's rifle and was vainly trying to throw a shell into place. But he dropped it at the sound of Mackenzie's laughter.

"So the Fox has not learned the way of the plaything? He is yet a woman. Come! Bring it, that I may show thee!"

The Fox hesitated.

"Come, I say!"

He slouched[112)] forward like a beaten cur.

"Thus, and thus; so the thing is done." A shell flew into place and the trigger was at cock as Mackenzie brought it to shoulder.

"The Fox has said great deeds were afoot this night, and he spoke true. There have been great deeds, yet least among them were those of the Fox. Is he still intent to take Zarinska to his lodge? Is he minded to tread the trail already broken by the Shaman and the Bear? No? Good!"

Mackenzie turned contemptuously and drew his knife from the priest's throat.

---

111) hilt: (칼 · 도구 따위의) 자루, 손잡이

112) slouch: 숙어지다, 몸을 굽히다

"Are any of the young men so minded? If so, the Wolf will take them by two and three till none are left. No? Good! Thling-Tinneh, I now give thee this rifle a second time. If in the days to come thou shouldst journey to the Country of the Yukon, know thou that there shall always be a place and much food by the fire of the Wolf. The night is now passing into the day. I go, but I may come again. And for the last time, remember the Law of the Wolf!"

He was supernatural in their sight as he rejoined Zarinska. She took her place at the head of the team, and the dogs swung into motion. A few moments later they were swallowed up by the ghostly forest. Till now Mackenzie had waited; he slipped into his snowshoes to follow.

"Has the Wolf forgotten the five long plugs?"

Mackenzie turned upon the Fox angrily; then the humor of it struck him.

"I will give thee one short plug."

"As the Wolf sees fit,"[113] meekly responded the Fox, stretching out his hand.

113) As the Wolf sees fit: 울프가 적당하다고 생각하는 대로

WHAT LIFE MEANS TO ME
(1905)

by Jack London

I was born in the working-class. Early I discovered enthusiasm, ambition, and ideals; and to satisfy these became the problem of my child-life. My environment was crude and rough and raw. I had no outlook, but an uplook[1] rather. My place in society was at the bottom. Here life offered nothing but sordidness[2] and wretchedness, both of the flesh and the spirit; for here flesh and spirit were alike starved and tormented.

Above me towered the colossal edifice of society, and to my mind the only way out was up. Into this edifice I early resolved to climb. Up above, men wore black clothes and boiled shirts, and women dressed in beautiful gowns. Also, there were good things to eat, and there was plenty to eat. This much for the flesh. Then there were the things of the spirit. Up above me, I knew, were unselfishnesses of the spirit, clean and noble thinking, keen intellectual living. I knew all this because I read "Seaside Library"[3] novels, in which, with the exception of the villains and adventuresses,[4] all men and women thought beautiful thoughts, spoke a beautiful tongue, and performed glorious deeds. In short, as I accepted the rising of the sun, I accepted that up above me was all that was fine and noble and gracious,

1) uplook: 위를 바라보는 것, 눈을 치켜 뜸

2) sordidness: 더러움, 지저분함, 칙칙함

3) Seaside Library: 대중소설을 연재한 저렴한 간행물 의미

4) adventuresses: 여성 모험가, 수단을 가리지 않고 지위를 얻으려고 하는 여자, 여자 투기꾼

all that gave decency and dignity to life, all that made life worth living and that remunerated[5] one for his travail and misery.

But it is not particularly easy for one to climb up out of the working-class--especially if he is handicapped by the possession of ideals and illusions. I lived on a ranch in California, and was hard put to find[6] the ladder whereby to climb. I early inquired the rate of interest on invested money, and worried my child's brain into an understanding of the virtues and excellences of that remarkable invention of man, compound interest.[7] Further, I ascertained the current rates of wages for workers of all ages, and the cost of living. From all this data I concluded that if I began immediately and worked and saved until I was fifty years of age, I could then stop working and enter into participation in a fair portion of the delights and goodnesses that would then be open to me higher up in society. Of course, I resolutely determined not to marry, while I quite forgot to consider at all that great rock of disaster in the working-class world--sickness.

But the life that was in me demanded more than a meagre existence of scraping and scrimping.[8] Also, at ten years of age, I became a newsboy on the streets of a city, and found myself with a changed uplook. All about me were still the same sordidness and wretchedness, and up above me was still the same paradise waiting to be gained; but the ladder whereby to climb was a different one. It was now the ladder of business. Why save my earnings and invest in government bonds, when, by buying two newspapers for five cents, with a turn of the wrist I could sell

---

5) remunerate: 보수를 주다, 보상하다, 보답하다

6) was hard put to find: be hard put[pressed, pushed] (to do), ~하는 데 몹시 곤란받고 있다, 곤경에 처해 있다, 어찌할 바를 모르다

7) compound interest: 복리(複利)

8) a meagre existence of scraping and scrimping: 모으고 절약하는 무미건조한 존재

them for ten cents and double my capital? The business ladder was the ladder for me, and I had a vision of myself becoming a bald-headed and successful merchant prince.

Alas for visions! When I was sixteen I had already earned the title of "prince." But this title was given me by a gang of cut-throats and thieves, by whom I was called "The Prince of the Oyster Pirates."[9)] And at that time I had climbed the first rung[10)] of the business ladder. I was a capitalist. I owned a boat and a complete oyster-pirating outfit. I had begun to exploit my fellow-creatures. I had a crew of one man. As captain and owner I took two-thirds of the spoils, and gave the crew one-third, though the crew worked just as hard as I did and risked just as much his life and liberty.

This one rung was the height I climbed up the business ladder. One night I went on a raid amongst the Chinese fishermen. Ropes and nets were worth dollars and cents. It was robbery, I grant, but it was precisely the spirit of capitalism. The capitalist takes away the possessions of his fellow-creatures by means of a rebate, or of a betrayal of trust, or by the purchase of senators and supreme-court judges. I was merely crude. That was the only difference. I used a gun.

But my crew that night was one of those inefficients against whom the capitalist is wont to fulminate,[11)] because, forsooth, such inefficients increase expenses and reduce dividends.[12)] My crew did both. What of his carelessness he set fire to the

---

9) The Prince of the Oyster Pirates: 굴 해적의 왕자 (※ Jack London의 자전적인 요소로 그의 어린 시절 별명)

10) rung: (사닥다리의) 발을 딛는 가로장, (의자 따위의) 가로대, (사회적 지위 등의) 단계

11) fulminate: 폭발시키다, 호통치다, (비난 따위를) 맹렬히 퍼붓다

12) dividend: 배당금, 몫

big mainsail[13] and totally destroyed it. There weren't any dividends that night, and the Chinese fishermen were richer by the nets and ropes we did not get. I was bankrupt, unable just then to pay sixty-five dollars for a new mainsail. I left my boat at anchor and went off on a bay-pirate boat on a raid up the Sacramento River. While away on this trip, another gang of bay pirates raided my boat. They stole everything, even the anchors; and later on, when I recovered the drifting hulk,[14] I sold it for twenty dollars. I had slipped back the one rung I had climbed, and never again did I attempt the business ladder.

From then on I was mercilessly exploited by other capitalists. I had the muscle, and they made money out of it while I made but a very indifferent living out of it. I was a sailor before the mast,[15] a longshoreman,[16] a roustabout;[17] I worked in canneries, and factories, and laundries; I mowed lawns, and cleaned carpets, and washed windows. And I never got the full product of my toil. I looked at the daughter of the cannery owner, in her carriage, and knew that it was my muscle, in part, that helped drag along that carriage on its rubber tyres. I looked at the son of the factory owner, going to college, and knew that it was my muscle that helped, in part, to pay for the wine and good fellowship he enjoyed.

But I did not resent this. It was all in the game. They were the strong. Very well, I was strong. I would carve my way to a place amongst them and make money out of the muscles of other men. I was not afraid of work. I loved hard work. I would

---

13) mainsail: 큰 돛대의 돛, 주범(主帆)

14) hulk: 노후한 배, 폐선, (비유적) 뚱보, 거한(巨漢), 부피 큰 물건

15) a sailor before the mast: 평선원

16) longshoreman: 항만 부두 노동자

17) roustabout: 갑판 일꾼, 화물 운반인, 미숙련 노동자

pitch in[18] and work harder than ever and eventually become a pillar of society.

And just then, as luck would have it, I found an employer that was of the same mind. I was willing to work, and he was more than willing that I should work. I thought I was learning a trade. In reality, I had displaced two men. I thought he was making an electrician out of me; as a matter of fact, he was making fifty dollars per month out of me. The two men I had displaced had received forty dollars each per month; I was doing the work of both for thirty dollars per month.

This employer worked me nearly to death. A man may love oysters, but too many oysters will disincline him toward that particular diet. And so with me. Too much work sickened me. I did not wish ever to see work again. I fled from work. I became a tramp,[19] begging my way from door to door, wandering over the United States and sweating bloody sweats in slums and prisons.

I had been born in the working-class, and I was now, at the age of eighteen, beneath the point at which I had started. I was down in the cellar of society, down in the subterranean[20] depths of misery about which it is neither nice nor proper to speak. I was in the pit, the abyss, the human cesspool,[21] the shambles and the charnel-house[22] of our civilization. This is the part of the edifice of society that society chooses to ignore. Lack of space compels me here to ignore it, and I shall say only that the things I there saw gave me a terrible scare.

I was scared into thinking. I saw the naked simplicities of

---

18) pitch in: 신나게 일을 시작하다, 협력하다

19) tramp: 방랑자, 뜨내기, 룸펜

20) subterranean: 지하의, 지중의, 숨은

21) cesspool: 구정물 구덩이, 시궁창, 분뇨 구덩이

22) the shambles and the charnel-house: 도살장과 납골당

the complicated civilization in which I lived. Life was a matter of food and shelter. In order to get food and shelter men sold things. The merchant sold shoes, the politician sold his manhood, and the representative of the people, with exceptions, of course, sold his trust; while nearly all sold their honour. Women, too, whether on the street or in the holy bond of wedlock, were prone to sell their flesh. All things were commodities, all people bought and sold. The one commodity that labour had to sell was muscle. The honour of labour had no price in the marketplace. Labour had muscle, and muscle alone, to sell.

But there was a difference, a vital difference. Shoes and trust and honour had a way of renewing themselves. They were imperishable stocks. Muscle, on the other hand, did not renew. As the shoe merchant sold shoes, he continued to replenish his stock. But there was no way of replenishing the labourer's stock of muscle. The more he sold of his muscle, the less of it remained to him. It was his one commodity, and each day his stock of it diminished. In the end, if he did not die before, he sold out and put up his shutters. He was a muscle bankrupt, and nothing remained to him but to go down into the cellar of society and perish miserably.

I learned, further, that brain was likewise a commodity. It, too, was different from muscle. A brain seller was only at his prime when he was fifty or sixty years old, and his wares were fetching higher prices than ever. But a labourer was worked out or broken down at forty-five or fifty. I had been in the cellar of society, and I did not like the place as a habitation. The pipes and drains were unsanitary, and the air was bad to breathe. If I could not live on the parlour floor of society, I could, at any rate, have a try at the attic. It was true, the diet there was slim, but the air at least was pure. So I resolved to sell no more muscle, and to become a vendor of brains.

Then began a frantic pursuit of knowledge. I returned to California and opened the books. While thus equipping myself to become a brain merchant, it was inevitable that I should delve into sociology. There I found, in a certain class of books, scientifically formulated, the simple sociological concepts I had already worked out for myself. Other and greater minds, before I was born, had worked out all that I had thought and a vast deal more. I discovered that I was a socialist.

The socialists were revolutionists, inasmuch as[23] they struggled to overthrow the society of the present, and out of the material to build the society of the future. I, too, was a socialist and a revolutionist. I joined the groups of working-class and intellectual revolutionists, and for the first time came into intellectual living. Here I found keen-flashing intellects and brilliant wits; for here I met strong and alert-brained, withal horny-handed,[24] members of the working-class; unfrocked[25] preachers too wide in their Christianity for any congregation of Mammon-worshippers;[26] professors broken on the wheel of university subservience[27] to the ruling class and flung out because they were quick with knowledge which they strove to apply to the affairs of mankind.

Here I found, also, warm faith in the human, glowing idealism, sweetnesses of unselfishness, renunciation, and martyrdom--all the splendid, stinging things of the spirit. Here life was clean, noble, and alive. Here life rehabilitated itself, became wonderful and glorious; and I was glad to be alive. I was in touch with great souls who exalted flesh and spirit over dollars

---

23) inasmuch as: ~이므로, ~하므로, ~인 까닭에(because, since, seeing that), ~인 한은

24) horny-handed: 막일로 손이 딱딱해진

25) unfrocked: 성직을 박탈당한, 제명당한

26) Mammon-worshippers: 황금만능주의자, 배금주의자

27) subservience: 아첨, 비굴

and cents, and to whom the thin wail of the starved slum child meant more than all the pomp[28] and circumstance of commercial expansion and world empire. All about me were nobleness of purpose and heroism of effort, and my days and nights were sunshine and starshine, all fire and dew, with before my eyes, ever burning and blazing, the Holy Grail, Christ's own Grail, the warm human, long-suffering and maltreated, but to be rescued and saved at the last.

And I, poor foolish I, deemed all this to be a mere foretaste of the delights of living I should find higher above me in society. I had lost many illusions since the day I read "Seaside Library" novels on the California ranch. I was destined to lose many of the illusions I still retained.

As a brain merchant I was a success. Society opened its portals to me. I entered right in on the parlour floor, and my disillusionment proceeded rapidly. I sat down to dinner with the masters of society, and with the wives and daughters of the masters of society. The women were gowned beautifully, I admit; but to my naive surprise I discovered that they were of the same clay as all the rest of the women I had known down below in the cellar. "The colonel's lady and Judy O'Grady[29] were sisters under their skins"--and gowns.

It was not this, however, so much as their materialism, that shocked me. It is true, these beautifully gowned, beautiful women prattled[30] sweet little ideals and dear little moralities; but in spite of their prattle the dominant key of the life they lived was materialistic. And they were so sentimentally selfish! They as-

---

28) pomp: 화려, 장관, 허식, 과시

29) Judy O'Grady: Kipling의 시 "The Ladies"에 나오는 구절로 Judy O'Grady는 영국군인 막사를 드나들던 매춘부임

30) prattle: 쓸데없는 말을 하다, 재잘거리다

sisted in all kinds of sweet little charities, and informed one of the fact, while all the time the food they ate and the beautiful clothes they wore were bought out of dividends stained with the blood of child labour, and sweated labour, and of prostitution itself. When I mentioned such facts, expecting in my innocence that these sisters of Judy O'Grady would at once strip off their blood-dyed silks and jewels, they became excited and angry, and read me preachments about the lack of thrift, the drink, and the innate depravity that caused all the misery in society's cellar. When I mentioned that I couldn't quite see that it was the lack of thrift, the intemperance,[31)] and the depravity of a half-starved child of six that made it work twelve hours every night in a Southern cotton mill, these sisters of Judy O'Grady attacked my private life and called me an "agitator"--as though that, forsooth, settled the argument.

Nor did I fare better with the masters themselves. I had expected to find men who were clean, noble, and alive, whose ideals were clean, noble, and alive. I went about amongst the men who sat in the high places--the preachers, the politicians, the business men, the professors, and the editors. I ate meat with them, drank wine with them, automobiled with them, and studied them. It is true, I found many that were clean and noble; but with rare exceptions, they were not alive. I do verily believe I could count the exceptions on the fingers of my two hands. Where they were not alive with rottenness, quick with unclean life, there were merely the unburied dead--clean and noble, like well-preserved mummies,[32)] but not alive. In this connection I may especially mention the professors I met, the men who live up to that decadent university ideal, "the passionless pursuit of

31) intemperance: 방종, 과도(excess), 폭주(暴酒), 폭음, 난폭함, 무절제한 행위

32) like well-preserved mummies: 잘 보존된 미라처럼

passionless intelligence."

I met men who invoked the name of the Prince of Peace[33)] in their diatribes[34)] against war, and who put rifles in the hands of Pinkertons[35)] with which to shoot down strikers in their own factories. I met men incoherent with indignation at the brutality of prize-fighting,[36)] and who, at the same time, were parties to the adulteration of food[37)] that killed each year more babies than even red-handed Herod had killed.

I talked in hotels and clubs and homes and Pullmans, and steamer-chairs with captains of industry, and marvelled at how little travelled they were in the realm of intellect. On the other hand, I discovered that their intellect, in the business sense, was abnormally developed. Also, I discovered that their morality, where business was concerned, was nil.[38)]

This delicate, aristocratic-featured gentleman, was a dummy director[39)] and a tool of corporations that secretly robbed widows and orphans. This gentleman, who collected fine editions and was an especial patron of literature, paid blackmail to a heavy-jowled,[40)] black-browed boss of a municipal machine. This editor, who published patent medicine advertisements and did not dare print the truth in his paper about said patent medicines for fear of losing the advertising, called me a scoundrelly

---

33) the Prince of Peace: 평화의 왕자, 그리스도를 일컬음

34) diatribe: 통렬한 비난, 욕, 비방

35) Pinkertons: (1819-84) 영국 태생의 미국 사설 탐정 Allan Pinkerton의 이름을 모방해서 19세기 말에서 20세기 초에 기업에 고용되어 노조를 감시하고 노동자를 탄압한 탐정조직(원)

36) prize-fighting: 프로 권투

37) were parties to the adulteration of food: 음식의 불량품에 가담한(관여된)

38) nil: 없는, 존재하지 않는, 무, 영점

39) dummy director: 명의뿐인 이사

40) heavy-jowled: 턱에 살이 찐

demagogue[41)] because I told him that his political economy was antiquated[42)] and that his biology was contemporaneous[43)] with Pliny.[44)]

This senator was the tool and the slave, the little puppet of a gross, uneducated machine boss; so was this governor and this supreme court judge; and all three rode on railroad passes. This man, talking soberly and earnestly about the beauties of idealism and the goodness of God, had just betrayed his comrades in a business deal. This man, a pillar of the church and heavy contributor to foreign missions, worked his shop girls ten hours a day on a starvation wage and thereby directly encouraged prostitution. This man, who endowed chairs[45)] in universities, perjured himself in[46)] courts of law over a matter of dollars and cents. And this railroad magnate broke his word as a gentleman and a Christian when he granted a secret rebate to one of two captains of industry locked together in a struggle to the death.

It was the same everywhere, crime and betrayal, betrayal and crime--men who were alive, but who were neither clean nor noble, men who were clean and noble, but who were not alive. Then there was a great, hopeless mass, neither noble nor alive, but merely clean. It did not sin positively nor deliberately; but it did sin passively and ignorantly by acquiescing in the current immorality and profiting by it. Had it been noble and alive it would not have been ignorant, and it would have refused to share in the profits of betrayal and crime.

I discovered that I did not like to live on the parlour floor of

41) demagogue: 선동자, 선동 정치가, (옛날의) 민중의 지도자

42) antiquated: 낡아 빠진, 안 쓰이는, 노후한, 오래된, 구식의, 시대에 뒤진

43) contemporaneous: 동시 존재의, 동시성의

44) Pliny: 플리니우스(23-79), 로마의 작가, 군인, 박물학자

45) endow a chair: 교수직을 부여하다

46) perjure oneself in: ～에서 위증하다

society. Intellectually I was as bored. Morally and spiritually I was sickened. I remembered my intellectuals and idealists, my unfrocked preachers, broken professors, and clean-minded, class-conscious working-men. I remembered my days and nights of sunshine and starshine, where life was all a wild sweet wonder, a spiritual paradise of unselfish adventure and ethical romance. And I saw before me, ever blazing and burning, the Holy Grail.

So I went back to the working-class, in which I had been born and where I belonged. I care no longer to climb. The imposing edifice of society above my head holds no delights for me. It is the foundation of the edifice that interests me. There I am content to labour, crowbar[47)] in hand, shoulder to shoulder with intellectuals, idealists, and class-conscious working-men, getting a solid pry now and again and setting the whole edifice rocking. Some day, when we get a few more hands and crowbars to work, we'll topple it over, along with all its rotten life and unburied dead, its monstrous selfishness and sodden materialism. Then we'll cleanse the cellar and build a new habitation for mankind, in which there will be no parlour floor, in which all the rooms will be bright and airy, and where the air that is breathed will be clean, noble, and alive.

Such is my outlook. I look forward to a time when man shall progress upon something worthier and higher than his stomach, when there will be a finer incentive to impel men to action than the incentive of to-day, which is the incentive of the stomach. I retain my belief in the nobility and excellence of the human. I believe that spiritual sweetness and unselfishness will conquer the gross gluttony[48)] of to-day. And last of all, my faith is in the

47) crowbar: 쇠지레

48) gross gluttony: 무식한 폭식, 엄청난 탐욕

working-class. As some Frenchman has said, "The stairway of time is ever echoing with the wooden shoe going up, the polished boot descending."

NEWTON, IOWA.
November 1905.

ESSAYS IN CRITICISM

White Fang as Ethological and Evolutionistic *Bildungsroman**

Karin Molander Danielsson

In 1907, siding with nature writer John Burroughs, President Theodore Roosevelt accused a number of writers of animal stories of being "naturefakers," because they ascribed to animals what he and Burroughs considered human characteristics, such as reason and choice. (This controversy had in fact started several years earlier and originally included other authors.) In the 1907 outburst, however, Jack London was among the writers thus accused. he relates the controversy in the essay "The Other Animals," published in March, 1908, where he strongly refutes Burroughs' claim that animals are automatons that react only mechanically and by instinct, a view of animals that London calls old-fashioned and "homocentric".[1)]

London supports his argument, and defends his criticized dog stories, in two ways. First he acknowledges that other writers had indeed been guilty of humanizing animals, something he strongly disapproves of. London claims that his writing has been designed to create a different impression:

> Time and again, and many times, in my narratives, I wrote, speaking of my dog-heroes: 'he did not think these things; he merely did them,' etc. And I did this repeatedly, /…/ in order to

---

* Karin Molander Danielsson, *Litteratur Ochspråk* (2013): 74-84. <http://urn.kb.se/resolve?urn=urn:nbn:se:mdh:diva-21818>K

1) J. London, 'The Other Animals,' 1908. http://london.sonoma.edu/Writings/Revolution/animals.html
no pag. Retrieved 2013-09-10.

> hammer into the average human understanding that these dog-heroes of mine were not directed by abstract reasoning, but by instinct, sensation, and emotion, and by simple reasoning. Also, I endeavored to make my stories in line with the facts of evolution; I hewed them to the mark set by scientific research.[2)]

Thus, London specifically connects his stories to evolution, but he also utilizes the essay to assert that although dogs may not possess the means for abstract reasoning, they are capable of reasoning and learning. This he does by relating anecdotes of two of his own dogs, anecdotes which show the dogs exhibiting behaviors that, London claims, cannot have been instinctive or mechanical.

In thus connecting his fictional stories not only to his own experience of animals and his own powers of observation but to science and evolution, London is asking for them to be considered in that light. In what follows, I read London's anecdotes, as well as his story *White Fang*, together with modern ethology and behavioral psychology order to find out how justified his claims were. In short, this paper proposes a reading of Jack London's novel *White Fang* not only as a representation of White Fang's development from wild, wolf-dog hybrid to a domesticated house pet, but also as a conscious effort from London to represent a foreshortened but surprisingly astute representation of the evolution of the dog from its wolf ancestors.

London's observations of dogs

London' first anecdote relates how Rollo, a dog and playmate in rough physical play from London's childhood, first learns to

---

2) London, 1908, no pag.

interpret young Jack's faked "sitting down and cry" as an actual invitation to play, a kind of play bow, and then learns to imitate this stance himself in order to "trick" the young boy Jack into playing with him. An elaborate use of play bows has been shown by Bekoff[3] to be more common in situations dominated by behavior which could easily be misunderstood, rough wrestling, biting, etc., exactly the kind of play London describes. Bekoff has also shown that play is highly rewarding for dogs. What is more, social learning in dogs, learning how to do things after watching demonstrations by humans, has also been described, e.g. by Pongrácz et al. 2001, cited in Miklósi.[4] Rollo imitating a move that is designed to facilitate more (rewarding) play is thus a very good example of social learning, and also of operant conditioning by means of positive reinforcement: in other words, a voluntary behavior (not a reflex) is made more frequent by the fact that it is reinforced by something the dog (in this case) considers a reward.

In London's own analysis of this episode, however, he hurries over the imitation part, which he calls instinctive, and discusses instead how he developed the game in order to "fool" the dog once more, by pretending to see someone arrive and then pretending to talk to this person through the window. That Rollo breaks off the game and immediately seems to understand that somebody has arrived at the door is what London finds remarkable in this episode and evidence of reasoning:

> From the fact that his master turned suddenly toward the door, and from the fact that his master's voice, facial expression, and whole demeanor expressed surprise and delight, he concluded that a friend was outside. he established a relation between vari-

3) M. Bekoff (2007), *The Emotional Life of Animals*. novato.

4) Á. Miklósi (2009), *Dog Behaviour, Evolution, and Cognition*. Oxford.

> ous things, and the act of establishing relations between things is an act of reason — of rudimentary reason, granted, but none the less of reason.[5]

The fact that dogs are very adept at noticing and interpreting oral, facial and body expressions in humans has been noted in many experiments. Miklósi moreover, notes that "dogs seem to live in the visual field of the human. This means that the direction that is in focus for the human becomes significant for the dog also".[6] And we saw how Rollo immediately shifted his attention to what Jack London seemed to be looking at. Furthermore, any dog trainer can testify that dogs are quick to learn various social cues from humans, not just verbal commands.

London's other example is slightly different, and does not involve social cueing. Glen is a puppy who learns to associate a car ride with the tooting of the horn which invariably precedes the car driving off. Glen enjoys riding in the car very much, so he quickly learns that the horn is his signal to run to the car, or he will miss his chance of a ride. London describes how the puppy even abandons his breakfast to run when horn sounds, in other words, how he exhibits his ability to make a choice. London tells the story, proposes that Glen had learned that cars were fast, that the horn belonged to the car, etc., and then explains it thus: "Out of the propositions which I have shown were Glen's, and which had become his through the medium of his own observation of the phenomena of life, he made the new proposition that when the horn tooted it was time for him to get on board".[7]

---

5) London 1908, no pag.

6) Miklósi 2009, p. 178.

7) London 1908, no pag.

London's explanation can, I think, be interpreted as a proposition that Glen learns to associate the sound with something desired, and modifies his behavior in order to maximize what he considers a reward, which again can be recognized in behaviorist terms as operant conditioning by means of positive reinforcement: the rewarding car ride makes the puppy repeat the behavior, that is, the run to the car. Interestingly, the rest of the story of Glen and the car describes the extinction of this behavior, another possible outcome of operant conditioning when the behavior results in neither reward nor punishment. In order to play a trick on Glen, the chauffeur of the car starts tooting the horn without any intention of driving off. Glen is prompted by the horn to leave his food a number of times, but finally, when the rewarding ride is withheld every time, he stops running to the car at the sound of the horn, and stays to finish his breakfast. In terms of behavioral psychology, his behavior, once learned through positive reinforcement, has been extinguished.

London's anecdotes are interesting, both because they demonstrate what London had actually observed in real dogs, and because he describes these incidents in ways which show that he was not quite aware of what he had observed, or how to explain it. The last fact is of course not at all surprising; dog ethology was not even in its infancy in 1908, and although London cites George Romanes, a friend of Darwin's who in 1882 had published the work *Animal Intelligence,* it is perhaps symptomatic that George Romanes was criticized for using anecdotal evidence rather than empirical studies to support his theories.[8)] nevertheless, London's stories demonstrate the power of positive

8) Romanes' work was criticized by E h Thorndike, who performed the first more scientific studies of learning processes in cats and dogs, published in a series of articles from 1898 onwards, which London may well have known about, but never mentions.

reinforcement. Rollo, rewarded by play and social interaction, learns to imitate young Jack, and to interpret his facial signs and other social cues. Glen, rewarded by the car ride, learns to run to the car when the horn sounds, etc.

We can see that London had noted the co-occurrence of positive reinforcement and learning in situations when nobody desires it, even if he has not got the terminology or the theory to describe it. however, if we turn to London's two long, fictional dog stories in which dog training plays a big role, positive reinforcement is conspicuous by its absence, at least in the cases where dogs are trained by humans. Both *The Call of the Wild*[9] and *White Fang*[10] were of course already written by the time London wrote this essay, and it is possible that the essay is the result of new realizations on the part of London. I find it more probable, however, that both novels describe what probably was the predominate methods of dog training at the time, methods dominated by positive punishment, that is, the infliction of pain or other discomfort in order to stop a behavior.

Regardless of the methods London describes, they do result in the canine characters learning new skills. There are also a number of situations where the dog or wolf learns in other ways, through interaction with other canines or the environment, or when they learn from human behavior. Reading London's dog stories for their representations of cognitive processes shows how London makes use of his talent for observation. Even if he sometimes anthropomorphizes, (often in *The Call of the Wild*, less so in *White Fang*) there are also numerous descriptions that are recognizable as fair representations of canine cognition.

---

9) J. London, *The Call of the Wild. (1901)* http://www.gutenberg.org/files/215/215-h/215-h.htm

10) J. London, (1906; 1991) *White Fang.* new York.

The question of genre

The rest of this paper focuses on the novel *White Fang* and the canine social cognition processes represented in this novel. This is the latter of the two companion novels about canids. The first, *The Call of the Wild*, was published in 1903 and describes the life of a dog that ultimately turns feral and follows a pack of wolves into the wild. *White Fang*, from 1906, tells the reverse story: The cub, born in the wild to a feral, half dog and half wolf dam, and a wolf sire, is caught by Indians when he is a few months old, beaten into submission and used in a team with other dogs to pull a sled, and later sold to a man who uses him in dog fights, from whom he is rescued by a Southlander. This man ultimately takes him back to California, where the three quarters wolf learns to become a house pet. The story of White Fang's life is often painfully brutal (and racist) but the ending, where the old wolf learns to adapt to a "civilized" life on a California estate, is an ostentatiously happy one, with White Fang dozing in the sun, watching his puppies born to the family's sheepdog bitch play in the sun. The happy ending, the fact that the protagonist and focalizer is followed from birth to old age, and the fact that this, as most other stories with animal protagonists, is usually considered a story for children or young adults, has contributed to it being read as a *Bildungsroman*.

Robisch argues in *Wolves and the Wolf Myth in American Literature* that reading *White Fang* as a *Bildungsroman* risks placing it in the comedy genre (with a happy ending) rather than in the genre of naturalistic, deterministic tragedy, where the wolf, represented by White Fang, is destined to succumb to domestication and death.[11] Robisch's argument is strong,

11) S. K. Robisch (2009), *Wolves and the Wolf Myth in American Literature*. Reno, p. 322.

especially if we, as Robisch, consider the novel as part of the American literary naturalism tradition which favored a plot of decline. however, since learning, adapting, and developing *is* a powerful motif in *White Fang*, and since the focalizer of this 3rd person narrative is the developing canid, the learning processes are hard to ignore. If we therefore read White Fang's "education" in less anthropomorphic terms, as a representation of social and other cognition in the wild and half-tamed canid, another picture emerges. We see for instance how White Fang learns physical and social laws as a response to operant conditioning and how he learns to interpret human behavior because this, too, is a way to gain rewards and to avoid punishment. We see how he grows attached to a particular human, and demonstrates this by developing separation anxiety when the human leaves, and by soliciting muzzle grabs a sign of submission when the human returns. Towards the end of the story, he also learns how to communicate with humans in different ways, and how to co-exist with a group of conspecifics, that is, other dogs. At the end of the story, the feral dog-wolf hybrid has become a dog, in that he has learnt and adapted to typical dog behavior.

In the following I will take a closer look at the cognitive processes represented in the novel and compare them to recent ethological research. Being a literary scholar, and not an ethologist, I realize the hazards of my approach, but I consider the use of ethology in literary analysis of animal representation a fruitful and exciting addition to traditional literary study, and especially in the study of literary works with realistic or naturalistic ambitions.

My knowledge of ethology derives mostly from Miklosi's *Dog Behaviour, Evolution, and Cognition* from 2009, a standard work in higher education. For this essay I have also used Topal et al's: "The Dog as a Model for Understanding human Social

Behaviour" from 2010. The article by Topal et al proposes that there exist behavioral analogies between dogs and humans, and that these can be organized in three sets of skills: *synchronization* [for example] social learning and rule following, *attachment* toward humans, and *communication.*[12] These areas are interesting for my approach because, as Topal et al show, although dogs and humans are shown to be similar in these respects, dogs and wolves typically differ. As this paper will show, White Fang's development in the novel describes a trajectory from wolf behavior to dog behavior, in that he, in different stages of his development, learns and exhibits each of these three skills.

Wolf cognition

Following the plot line of the novel, I will first discuss some early examples of cognitive processes, where London describes how the new born grey wolf cub learns from his mother and from the environment, before he comes into contact with humans. I argue that this is London's way of showing the cub as wolf, a wild animal. Wolf cub development in the wild is, for obvious reasons, difficult to research, and I have not found any data that corroborates London's description. But my point here is to show that the first chapters of the novel contrast with later ones, and show the cub in his original wolf shape. his "clay", as London calls it, has not yet been molded into a dog.

London's descriptions of White Fang's cognitive processes start immediately when he is born. The grey cub (so far without a name) uses his available senses, touch, taste and smell, to learn to know his mother, and is reinforced by warmth, food, and security. As soon as his eyes open and he is able to take

12) Topal et al: 'The Dog as a Model for Understanding human Social Behaviour' *Advances in the Study of Behaviour* 39, 2010, p.109.

in visual impressions, he learns about his surroundings, from a combination of reinforcement and punishment: he learns that he is in a cave with three hard walls that block his wanderings, and a forth, characterized by light, that fascinates and entices him, but that his mother stops him from investigating by rolling him over with her paw:

> Thus he learned hurt; and on top of it he learned to avoid hurt, first, by not incurring the risk of it; and second, when he had incurred the risk, by dodging and by retreating. These were conscious actions, and were the results of his first generalizations upon the world.[13)]

Most of these generalizations are restraints, limitations on the cub's freedom, and London early on makes a point of the cub learning to avoid these restraints, in other words, to avoid punishment:

> So the grey cub knew fear, though he knew not the stuff of which fear was made. Possibly he accepted it as one of the restrictions of life. For he had already learned that there were such restrictions. … all was not freedom in the world, … to life there were limitations and restraints. These limitations and restraints were laws. To be obedient to them was to escape hurt and make for happiness. … And after such classification he avoided the things that hurt, the restrictions and restraints, in order to enjoy the satisfactions and the remunerations in life.[14)]

What London calls classification is what we, since Skinner, call operant conditioning: a voluntary behavior is changed, due to its consequence(s). London establishes here a readymade method

13) London, *White Fang*, p. 36.

14) London, *White Fang*, p. 39.

for learning that White Fang taps into in many future situations, as we will see.

The cub learns, not exactly to hunt, but rather, that he is a hunter, when he by accident wanders into a ptarmigan nest and playfully catches a chick in his mouth. he likes the sensation of biting into it, and this brings further reinforcement when he tastes the blood and the meat.[15)]

Blood and meat are always connected; London does not miss any opportunity to point out that the cub eats living things, but also to show how vulnerable the cub is himself, that the hunter also can be the hunted. This illustrates another "law" for the cub, that of eating or be eaten, the law of the wild. This also causes the cub to develop a general distrust of his environment, of other animals, for instance.

What London calls White Fang's inherited fear of the unknown is further strengthened by experience when the cub tries to walk on water, falls in the river, and almost drowns. This gives him "distrust in appearances", and we learn that the cub "would have to learn the reality of a thing before he could put his faith in it".[16)] here London obviously anthropomorphizes, and extends the argument too far, but most canid cubs or pups will have a similar experience with water at some early point, and will learn at least that they cannot walk on water, so the episode feels relevant at least. This episode, and the cub's distrust in appearances is however also used as the first indication and explanation of his generally distrusting nature.

London seems to have been ignorant about young wolf cubs typically being reared in packs, and lets the grey cub grow up with only his mother, but it is clear that he thinks that he de-

15) London, *White Fang*, p. 43.

16) London, *White Fang*, p. 45.

scribes the first months of a typical wolf cub. By the end of Part Two, the cub has grown enough to help his mother hunt, and together they kill a lynx that earlier has threatened to kill him. Thus far we have seen the cub as wolf, a part of the wilderness, a perfect fit in the world that goes on without human involvement. But this is the last time the cub is a nameless wolf. In the following sections, the cub is found and claimed by an Indian, Grey Beaver, and transported to an Indian camp.

Domestication begins

The cub is named White Fang by Grey Beaver, whose words "he is my dog" mark the beginning of White Fang's transformation into a domesticated animal.[17] Once White Fang is present in the camp, the interesting thing happens that London starts emphasizing White Fang's dog ancestry. Whereas "the grey cub" before was represented as all wolf, part of the wilderness, he is now a dog among the other dogs, albeit an unusual one. "White Fang had never seen dogs before, but at sight of them he felt that they were his own kind, only somehow different".[18] From this point onwards, White Fang has to learn how to survive in the vicinity of humans and dogs, and London's narrative is very much focused on this learning process.

Synchronization

here is it time to introduce one of Topal et al.'s set of skills, namely *synchronization*. The definition of synchronization in Topal et al. is as follows:" processes leading to behavioral or motivational/emotional conformity" and examples might be e g that dogs learn from the behavior of conspecifics (other dogs)

17) London, *White Fang*, p. 53.

18) London, *White Fang*, p. 54.

and from humans, so called social learning, and that they learn to follow rules.[19)]

What White Fang learns above all is that "the man-animals were gods unmistakable and unescapable … he belonged to them as all dogs belonged to them. his actions were theirs to command. his body was theirs to maul, to stamp upon, to tolerate. Such was the lesson that was quickly borne in upon him".[20)] As this quote shows, this is a lesson learned mostly with punishment, but it has the effect that White Fang learns to follow the rules.

There is a scene in this early part of the novel – deeply disturbing – that shows how White Fang learns about the man-animals' superiority. White Fang tries to swim after his mother who is taken away up the river in a canoe. When Grey Beaver catches up with him, he beats him up. White Fang tries to assert himself, he snarls at the man, but gets only more abuse. When he breaks down and cries, the beating stops, but when White Fang then sinks his teeth into Grey Beaver's foot, the abuse starts all over again.

> Not only the hand, but the hard wooden paddle was used upon him; and he was bruised and sore in all his small body when he was again flung down in the canoe. Again, and this time with purpose, did Grey Beaver kick him. White Fang did not repeat his attack on the foot. he had learned another lesson of his bondage. never, no matter what the circumstance, must he dare to bite the god who was lord and master over him ... That was … the one offence there was no condoning nor overlooking.[21)]

19) Topal et. al, p.95.

20) London, *White Fang*, p. 59.

21) London, *White Fang*, p. 63.

Topal et al., (citing De Waal 1996, and Bekoff and Allen, 1998) claim that "obedient behaviour of dogs and their 'desire to please us' is partially based on their social skill at comprehending and following social rules".[22] Once White Fang has learnt the extent of Grey Beaver's violence, his desire to avoid it is enough to teach him new things: "Obedience, rigid, undeviating obedience, was what was expected of him; and in return, he escaped beatings and his existence was tolerated".[23] White Fang has learnt a social rule.

Attachment

From now on, he is faithful and obedient to Grey Beaver, he works hard in the sled team, and in return he gets some protection against humans and other dogs. however, London is quick to point out:

> He had no attachment for Grey Beaver …. There were deeps in [White Fang's] nature which had never been sounded. A kind word, a caressing touch of the hand on the part of Grey Beaver, might have sounded these deeps; but Gray Beaver did not caress, nor speak kind words.[24]

The ability to form an *attachment* is, according to Topal et al., one of the skills typical of dogs and humans, but White Fang is not there yet. Grey Beaver shows no affection for him; therefore White Fang does not learn this particular lesson, and it will take some years before this happens.

After a series of violent adventures White Fang ends up in the possession of Weedon Scott, a Southlander and an educated

22) Topal et. al, p. 97.

23) London, *White Fang,* p. 64.

24) London, *White Fang,* p. 75.

man, who believes that White Fang can be turned in to a good working sled dog. here starts a new phase in White Fang's life, which rapidly starts developing more dog characteristics. One is that he forms an attachment with Weedon Scott. Scott wins White Fang's confidence, first by hand feeding him, and then, by massaging the head and ears of the growling dog. White Fang gradually learns not only to accept this, but to enjoy it, and an attachment is formed. This corresponds nicely to research done on shelter dogs (Gácsi et al., 2001, cited in Topal et al.) who even after a long periods without human contact quickly are able to form relationships with humans. Topal et al. also point out that another study (Marston et al. 2005) "found that physical contact (massage) was more effective than obedience training as a form of handling in evoking patterns of attachment toward humans".[25)]

Attachment exists when certain criteria are fulfilled. The animal is supposed to show stress when separated from the human, seek contact with the human, and show specific greeting behaviors, and these behaviors must be "quantitatively different from similar actions performed toward a stranger".[26)] After a short time in Weedon Scott's company, White Fang fulfills the criteria. When Scott goes away on business, White Fang stops eating and won't work. When Scott finally comes back, White Fang reacts with joy: "White Fang came to him, not with a great bound, yet quickly.... as he drew near, his eyes took on a strange expression. Scott's musher Matt comments: "he never looked at me that way all the time you was gone,"[27)] so we can see that this behavior is reserved for Scott. The specific greeting

25) Topal et. al, p. 91.

26) Topal et. al, p. 89.

27) London, *White Fang*, p. 122.

behavior mentioned above is also first expressed at this time: "he suddenly thrust his head forward and nudged his head in between his master's arm and his body".[28] The greeting behavior is similar to what is called a muzzle grasp used to confirm an established relationship.[29]

According to Topal et al, wolf cubs and dog pups differ in their ability to form attachments to humans: "Despite being hand-raised and socialized to an extreme level … hand-reared gray wolf pups did not seem to discriminate between their caregiver and a stranger greeting them when left alone in an unfamiliar enclosure".[30] In other words, the fact that White Fang is now able to form an attachment to a human can also be seen as a step on his way to development into a dog.

Communication

During his time with Scott in the Yukon, White Fang also learns another social skill, falling under the term *synchronization*, namely to read human intentions. he guards Scott's cabin, and attacks anyone who approaches it in a furtive and suspicious manner, but lets people pass who walk openly and directly to the door. he also reads signs of Scott's intention to leave the Yukon again, when he starts packing, and this time he breaks out of the cabin, follows Scott to the ferry, and more or less forces his master to take him along to California.

In California White Fang has to adapt to a life on a small ranch, and learn more social rules such as leaving chickens and other ranch animals alone. This is also where he acquires a skill from the third set of Topal et al's skills typical for domesti-

28) Ibid.

29) Abrantes, Roger(1997), *Dog Language.* Wakan Tanka.

30) Topal et. al, p. 90.

cated dogs, namely the skill of initializing *communication* with humans. Miklósi et al also mention this as something typical for dogs, namely that they "have a strong propensity to initialize communicative interactions with humans".[31] This pattern of behavior can be revealed in situations where dogs experience problems in the presence of humans. Under these circumstances, dogs show many forms of behavior (visual contact, barking, etc) that direct the attention of the human onto themselves or the problem to be solved, as has been shown in experiments. Interestingly, Miklósi points out that similar experiments with socialized wolves do not result in similar communication.[32]

Up to this point White Fang is silent, like most wolves, he never barks. But then he is put in a situation where he has to direct the attention of humans onto himself and a problem. Weedon Scott is out riding, and is thrown off his horse and hurt. he sends White Fang home, saying, "Go on home and tell them what's happened to me".[33] White Fang goes home, but he has problems making the family at home understand. he tries growling and pulling with his teeth at the dress of Scott's wife, but only succeeds in making them nervous. Then he hits upon something that works.

> He had ceased from his growling and stood, head up, looking into their faces. his throat worked spasmodically, but made no sound, while he struggled with all his body, convulsed with the effort to rid himself of the incommunicable something that strained for utterance. … 'he is trying to speak, I do believe', Beth announced. At this moment speech came to White Fang, rushing up in a great burst of barking. 'Something has happened

31) Miklósi, p. 178.

32) Ibid.

33) London, *White Fang,* p. 144.

to Weedon', his wife said decisively.[34)]

When White Fang acquires another dog skill, barking, he is also able to communicate with the humans in order to solve a problem.

London was, for his time, a skilled observer and describer of animal behavior. In *White Fang*, he describes how a wolf-dog hybrid is moved from the wilderness to gradually more domesticated situations, and how he, in response to environmental challenges, develops skills that according to modern ethology are characteristics of domestic dogs: the ability to learn and follow social rules, to form attachments to humans, to interpret human intentions, and to communicate with humans in order to solve problems. As several studies show, dogs are considerably more proficient at these skills than wolves, and I think it is interesting to speculate whether London made White Fang a wolf-dog hybrid (rather than a wolf) because he assumed that a similar development in a purebred wolf would be unlikely. London claims: "I endeavored to make my stories in line with the facts of evolution", and while the complete story of the evolution of the dog has yet to be told, I hope to have shown that White Fang can be read both as an ethological *Bildungsroman*, and as an allegory of the evolution of the domestic dog.

Works cited

Abrantes, Roger (1997), *Dog Language.* Wakan Tanka. Bekoff, Marc (2007), *The Emotional Life of Animals*. novato.

London, Jack, *(1901) The Call of the Wild.* http://www.gutenberg.org/files/215/215-h/215-h.htm

London, Jack (1908), "The Other Animals".http://london.so-

34) London, *White Fang,* p. 145.

noma.edu/Writings/ Revolution/animals.html

London, Jack (1906; 1991), *White Fang*. new York.

Miklósi Ádám (2009), *Dog Behaviour, Evolution, and Cognition*. Oxford. Robisch, S.K. (2009), *Wolves and the Wolf Myth in American Literature*. Reno. Topal, Jozef, et al. (2010), "The Dog as a Model for Understanding human

Social Behaviour". *Advances in the Study of Behaviour* 39, pp. 71-116.

Jack London's Medusa of Truth*

Per Serritslev Petersen

FROM THE VERY START of his literary career, Jack London believed that a good fiction writer must also be a good thinker — that fictional authenticity and integrity must somehow be imbedded in philosophical authenticity and integrity. In his early essay "On the Writer's Philosophy of Life," and in his early letters to Cloudsley Johns, his intellectually "slovenly" friend (who also happened to share his literary ambitions and interests), London insists, again and again, on the proper philosophical foundation of the successful writer. This is how poor Cloudsley, who had previously been told to "get in and systematically ground [himself] in history, economics, biology and the kindred branches"[1] gets browbeaten by his self-appointed mentor and master, a veritable Jack of all trades, in a letter dated March 15, 1900: "To be well fitted for the tragedy of existence (intellectual existence), one must have a working philosophy, a synthesis of things. Have you a synthesis of things? Do you write, and talk, and build upon a foundation which you know is securely laid? Or do you not rather build with a hazy idea of 'to hell with the foundation.'" London then proceeds to catechize his friend on scientific principles such as the indestructibility of Matter, the persistence of Force, and the overall "dynamic principle, true of the metamorphosis of the universe" — principles that Cloudsley

* Per Serritslev Petersen, *Philosophy and Literature* 26.1 (2002): 43-56. <10.1353/phl.2002.0016>

1) *The Letters of Jack London*, ed. Earle Labor, Robert C. Leitz III, and Milo Shepard, 3 vols. (Stanford: Stanford University Press, 1988), p. 125.

is urged to study "carefully and painstakingly" before he can ever claim to have "a firm foundation for [his] philosophy of life" (*Letters*, pp. 170-71).

In London's admittedly heavy-handed *ad hominem* argument, one recognizes the philosophical sledgehammer of Ernest Everhard, the revolutionary hero of *The Iron Heel* and one of the fictional exponents of "that cold forbidding philosophy, materialistic monism,"[2] which also served as the scientific foundation of London's own philosophy of life. There are, however, not one, but *two* components to London's philosophy, which, as I shall argue in this essay, together constitute an essentially *dialectical* construction, a dynamic juxtaposition of and negotiation with, on the one hand, the "cold forbidding" Medusa of Truth and, on the other hand, the life-enhancing Aphrodite of Romance, the second of which is one of several versions of the vital Maia-Lie (Maia being the Buddhist term for the power that creates or re-creates the world as cosmic illusion).

Two points need to be stressed from the outset. First, London's work is *implicitly* aligned with *literary* naturalism — the "Zolaistic Movement" of modern American fiction that the genteel writer and editor Thomas Bailey Aldrich famously condemned for its "miasmatic breath"[3] — even though London himself would always qualify his own naturalism by insisting that, artistically, he was "an emotional materialist" (*Letters*, p. 329), and that his realism was, in the words of Martin Eden, one of his fictional alter egos, "an impassioned realism, shot through with human aspiration and faith."[4] Second, London's work

2) Jack London, *The Iron Heel* (1907; reprint, London: Journeyman Press, 1980), p. 116.

3) Quoted in *American Realism and Naturalism: Howells to London*, ed. Donald Pizer (Cambridge: Cambridge University Press, 1995), p. 40.

4) Jack London, *Martin Eden* (1909; reprint, Harmondsworth: Penguin, 1984), p. 283.

is *explicitly* aligned with *philosophical* naturalism (as distinct from supernaturalism)—that is, naturalism as the philosophical or epistemological view that, to quote *The Oxford Companion to Philosophy* (1995), "everything is natural, i.e. that everything there is belongs to the world of nature, and so can be studied by the methods appropriate for studying that world." In philosophical practice, naturalism and materialism have tended to coalesce, materialism being basically understood as the view that everything is made of matter, which can be studied by the methods of natural science. Like London's philosophical alter ego Ernest Everhard (and also like fictional protagonists such as Wolf Larsen and Martin Eden), London declared himself "a materialistic monist," although, as he admitted to Cloudsley Johns, "there is dam little satisfaction in it." Rhetorically impersonating, as it were, Wolf Larsen, London, in the same letter, asks himself and his correspondent, "what squirming anywhere, damned or otherwise, means anything? That's the question I am always prone to put: What's this chemical ferment called life about? Small wonder that small men down the ages have conjured gods in answer. A little god is a snug little possession and explains it all. But how about you and me, who have no god?" (*Letters*, p. 270). Although there was "dam little satisfaction" in his naturalistic and materialistic philosophy, and although London did find ways of escaping from what Benjamin De Casseres, his Nietzschean philosopher-friend and literary protégé in New York, would refer to as the dreadful Medusa-Truth through various romantic-idealistic illusions (the Maya-Lie), London's intellectual conscience would always oblige him to return, eventually, to his philosophical Medusa-Truth—that is, Ernest Everhard's "cold forbidding philosophy, materialistic monism."

Intellectual conscience is used here with its Nietzschean connotations: in *The Gay Science*, Nietzsche notes that the great majority of people seems to lack an intellectual conscience in that they do not "consider it contemptible to believe this or that and to live accordingly, without having given themselves an account of the final and most certain reasons pro and con."[5] It is my contention that London belonged to that exclusive minority that could be said to possess an intellectual conscience, which explains why he had to come down so hard on his friend's "hazy idea of 'to hell with the [philosophical] foundation.'" It is also my contention that, throughout his life, London never really compromised his intellectual conscience — although he did play his own Maya games, Nietzsche's games of Gay Science (derived from the Provençal concept of *gaya scienza*, denoting the unity of singer, knight, and free spirit) when he felt the existential need to replace Medusa-Truth with Maya-Lie. Illusions, Henrik Ibsen's vital lies or Saul Bellow's ideal constructions (in *Dangling Man*) are, after all, necessary because man has become, to quote Nietzsche again, "a fantastic animal that has to fulfil one more condition than any other animal: man *has to* believe, to know, from time to time *why* he exists; his race cannot flourish without a periodic trust in life — without faith in *reason in life*" (*GS,* p. 75). By virtue of the Medusa-Maya dialectic, arguably a Nietzschean dialectic, London avoided compromis-

5) Friedrich Nietzsche, *The Gay Science*, trans. Walter Kaufmann (1882; reprint, New York: Random House, 1974), p. 76. London's writing, fictional or otherwise, is impregnated with Nietzschean philosophy and references to Nietzsche. London had begun a more systematic reading of Nietzsche's work in 1904, and, in a letter from the following year, he mentions his "Nietzsche sickness," that is, what Nietzsche himself terms radical nihilism, from which London claims he has just emerged, enclosing, by way of explanation, the passage from *Thus Spoke Zarathustra*, where Zarathustra enjoins man to break the Christian tables of the good and embarks him on his high modernist sea, thus exposing him to "the great terror, the great outlook, the great sickness, the great nausea" (*Letters*, p. 500).

ing his intellectual conscience by submitting, for instance, to some kind of wholesale Jungian conversion into supernaturalism, as has been claimed first by his second wife Charmian in *The Book of Jack London* in 1921 and later by an increasing number of American academics. With no convincing textual evidence to the contrary, I must concur with Robert Barltrop's conclusion, in *Jack London: the Man, the Writer, the Rebel*, that London never "changed from the conviction he stated in a letter to Ralph Kasper, in 1914,"[6)] that, as London asserts, "I am a hopeless materialist. I see the soul as nothing else than the sum of the activities of the organism plus personal habits, memories, experiences, of the organism, plus inherited habits, memories, experiences of the organism. *I believe that when I am dead, I am dead. I believe that with my death I am just as much obliterated as the last mosquito you or I smashed.*"[7)]

In sum, London as philosopher 1) was a Nietzschean dialectician who mastered and negotiated the juxtaposition of conflicting ideas, perspectives, and values in life (the Medusa-Maya dichotomy being a crucial case in point); and who consequently, 2) possessed philosophical authenticity and integrity, or what Nietzsche terms intellectual conscience. Now these contentions must appear highly questionable in contemporary American academe, seeing that very few London scholars or critics take

6) Robert Barltrop, *Jack London: the Man, the Writer, the Rebel* (London: Pluto Press, 1976), p. 174.

7) The next paragraph in the letter, which Barltrop leaves out, is, I think, worth quoting in full as a summation of London's philosophical self-diagnosis: "I have no patience with fly-by-night philosophers such as Bergson. I have no patience with the metaphysical philosophers. With them, always, the wish is parent to the thought, and their wish is parent to their profoundest philosophical conclusions. I join with Haeckel in being what, in lieu of any other phrase, I am compelled to call 'a positive scientific thinker'" (*Letters*, p. 1,339).

the novelist's philosophy seriously. In *Jack London*, Earle Labor, the undisputed maestro among modern London scholars, describes London the philosopher as follows: "Self-educated, he considered himself a great thinker, yet he could unblinkingly accommodate to his *weltanschauung* the disparate philosophical attitudes of Friedrich Nietzsche, Karl Marx, Ernst Haeckel, Herbert Spencer, and Benjamin Kidd, while blandly admitting that metaphysicians like Ralph Waldo Emerson and Henri Bergson were beyond him."[8)]

In his preface to *Jack London*, Labor notes that, in his efforts to avoid exaggerating the worth of his subject, he might actually have underestimated "the full magnitude of London's achievement" (p. 7). Certainly this is so with respect to London's philosophical achievement, but Labor is not alone among American academics in denigrating and trivializing London's philosophy. In *Male Call: Becoming Jack London*, Jonathan Auerbach proclaims that "attempts to make London a significant thinker strike [him] as … a bit ill-conceived," seeing that London was "inclined to indulge in philosophical speculation that frequently reveals on closer examination a fairly conventional grasp of Spencer, Darwin, Nietzsche, or Marx."[9)] According to Auerbach's postmodernist thesis (the heuristic substance of which is encapsulated in the *male-mail* pun of the title), London's philosophy was not "primarily an abstracted or systematic way of thinking but something London would continually forge from his enormous intellectual energy and curiosity — to make himself — to make his person in print — cohere as a published writer" (p. 24).

---

8) Earle Labor, *Jack London* (New York: Twayne, 1974), pp. 20-21.

9) Jonathan Auerbach, *Male Call: Becoming Jack London* (Durham: Duke University Press, 1996), p. 3.

Finally, London's philosophical achievement is most grievously misrepresented in Leonard Cassuto and Jeanne Campbell Reesman's introduction to *Rereading Jack London*: "Though London saw value and challenge in Nietzsche's ideas ... we suggest that his unsystematic, often self-contradictory worldview, buttressed by his eccentric vision of 'individualistic socialism,' may better be described by Emersonian representativeness than by Nietzschean greatness and its accompanying discontents."[10) assuto and Reesman provide no textual evidence of London' s "unsystematic, often self-contradictory world-view." Where, exactly, is it that London fails to integrate, say, Darwin, Marx, or Nietzsche in the dialectic of his working philosophy? Are all cases of philosophical eclecticism and perspectivism to be disqualified a priori as cases of intellectual incompetence? London must surely have turned in his grave when he saw himself nominated as one of Emerson's Representative Men. As Labor notes, Emerson's idiosyncratic transcendentalism was beyond London, as it was beyond Nietzsche, who lamented that "in Emerson we have *lost a philosopher*... . I do not know how much I would give if only I could bring it about, *ex post facto*, that such a glorious, great nature, rich in soul and spirit, might have gone through some *strict* discipline, a really scientific education" (*GS,* Intro., p. 7). However, if London would have declined his nomination for Representative Man, thus implicitly endorsing an Emersonian transcendentalism untrammelled by scientific education and discipline, London the dialectician would also, like his fictional alter ego Martin Eden, have disclaimed the title of Nietzschean superman, ironically characterizing himself as "a damn poor Nietzscheman" or "a fine Nietzsche-man ... who

10) *Rereading Jack London*, ed. Leonard Cassuto and Jeanne Campbell Reesman (Stanford: Stanford University Press, 1996), pp. 3-4.

[allows] his intellectual concepts to be shaken by the first sentiment or emotion that [strays] along — ay, to be shaken by the slave-morality itself" (*Martin Eden*, pp. 430, 402-3).

Though not a Nietzschean superman, London was a Nietzschean dialectician, playing the existential-philosophical games of Gay Science, that is, oscillating dialectically between the Medusa-Truth of his scientific naturalism and the Maya-Lie of his romantic idealism. It is within this philosophical scenario that London discovers the post-Nietzschean French philosopher Jules de Gaultier and appropriates, more or less explicitly, de Gaultier's philosophical argument and terminology for his later fictions, principally *The Mutiny of the Elsinore*, but also *John Barleycorn* and "The Red One," published in 1914, 1913, and 1918 respectively. De Gaultier is best known as the author of *Le Bovarysme*, and de Gaultier's philosophy of *bovarysme*, derived from the name and character of the eponymous heroine of Flaubert's *Madame Bovary*, became one of the minor philosophical crazes that swept Europe and America at the beginning of the twentieth century. T. S. Eliot, for instance, in "Shakespeare and the Stoicism of Seneca," diagnosed Othello's histrionic endgame as *bovarysme*, arguing that Othello "succeeds in turning himself into a pathetic figure, by adopting an *aesthetic* rather than a moral attitude, dramatizing himself against his environment." No writer, Eliot concluded, "has ever exposed this *bovarysme*, the human will to see things as they are not, more clearly than Shakespeare."[11] The human will or need to see oneself and things *as they are not*, or, in de Gaultier's own words, *se concevoir* or *s'imaginer autrement que l'on n'est*, to conceive or imagine oneself otherwise than one is, this is the philosophical and psychological core of *bovarysme*. In de Gaultier's post-Nietzschean philosophy, *bovarysme* is seen as a vital psychodynamic

11) T. S. Eliot, *Selected Essays* (London: Faber and Faber, 1961), pp. 130-31.

power in life, *le pouvoir d'imaginer*, and not as a moral weakness or flaw, as Eliot the Anglo-American Puritan would have it. In "*Madame Bovary*: The Cathedral and the Hospital" Harry Levin makes the same ideological mistake as Eliot, claiming that the "narcissistic attitude of Emma's, this self-hallucination induced by over-reading, this 'habit of conceiving ourselves otherwise than we are,' is so epidemic that Jules de Gaultier could diagnose the weakness of the modern mind as *Bovarysme*."[12]

London's use of *bovarysme* in *The Mutiny of the Elsinore*, however, is philosophically authentic. It is the protagonist Pathurst, another fictional London alter ego, who articulates and celebrates de Gaultier's philosophy in the book. Pathurst himself is a successful but blasé and ennuyé thirty-year-old writer, for whom life and women have lost their savor because he has "reached an intellectual and artistic climacteric, a life-climacteric of some sort" (p. 57). *Happiness, however, is a woman*, as Zarathustra famously spoke,[13] and, in London's masculine romance, Pathurst is predestined to fall in love with the glorious Miss West, the captain's daughter on board the *Elsinore*, a full-bodied, red-blooded superwoman, the female incarnation of the "cosmic sap" (p. 55) and the "ruthless passion for life, always life, more life on the planet" (p. 55). A significant part of Pathurst and Miss West's maritime courtship is taken up with "discussing philosophy and art, while a few feet away from [them], on this tiny floating world, all the grimy, sordid tragedy of sordid, malformed, brutish life plays itself out" (p. 143). As in the earlier sea-romance *The Sea-Wolf* (1904), which includes the ongoing philosophical battle between Wolf Larsen's

12) Harry Levin, "*Madame Bovary*: The Cathedral and the Hospital," reprinted in *Madame Bovary* (New York: Norton, 1965), p. 409.

13) Friedrich Nietzsche, *Thus Spoke Zarathustra*, trans. R. J. Hollingdale (Harmondsworth: Penguin, 1969), p. 184.

naturalism/materialism and Humphrey Van Weyden's idealism/ romanticism, London also *philosophizes* his sea-romance in *The Mutiny of the Elsinore* (no one is ever going to accuse *him* of intellectual naivete). London's philosophy of romance, expounded by Pathurst in the novel, turns out to be de Gaultier's *bovarysme* gleaned from a philosophical symposium featuring Pathurst's Jewish New York friend, Ben De Casseres, evidently the American authority on de Gaultier's philosophy. According to De Casseres, whose argument Pathurst repeats partly to Miss West, partly to himself, de Gaultier's philosophical genealogy can be traced back to Schopenhauer and Nietzsche, but out of Schopenhauer's and Nietzsche's philosophical formulas de Gaultier has constructed an even profounder formula: "The 'Will-to-Live' of the one and the 'Will-to-Power' of the other were, after all, only parts of de Gaultier's supreme generalization, the 'Will-to-Illusion'" (p. 113). A few pages later, Pathurst, who has somehow managed to memorize verbatim De Casseres's eloquent version/translation of de Gaultier's Will-to-Illusion philosophy, which was presented "over the wine in Mouquin's [restaurant]," reproduces this speech:

> The profoundest instinct in man is to war against the truth; that is, against the Real. He shuns facts from his infancy. His life is a perpetual evasion. Miracle, chimera and to-morrow keep him alive. He lives on fiction and myth. It is the Lie that makes him free. Animals alone are given the privilege of lifting the veil of Isis; men dare not. The animal, awake, has no fictional escape from the Real because he has no imagination. Man, awake, is compelled to seek a perpetual escape into Hope, Belief, Fable, Art, God, Socialism, Immortality, Alcohol, Love. From Medusa-Truth he makes appeal to Maya-Lie. (p. 121)

Pathurst concludes his lecture on *bovarysme* by boasting that

"Ben will agree that I have quoted him fairly" (p. 121).

Perhaps it is time now to expose London's intertextual hoax: Pathurst/London did not quote De Casseres from memory (a phenomenal memory, if that was the case), but from a copy of De Casseres's essay "Jules de Gaultier: Super-Nietzschean." [14] The fictional De Casseres is identical with the American journalist, writer and poet Benjamin De Casseres, whom London met in New York after he had read the former's poem "Prelude." In a letter to De Casseres, dated February 12, 1912, London praises "Prelude" as "the poetry of utter philosophy," and "the quintessence of stinging philosophy put into stinging phrases" (*Letters*, p. 1,067). London was genuinely impressed by De Casseres, whom he characterized as "really and truly the American Nietzsche" in a letter to his publisher George P. Brett, adding, however, the following rather ambiguous *obiter dictum*: "I, as you know, am in the opposite intellectual camp. Yet no man in my own camp stirs me as does Nietzsche or as does De Casseres" (*Letters*, p. 1,072).[15] London must have been an avid reader of De Casseres's philosophical essays — a collection of which was published in 1926 as *Forty Immortals*[16] — and Pathurst's engagement in de Gaultier's philosophy in *The Mutiny of the Elsinore* suggests that London endorsed De Casseres's high opinion of de Gaultier. Indeed, in "Jules De Gaultier: The Prospero of Philosophy," De Casseres acclaimed de Gaultier as the modern Prospero of Thought, the "Frenchman who has climbed higher than either Schopenhauer and [sic] Nietzsche."[17]

---

14) Benjamin De Casseres, "Jules de Gaultier: Super-Nietszchean," *The Forum* 49 (January 1913): 86-90.

15) London's statement reflects his concern for public relations and political correctness: his American reading public might just stomach his socialism, but *not* his atheistic Nietzscheanism.

16) Benjamin De Casseres, *Forty Immortals* (New York: Seven Arts, 1926).

17) Benjamin De Casseres, "Jules de Gaultier: The Prospero of Philosophy,"

But how can London's philosophical endorsement of de Gaultier's *bovarysme* possibly be accommodated, to use Labor's phrase, to his intellectually conscientious philosophical naturalism? Is London, after all, lacking in philosophical authenticity and integrity and encumbered thus by an "unsystematic, often self-contradictory worldview"? The answer is still no: only by failing to appreciate London's basically *dialectical* argument, his mastery and negotiation of juxtaposed, conflicting ideas, perspectives, and values in life, can one reach any other conclusion. The existential conflict between the Medusa-Truth and the Maya-Lie, in fact, had been diagnosed and articulated by London from the very beginning of his literary career or, in London's own phrase, "intellectual existence." The discovery of de Gaultier's *bovarysme* through De Casseres undoubtedly triggered a kind of eureka response in London, as did De Casseres's philosophical radicalism in general. Witness London's enthusiasm in his first letter to De Casseres in New York where he suggests a meeting after theatre-time: "We ought to have a hell of a lot to say to each other" (*Letters*, p. 1,067).

In *The Mutiny of the Elsinore*, Pathurst is the world-weary victim of Medusa-Truth, an enlightened nihilist, whom, like Hamlet, man delights not, nor woman either; if he is to escape the suicidal fate of a Martin Eden (another writer-turned-radical-nihilist in London's fiction), he must, philosophically, opt for the Will-to-Illusion — he must make an appeal to Maya-Lie because man cannot, in Nietzsche's words, "flourish without a periodic trust in life — without faith in *reason in life*." In Pathurst's case, the vital lie or illusion is Love, the Aphrodite of Romance who opposes the Medusa of Truth. Pathurst self-consciously turns *bovaryste*, falls in love with Miss West, and flourishes with a vengeance:

Reedy's Mirror (1915): 172.

> I have achieved what my very philosophy tells me is the greatest achievement a man can make. I have found the love of woman… . Love is the final word. To the rational it alone gives the super-rational sanction for living. Like Bergson in his overhanging heaven of intuition, or like one who has bathed in Pentecostal fire and seen the New Jerusalem, so I have trod the materialistic dictums of science underfoot, scaled the last peak of philosophy, and leaped into my heaven, which, after all, is within myself. (pp. 244-45)

Psychobiographically, Pathurst's conception of love as secularized, individualized religion (his heaven is *within himself*) corresponds closely with London's expressions of passion for Charmian Kittredge: "Our love small! Dear, it might be small did the love of God enter into my heart, and the belief in an eternity of living and an eternity of the unguessed joys of Paradise. But remember my philosophy of life &death, and see clearly how much my love for you &your love for me must mean to me. Ah Love, it looms large. It fills my whole horizon" (*Letters*, p. 390).

Most interesting, however, is Pathurst's interpretation of his transformation as a *philosophical achievement,* for London's preoccupation with dialectical oscillation in the modern psyche — between scientific rationality and ecstatic or transcendent superrationality, between de Gaultier's Medusa-Truth and Maya-Lie — can be traced back to the very beginning of his career as a writer. We find this motif, loud and clear, in the philosophical debate between Wace, the melancholy "Werther of science," and Kempton, the "overcivilized, decadent dreamer" in *The Kempton-Wace Letters* (p. 125).[18] In Kempton's words,

18) Subsequent references to London's work cite the following editions: *The Kempton-Wace Letters* (New York: Macmillan, 1903); *The Call of the Wild, White Fang, and Other Stories* (1903; reprint, Harmondsworth: Penguin, 1981); *The Sea-Wolf and Other Stories* (1904; reprint, Harmondsworth: Penguin,

"We live most when we love most. The love of romance and the romance of love is the only coin for which the heart-hurt sell their death. A trick? Perhaps. The love of life is a trick to save the races from self-murder" (p. 157).

The same dialectical oscillation informs the motif of transcendence in London's famous description, in *The Call of the Wild*, of the ecstasy that epitomizes Buck's supercanine consummation, the "ecstasy that marks the summit of life and beyond which life cannot rise," the ecstasy that "comes when one is most alive, and … as a complete forgetfulness that one is alive" (pp. 76-77).

In *The Sea-Wolf,* published a year after *The Kempton-Wace Letters* and *The Call of the Wild* in 1904, London enacts the conflict between the Medusa of Truth and the Aphrodite of Romance in the philosophical confrontation between Wolf Larsen, a brutalized or demonized version of the melancholy Werther of Science, and the two idealists and romantic lovers held prisoners on board his ship, Humphrey Van Weyden and Maud Brewster — two "sentimentalists," to quote Wolf Larsen, "really and truly happy at dreaming and finding things good." Their feeling of happiness, Wolf Larsen notes, is merely "a sentiment, a something based upon illusion and not a product of the intellect at all" (p. 173). Still, even Wolf Larsen cannot help yearning to turn *bovaryste* to escape from the Medusa-Truth and make his appeal to Maya-Lie because, "after all, delight is the wage for living" (p. 174). What prevents Wolf Larsen from making his leap into the heaven of illusions is, of course, his intellectual conscience, and the price he has to pay for that conscience is

1989); *John Barleycorn* (Oxford: Oxford University Press, 1992); "The Red One," *The Science Fiction Stories of Jack London* (New York: Citadel Press, 1993).

the "old primal melancholy" (p. 174), "sadness as the penalty which the materialist ever pays for his materialism" (p. 175).

One of London's protagonists, Ernest Everhard in *The Iron Heel,* has no less than three opportunities to cure himself of "that cold and forbidding philosophy of materialistic monism," and is saved by De Casseres's Maya-Lies of Hope, Socialism, and Love respectively. But not all are so lucky. The eponymous protagonist of *Martin Eden,* published only a year after *Heel* in 1909, is a hard-core Nietzschean individualist, so Socialism is not an option for him. But then Love, the Aphrodite of Romance, promises to be Martin's saving illusion:

> Love [Martin reflects] was the most exalted expression of life. Nature had been busy designing him, as she had been busy with all normal men, for the purpose of loving. She had spent ten thousand centuries — ay, a hundred thousand and a million centuries upon the task, and he was the best she could do. She had made love the strongest thing in him, increased its power a myriad per cent with her gift of imagination, and sent him forth into the ephemera to thrill and melt and mate. (pp. 381-82)

Alas, Ruth, the woman Martin has picked as his Aphrodite, proves to be exactly what his friend Brissenden had warned him of, namely "the pusillanimous product of bourgeois-sheltered life" (p. 346). At the instigation of her bourgeois family, pusillanimous Ruth breaks off the engagement. Confronting anew the Medusa of Truth, the disillusioned Martin accepts her scientific diagnosis: "It was an idealized Ruth that he had loved, an ethereal creature of his own creating, the bright and luminous spirit of his love-poems. The real bourgeois Ruth, with all the bourgeois failings, and with the hopeless cramp of bourgeois psychology in her mind, he had never loved" (pp. 463-64). Left in an existential limbo, Martin commits suicide by drowning himself en route to the South Seas, which might have served as another saving illusion. But after the Medusa of Truth has ousted the Aphrodite of Romance, the South Seas "charmed him no more than did bourgeois civilization" (p. 474).

London realizes the Medusa of Truth in her most nightmarish proportions in *John Barleycorn.* White Logic, a figure that shares the original Medusa's monstrosity and fatality, is "the ardent messenger of truth beyond truth, the antithesis of life, cruel and bleak as interstellar space, pulseless and frozen as absolute zero, dazzling with the frost of irrefragable logic and unforgettable fact" (p. 188). The philosophical argument of these so-called alcoholic memoirs can be summarized as follows. As long as one believes in "the whole host of fond illusions that keep the world turning around" (p. 135), there is no need or desire for alcohol, personified by John Barleycorn, but when one loses these vital illusions by making "the ancient mistake of pursuing Truth too relentlessly," by reading, for instance, "too much positive science," one may fall victim to the "long sickness of pessimism" (p. 155) and may need John Barleycorn as an anodyne. But soon one learns that White Logic is John Barleycorn's intimate companion; in the long run, alcoholism will only exacerbate the pessimism and nihilism that John Barleycorn was intended to cure in the first place. White Logic whispers, "I am truth. You know it. You cannot combat me. They say I make for death. What of it? It is truth. Life lies in order to live. Life is a perpetual *lie-telling* process" (p. 192).

London started writing *John Barleycorn* in August 1912, and the rhetoric in which White Logic's anti-*bovaryste* argument is couched, reflects, albeit ironically, London's fascination with de Gaultier's philosophy as expounded by De Casseres (*Letters,* p. 1,079). White Logic jeers at the "sense-drunk" *bovaryste*, whose stupid "brain is filled with superrational sanctions and obsessions" (p. 193), and whose "ideal of happiness [must be] a jelly-like organism floating in a tideless, tepid, twilight sea… . One step removed," White Logic clinches his diabolic argument, "from the annihilating bliss of Buddha's Nirvana" (p. 194). As in the case of Ernest Everhard, it is Socialism, "his one remaining illusion — the PEOPLE" (p. 134), and Love, "the love of woman to complete the cure and lull [his] pessimism asleep" (p. 157) that save the narrator-protagonist of London's alcoholic romance from the clutches of the Medusa of Truth in the guise of White Logic.

The textual and philosophical genealogy of London's Medusa of Truth has, I believe, now been accounted for. The Medusa metaphor first appears in Benjamin De Casseres's "Jules de Gaultier: Super-Nietzschean" (1913), as Medusa-Truth in dialectical opposition to Maya-Lie, the crucial psychodynamic agency of de Gaultier's *bovarysme*. In London's *The Mutiny of the Elsinore*, the Medusa of Truth appears in the intertextually appropriated De Casseres quotation. Although London only once refers to this *femme fatale* in his own authentic discourse, what a majestic appearance when she arrives at the very end of one of London's last and most haunting stories, "The Red One," where Bassett, the dying scientist-protagonist ends up gazing upon "the serene face of the Medusa, Truth" (p. 211). This story, especially its ending, has been misread by an increasing number of academic critics who overlook London's consistently dialectical philosophy of life. Recently, for instance, in "The Myth of Hope in Jack London's 'The Red One,'" Lawrence I. Berkove virtually rewrites London's story, claiming that the "overt allusion to Medusa … is deceptive — self-deceptive, actually — on Bassett's part," and that "[Bassett's] error is signaled by his peculiar identification of Medusa with truth" (in Cassuto and Reesman, p. 212). Berkove concludes that, for London, Bassett exemplifies "a man who confuses wisdom for truth, who looks upon Medusa instead of Athena," because, as he explains, in Greek mythology Perseus killed Medusa with Athena's help (p. 213). Throughout the text, in fact, London foregrounds Bassett's dialectical oscillation between scientific truth and utopian romance, between Medusa and Maya — the latter being epitomized by the science-fictionally engineered transcendence of the Red One, the "wonderful messenger, winged with intelligence across space" (p. 206), containing, within its perfect sphere, "the speech and wisdom of the stars" (p. 207). (There is, incidentally, no Aphrodite of Romance in this story, the only female in Bassett's Melanesian adventure being the bushwoman Balatta, "as unbeautiful a prototype of woman as he, with a scientist's eye, had ever gazed upon" [p. 196].) A split second before the serene face of Medusa appears, while he is awaiting the bite of Ngurn the "devil-devil" priest's razor-edged hatchet, Bassett experiences, in the ecstasy at the Red One's "abrupt and thunderous liberation of sound" (p. 210), a vision of "the Unknown, a sense of impending marvel of the rending of walls before the imaginable" (p. 211). From the very beginning, the Red One has been associated with this *imaginable*, de Gaultier's *pouvoir d'imaginer*. Although Bassett claims to be "a scientist first, a humanist afterward" (p. 202), he also proves to be an all-too-human *bovaryste* with a yearning for Hope, a Nietzschean "faith in *reason in life*," and this hope and faith Bassett *le bovaryste* projects into the Red One, "invested," as it is by the dying man's feverish imagination, "with the intelligence of supermen of planets of other suns" (p. 210).

But crucially, the last swing of Bassett's dialectical pendulum returns him to the Medusa of Truth — that is, scientism, rationalism, naturalism, Nietzsche's radical nihilism, "the Horror, the Horror" of Joseph Conrad's and Western modernity's Heart of Darkness, and the philosophical core of London's modernist "tragedy of existence (intellectual existence)." At the end of "The Red One," Bassett's intellectual conscience strikes back once more, a point ignored by Jungian readers of the story.[19)] Exit *tout bovarysme*: the reader is left with Bassett's ghoulish "vision of his head turning slowly, always turning, in the devil-devil house beside the breadfruit tree" (p. 211).

19) See, for instance, Clarice Stacz's Jungian interpretation of the story, complete with a holistically happy ending, in American Dreamers (New York: St. Martin's Press, 1988), p. 312.

민경택

충남대학교 영어영문학과를 졸업하고 충남대학교에서 박사학위를 취득하였으며 현재 충남대학교 영어영문학과에서 교수로 재직 중이다. 미국 Clark University에서 방문교수를 마치고 미국소설학회 감사와 한국현대영어영문학회 회장을 역임하고 현재 대한영어영문학회 부회장과 한국현대영어영문학회 자문위원을 맡고 있다. 단독저서로 『비극적 세계에서 희망찾기-멜빌과 그린의 작품세계-』, 『19세기 미국소설 다시읽기』, 공저서로 『미국소설 명장면 모음집』, 『모비딕 다시 읽기』, 『영화로 읽는 영미소설1-사랑이야기』, 『미국소설과 서술기법』, 공역서로 『알파 미국문학사』, 편저서로 『The Call Of The Wild & Other Stories』 등이 있다. 그리고 「"But the Past Was Not Dead.": The Meaning of the Past in Hawthorne's Novels」 등 영미소설에 관한 다수의 논문을 발표했다.

Jack London

WHITE FANG & Other Stories

WITH ESSAYS IN CRITICISM

초판 1쇄 발행 _ 2020년 2월 29일

편 주 자 · 민 경 택
발 행 인 · 정 현 걸
발 행 · 신 아 사
인 쇄 · 대명프린팅
출판등록 · 1956년 1월 5일 (제9-52호)
주 소 · 서울특별시 은평구 통일로 59길 4 (2층)
전 화 · 02)382-6411 · 팩스 02)382-6401
홈페이지 · www.shinasa.co.kr
E-MAIL · shinasa@daum.net

ISBN 978-89-8396-381-9 (93840)

정가 *15,000*원